결혼은 하늘 나라 가는 예행연습이다

―― 사랑의 해법 ――

결혼은 하늘 나라 가는
예행연습이다

머리글

시드니의 국화꽃이 만발한 날에 탈고를 준비하며 조각의 글들을 보고 있으니 십 년이란 시간이 뒤돌아 보이는 것 같다. 기꺼이 나의 글동무가 되어주는 남편은 남자의 입장을 대변해 주고, 어려운 철학 강의를 들으며 개인 교사가 되어 주는 딸아이는 최근 철학의 동향을 차근차근 설명해 주고 있다.

그리고 이십오 년을 넘는 동안 유치원에서 만나는 많은 국적의 학부모와 아이들은 이 책에 등장하는 소중한 주인공이 되어 주는데 그들이 사랑이라는 이름으로 바뀌는 모습들을 보면 글 쓰고 싶은 마음이 들곤 한다.

사랑은 고마운 마음이라 말하고 싶다. 고마움이 없으면 안 고마워한다가 맞는데 사실은 미워한다가 된다. 사랑도 마찬가지로 안 사랑한다가 사랑이 없는 것이 맞는데 사랑이 없으면 거기에 미워하는 마음이 자리잡는다. 그래서 미워하는 마음은 내게 없다는 마음에서 생긴다.

이런 마음이 생길 수 있다는 것을 알고 내 마음에 미움의 마음 대신 얼른 고마운 마음을 잡으면 적어도 사랑을 놓치는 후회는 하지 않을 것 같다.

육십이 넘는 나이가 되었는데 아직 사랑을 연습만 하고 있는 것만 같고 사랑이 빨리 못 나오는 모습에 혼자 고개를 젓다가 다시 용기 내어 사랑에 도전해 보는 나 자신을 바라 볼 때면 이것이 사랑의 신비임을 깨닫는다.

감히 사랑을 글로 쓰려고 하니 많이 부족하고 부끄럽지만 독자들이 이 책을 읽는 동안 누군가 지금 내 옆에서 나를 사랑하고 있다는 사실을 한 번쯤 깨닫는 자신의 마음을 만날 수 있는 바램을 가져 본다.

백복선

PART 1 결혼은 하늘 나라 가기 위한 예행연습

① 결혼은 하늘 나라 가기 위한 예행 연습 … 15
② 탈 손속 … 20
③ 새로운 성격의 탄생 … 25
④ 까만 까마귀 … 30
⑤ 사랑도 아는 것만큼 힘이다 … 36
⑥ 아담과 이브 … 41
⑦ 결혼의 사춘기 … 46
⑧ 사랑의 잠복기 … 52
⑨ 감각의 송살이 … 57
⑩ 내 하기 나름이다 … 62
⑪ 열등감과 우월감 … 67
⑫ 어려워야 재밌어 한다 … 72
⑬ 이심전심 … 77
⑭ 부부 사랑의 황금률 … 82
⑮ 부유 갈비 … 87
⑯ 사랑은 받는 것이다 … 92
⑰ 사랑의 핵 … 97
⑱ 맞불 … 102
⑲ 옥석과 보석 … 107
⑳ 연애 감정 … 112

PART 2 **사랑의 종류**

① **죽어야 살고 싶은 사랑법** … 121
② **지킴이 사랑** … 126
③ **이데아 사랑** … 131
④ **붙어 사랑** … 136
⑤ **첫사랑** … 141
⑥ **너를 아는 사랑** … 146
⑦ **필요충분조건의 사랑** … 151
⑧ **사랑의 유효기간** … 156
⑨ **수목 사랑** … 161
⑩ **태극의 사랑법** … 166
⑪ **우리가 하는 사랑** … 171
⑫ **거짓 사랑에 도전하다** … 176
⑬ **고슴도치 사랑** … 181
⑭ **부활의 사랑** … 186
⑮ **공동 책임의 사랑** … 191
⑯ **불평등 기원의 사랑** … 195
⑰ **순종의 사랑** … 200
⑱ **반비례 사랑법** … 204
⑲ **대기만성의 사랑** … 209
⑳ **결혼과 사랑** … 213

PART 3 참사랑의 해법

- ❶ 보따리 사랑 ⋯ 221
- ❷ '응 그래' 사랑법 ⋯ 226
- ❸ 혁명의 사랑 ⋯ 232
- ❹ 가위 사랑 ⋯ 237
- ❺ 정반합 사랑법 ⋯ 241
- ❻ 기억해서 행하는 사랑 ⋯ 246
- ❼ 거듭나는 사랑 ⋯ 251
- ❽ 자가 면역 사랑 ⋯ 256
- ❾ 부메랑 사랑 ⋯ 261
- ❿ 매 순간의 사랑 ⋯ 266
- ⑪ 존중하는 마음 ⋯ 270
- ⑫ 붕어빵 사랑 ⋯ 275
- ⑬ 상대성 사랑법 ⋯ 280
- ⑭ 사랑의 약속 ⋯ 285
- ⑮ 맞춤형 사랑 ⋯ 290
- ⑯ 가지치기 사랑 ⋯ 295
- ⑰ 독점 계약의 사랑 ⋯ 300
- ⑱ 로켓 사랑 ⋯ 304
- ⑲ 낭만적 사랑 ⋯ 308
- ⑳ 변증법 사랑 ⋯ 312

PART 4 사랑의 매듭 푸는 사고

1. 자유의지의 한계 … 319
2. 사랑은 타이밍이다 … 324
3. 거울 세포 … 328
4. 용서와 희망 … 333
5. 사랑의 대화 … 337
6. 사랑도 수준이 있다 … 342
7. 내 것만 내 사랑이다 … 347
8. 잘못 봐서 사고의 형성이 달라진다 … 352
9. 사랑의 능력 … 357
10. 사춘기의 성적 호기심 … 361
11. 그림하일드 신드롬 … 366
12. 사랑의 조건과 유혹의 조건은 같다 … 371
13. 순간순간의 사랑 … 376
14. 사랑의 역습 … 381
15. 의존과 거절 … 386
16. 타산지석과 역지사지의 사랑 … 392
17. 폭넓은 사랑 … 397
18. 사랑의 전쟁터 … 401
19. 사랑의 좁은 길 … 405
20. 유혹의 시작 … 410

PART 5　사람이 사랑을 못하는 이유

- ❶ 사랑의 연결고리 … 419
- ❷ 영혼과 육체가 분리된 이원화 사랑 … 424
- ❸ 이데올로기 사랑 … 429
- ❹ 무법의 사랑 … 434
- ❺ 남의 탓을 한다 … 439
- ❻ 다른 사람을 지배한다 … 444
- ❼ 아집 … 449
- ❽ 삼각관계의 본성 … 454
- ❾ 버릇없는 사랑 … 459
- ❿ 견물생심 … 464
- ⓫ 마음 속 영웅 심리 … 468
- ⓬ 개와 닭 … 472
- ⓭ 자극과 반응 … 477
- ⓮ 교육의 역습 … 482
- ⓯ 마음을 뺏으려는 도둑의 근성 … 487
- ⓰ 결혼의 조건 … 492
- ⓱ 사랑의 중독성 … 496

결혼은 하늘 나라 가는 예행연습이다

―― 사랑의 해법

결혼은 하늘 나라 가기 위한 예행 연습

탈 존속

새로운 성격의 탄생

까만 까마귀

사랑도 아는 것만큼 힘이다

아담과 이브

결혼의 사춘기

사랑의 잠복기

감각의 종살이

내 하기 나름이다

열등감과 우월감

어려워야 재밌어 한다

이심전심

부부 사랑의 황금률

부유 갈비

사랑은 받는 것이다

사랑의 핵

맞불

옥석과 보석

연애 감정

결혼은
하늘 나라 가는
예행연습

PART 1

결혼은
하늘 나라에 가기 위한
예행연습

하늘 나라는 하느님의 방식대로 사랑해야 갈 수 있는 곳이다. 우리가 살고 있는 지구에 사람들은 사람의 방식대로 사랑하며 살아간다. 사람의 사랑하는 방식에서 하느님의 사랑하는 방식으로 연습하려고 우리는 사랑과 결혼을 하고 그 사랑을 실천하려고 한다.

사랑의 기적은 하늘 나라의 사랑이다. 이 하늘 나라의 사랑을 볼 수 있는 사람만이 결혼의 의미를 알 수 있다. 그 사랑의 기적이란 볼품없는 내가 사랑으로 이 놀라운 삶을 살수 있었다고 가슴으로 사무치게 깨달을 때 일어난다. 사랑의 기적은 누군가 내 옆을 지키는 사람이 있기 때문에 가능한 일이다.

사랑의 해법

사랑의 기적은 모든 것이 풍부할 때보다는 가진 것을 잃었을 때 더 드러난다. 세상의 풍요함을 가졌던 시절이 얼마나 감사했는지 알 수 있을 때 실감을 할 수 있다. 이처럼 얼마나 자신의 사랑이 소중한가도 많은 시간을 함께 보내고 나서야 되돌아 보고 알 수 있다. 사랑할 수 있었을 때 얼마나 많은 사랑을 했는지 아니면 이리저리 사랑을 낭비하며 아까운 시간을 의미 없는 곳에 흘려 보냈는지 반성할 수 있다.

늦게라도 뉘우칠 수 있으면 그나마 하늘 나라에 가기 위한 예행연습에 참여한 것이지만 시간이 다 지나도록 자신의 사랑이 어디에 있어야 했는지 모른다면 사랑의 연습은 아무것도 하지 않은 것이다. 능숙하도록 충분히 사랑을 연습할 수 있으려면 결혼을 해서 어떻게 살아야 할까?

'아 아 아, 이 사람이였구나!' 결혼은 나의 사랑을 증명하는 시간이다. 나의 진정한 사랑이 바로 볼품없이 보이던 바로 나의 아내였고 나의 남편이였다는 것을 결혼을 하고 한참 후에 알게 되는 것 같다. 왜 하필이면 그 소중한 나의 하나 밖에 없는 사랑을 결혼하고 바로 알지 못하는 것일까?

사랑의 메아리를 들을 줄 몰랐기 때문에 자신이 하는 사랑의 부족함을 뒤늦게 발견하는 것이다. 나의 사랑이 메아리가 되어 사랑

결혼은 하늘나라 가는 예행연습이다

하는 나의 아내와 남편으로부터 받게 된다. 나의 아내나 나의 남편이 보여주는 사랑은 바로 내가 그 사람에게 했던 사랑 그대로를 받은 것이다. 그런데 우리는 습관처럼 '너는 그것 밖에 못해주냐?'고 투정을 하며 사는 것 같다. 그것 밖에 못해주는 것을 불평하던 바로 그것은 다름아닌 내가 너에게 해준 것을 내가 다시 받는 것이다. 그 부족했던 나 자신을 발견하는 것이 '아 이 사람이 나의 사랑이였구나!'이다.

결혼으로 하늘 나라 사랑을 하면 그 부부는 서로의 운명을 바꾸어 갖는 것 같다. 사랑은 삶을 통해 나의 운명을 달라지게 하고 사랑하는 사람의 운명도 내가 바꾸게 하는 것이다. 저 사람의 사랑으로 내 운명이 행운을 달고 내 사랑으로 저 사람의 팔자가 피게 하는 것이 결혼으로 만들어 가는 사랑의 힘이다.

결혼하기 전 연애하던 사람들은 싫으면 그 관계를 단절하면 사랑은 그만이다. 이것이 사랑과 결혼이 다른 점이다. 결혼의 사랑은 각자가 가지고 있는 행운도 함께하고 어려움도 함께하는 하나의 운명체가 되는 것이다. 결혼이 하늘 나라에서 느낄 수 있을 만큼의 행복함이 있으려면 결혼은 사랑과 따로 있지 않고 사랑이 결혼과 항상 함께 따라 다니는 것은 우리는 그 준비를 지금 하고 있는 것이다.

내 남편의 나이를 다섯 살로 보아야 사랑과 결혼은 성공할 수 있다고 말하는 사람들도 있다. 세상을 정복한 남자를 정복하는 사람이 여자라고 하는 말은 아내가 어떻게 남편을 잘 리드해야 하는 가를 설명하고 있는 것 같다. 남자에게 보호를 받아야 하는 여자가 자신의 남자를 어린아이로 보아야 한다면 당연히 난센스일 것이다. 그러나 결혼으로 사랑을 하는 사람의 사이는 이 세상에서 가장 가까운 사람이라 자라며 받은 마음의 상처들을 치유 받을 수 있고 또 치유해 주는 사람이 필요한데 그 사랑은 이 세상에 결혼한 부부 밖에 없다. 부부 사랑은 마음을 치유하는 묘약이고 그 효력은 너무나 커서 몸에 생긴 병도 치유한다.

완벽한 남자의 모습과 여자의 모습은 처음부터 나오는 것이 아니다. 사랑을 해서 결혼을 했지만 여자는 남자를 충분히 어른이라는 생각을 잠시 접어두고 다섯 살의 아이로 생각을 할 수 있다면 남편들을 철없다고 또는 생각이 없다고 말하는 것을 자제할 수 있다. 철없는 여자들이 처음부터 남자는 말 타고 나타나는 왕자로 착각하면 남자의 사랑을 기대할 수 없어질 수 있다. 여자는 남자의 사랑이 나올 수 있는 시간을 기다려 주는 것이 결혼이라 생각하면 좋을 것 같다.

여자가 남자를 지키고 또 남자가 여자를 지키며 서로 사랑하는 결혼은 하늘 나라에까지 이어질 수 있는 사랑을 하는 것이다. 사람이 일생을 통틀어 한 일이란 '내게 좋은 것을 찾아 다녔다.'는 것 뿐

결혼은 하늘나라 가는 예행연습이다

일 것이다. 찾는 것도 모자라서 '내 것' 하려고 애를 썼다고도 말할 수 있다. 우리는 자신에게 주어진 삶을 온전히 자신만을 위해서 산다고 해도 과언이 아니다. 그러나 딱 한 가지의 경우 우리는 남의 삶에 얼마나 내가 도움을 그것도 무조건으로 주었는가를 뒤돌아볼 때가 있다. 자신의 생애에 찾는 좋은 것 전부를 사랑하는 나의 짝을 위해 쓰는 것이 결혼이다.

사랑하는 사람과 결혼을 했어도 내게 좋은 것만 찾겠다면 절반은 행복하고 절반은 불행한 삶을 살게 될 것을 미리 예상해야 한다. 내가 좋아하는 것만 찾고 다니면 뒤늦게 네가 좋아하는 것을 하나도 해주지 못한 것을 깨닫게 되기 때문이다. 그렇다고 결혼을 네가 좋아하는 것만 준다고 생각해도 모든 생애가 절반밖에 행복하지 못한다. 나의 행복이 없이 너를 행복하게 하는 것이 어려운 일이기 때문이다.

내가 좋아하는 것이 변하듯 네가 좋아하는 것도 변한다는 것을 모르면 고인 물이 썩듯이 사랑의 마음이 변하게 된다. 사랑하는 사람과 결혼해서 행복을 잃지 않기 위해선 네가 좋아해서 내게 주는 것을 내가 좋아하고, 내가 좋아하는 것을 네게 주어 네가 좋아하는 것이 사랑하고 결혼하는 사람들이다. 이런 사랑은 분명 지금부터 하늘 나라의 행복을 연습하는 것이다.

사랑의 해법

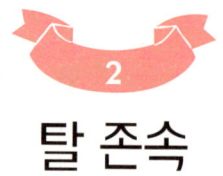

탈 존속

　　동물로 태어나면 어느 종이나 다 일정 기간을 모태의 존속에 의존해야만 한다. 사람도 모태에 어느 정도 생존을 의존해야만 하는 존재임이 분명하다. 부모 자식 관계의 형성이 이렇듯 혼자서는 의식주를 해결할 수 없는 나약함을 갖기 때문에 아이들은 모태에 매달릴 수 밖에 없다. 여기서 생기는 것이 존속하려는 본능인데 이 본능은 순수 동물성에서 나오는 것이다. 존속은 살기 위해 먹으려는 필사적인 생존 본능이다.

　　동물의 생존욕으로만 살 것인지 생존 본능을 넘어설 것인지에 따라 사람의 인생이 전혀 달라 진다. 이 두 길은 어떻게 해서 달라지는 것일까? 육체를 생존하기 위한 강한 본능이 내 속에서 나온다는 것에 대해 자신의 정신으로 알기만 해도 그 순간, 그 사람은 육체를 다스릴 수 있는 정신이 탄생하게 된다. 이 정신이 사람을 동물성에서 인성으로 옮겨 가도록 이끌 수 있다. 이 과정을 탈 존속이라 한다.

탈 존속을 못하고 필사적으로 존속에 매달리는 낯가림을 존속 증이라 할 수 있다. 낯가림은 갓 태어난 아가들이 먹을 것을 달라고 엄마 곁에만 있으려는 것에서 볼 수 있다. 이런 광기의 낯가림을 그대로 가지고 살아간다면 무슨 일이 벌어질까? 벌어질 수 있는 일들의 가짓수는 무한대이겠지만 확실한 것은 이 낯가림이 대를 이어 그 아이가 엄마가 되고, 또 아빠가 되어 후손들에게 이어져 내려가서 존속증이라는 유전인자로 전해 질 수도 있다는 생각을 해 본다.

결혼을 했고 안 한 것으로 존속과 독립을 구분하기 전에 이미 자녀가 육체의 성장을 했을 때 부모의 존속에서 정신적인 독립이 있어야 한다. 매여 있는 것을 풀어서 그만두지 않고는 다른 것으로 자유롭게 변화될 수가 없다. 육에 정신이 존속되어 있던 부모와의 관계를 자유롭게 탈 존속할 수 있어야 끊고 새로 시작하는 정신의 탄생을 경험하게 된다. 여기서 자신의 짝을 사랑하는 정신이 탈 존속하는 자유를 알게 될 수 있다.

부모와의 관계는 사랑받기 위해 부모에게 응석을 주던 아이가 자신의 육체를 생존하기 위해 의존을 받으려는 데서 비롯되었다. 그러나 부부의 관계는 이와는 상이하게 다르다. 사랑으로 부부가 되는 사람은 먼저 자신의 것, 즉 가장 깊은 곳에 있는 자신의 정신을 드러내는 마음으로 사랑을 서로 하는 것이다. 이렇게 나의 것을 내놓는 것에서부터 남녀 간의 사랑은 형성할 수 있다.

엄마와 아들의 관계는 아이의 육체를 돌보는 것에서 정신의 성장을 위한 지주의 역할까지 자연히 이어 질 수 있다. 아내와 남편의 관계에서도 부모가 하듯 육신 건강을 지키는 일과 정신적인 마음을 함께 돌보는 역할이 있을 수 있다. 탈 존속은 정신의 과정으로 이어져야 하는데 어려서 굳혀지면 이것이 마마보이라는 형질을 갖게 된다.

칼 융은 이 마마보이가 프로이드가 말한 오이디프스 컴플렉스라고 말하였다. 마마보이가 마마맨이 되는 매우 이상한 형태를 만드는 것이다. 사람이 모태에서 저절로 받게 되는 최초의 동물성은 이기심인데 이 이기심은 마마보이 형질에 강한 촉진제 역할을 한다. 마마보이의 성향을 가진 사람이 아내를 사랑할 때 매우 이기적으로 사랑을 하게 될 수 있는 것은 매우 당연한 결과이다.

넘치도록 풍족할 때도 지나친 이기주의가 나타난다. 예를 들어 부모에게 의존의 상태였을 때 부모가 내가 원하는 것을 다 받아주었을 수도 있지만 한편으로 다 받아주지 못했을 때도 있다. 나의 만족의 상태를 부모에게 의존했을 때를 기준으로 두면 나를 다 받아주어서 쾌를 받을 때가 최상의 상태가 되고 반대로 불만의 상태는 부모가 나를 다 받아주지 않았을 때에 두게 된다.

이 둘의 공통점은 나는 가만히 있어도 되는 수동의 상태로 멈추어 있는 것이다. 게을러도 괜찮은 충분한 이유를 스스로 갖고 이기주의가 마음 안에 굳게 자리잡는 것이다. 게으르다는 것과 이기주의는 같은 맥락일 수 있다. 아무것도 안 해도 누군가 나를 만족시켜 주는 것에만 길들여졌을 때 커지는 것은 이기심이다.

부모가 심어주었고 종속증이 무엇인지도 모르고 결혼을 해서 산다면 그 다음에 풀지 못하는 과제는 아마도 이런 것인지 모른다. '왜 나를 무엇이나 다 받아주지 않나 우리 부모처럼?' 가장 아이와 같은 기대를 하고 사는 사람을 아이와 같이 순진하다고 말하며 얼마간 버티며 살 수 있을지는 사람마다 다르겠지만 분명한 것은 여자를 사랑하는 남자로의 능력은 전혀 없는 상태로 결혼을 했다는 것이다.

자기가 가진 이기심은 자기가 스스로 깨닫고 이타심으로 옮겨가는 사랑이 없이는 그 누구도 이 난제를 풀 수가 없다. 부모에게 의존하며 종속을 하는 것도 자신의 이기심으로 하는 것이고 그 의존의 종속에서 탈 종속을 하는 것도 자신의 이기심에서 자기가 벗어나는 일이다.

부모에게서 태어나면서 받게 되는 이기심은 결혼을 하면서 변할 수 있는 기회를 갖는다. 사랑하는 사람을 통해서 자신의 모습을 볼 수 있기 때문이다. 나의 옳음이 사랑하는 사람에게는 틀림이 되는 것을 알 수 있는 좋은 기회를 선물받는 것이다. 서로를 보완해 주는 이타심으로 변하는 마음에서 사랑이 커갈 수 있다는 것을 깨닫는 사람이 될 수도 있고 정반대로 존속의 상태를 죽어도 변하지 않으려고 과거를 붙잡고 이기심을 키우려는 사람으로 완전히 갈라지게 된다.

모태에서 육체를 존속하기 위해 육의 생명만을 연명하려던 안간힘은 불안함에서 시작했던 것이다. 불안으로 육을 존속하려던 마음이 사랑하는 사람과의 관계 속에서 자신의 존재에 대한 정체성을 갖으면서 안정감을 갖을 수 있다. 결혼과 함께 존속증에서의 불안함이 안정되고 평화로운 정신 안에서 존속감으로부터 탈바꿈을 하는 사랑이 결혼으로 할 수 있는 참사랑이다.

결혼은 하늘나라 가는 예행연습이다

새로운
성격의 탄생

　사람은 누구나 인성을 갖고 있지만 인성 그 자체가 성격은 아니다. 성격이라고 할 때는 각자마다 다 다르게 가지고 있는 특성을 표현한다. 사람이 자신의 성격을 연마해야 한다고 말하는 것은 불행하게도 사람이 아직 사람이 마땅히 가져야 할 인성을 가지고 있지 못하니까 가져야 한다고 역설을 하는 것이다.

　사람이 인성을 안 가졌다면 도대체 무엇을 가졌다는 말인가? 사람은 한 처음에 엄마의 뱃속에서 태어날 때 동물성만 가지고 있는 육체로만 이 세상에 나오는지도 모르겠다. 여기에 모든 사람은 각각의 성격을 가질 수 있을 뿐, 동물성이 어떻게 해야 인성을 가질 수 있는지는 아직 아무도 알지 못하는 것 같다. 인성이 어디까지 도달해야 가질 수 있는 것은 불확실해도 사람이라면 이 세상에서 획득해야만 할 성질이라는 것은 분명한 것 같다.

사랑으로 동물성을 버리고 인성을 가질 수 있으려고 결혼을 해야 할까? 결혼하는 남녀에게 필요한 것은 각자의 개성을 살려야 하는 성격이 필요한 것이 아니라 사람이 마땅히 가져야 하는 인성을 찾기 위해 각자가 가진 성격을 깨닫는 일이다. 결혼하는데 빼놓을 수 없는 조건으로 좋은 성격이라고 말들을 하지만 사실은 자신의 개성이 강한 성격을 사랑하는 사람을 위해 새로 태어나는 성격을 다시 갖는 것이라 해야 할 것 같다.

지능은 여러 방면에서 다양하게 측정하지만 성격은 다 지능 지수와는 달리 이중, 삼중의 다성격으로 결정짓지 않는다. 성격이 두 가지만 되어도 우리는 금방 이중성격자라는 불명예스런 이름을 붙이기 때문이다. 좋은 성격이라면 일관성을 가진 성격이여야 한다.

한 가지 성격이란 태어날 때 가지고 있던 성격을 그대로 죽을 때까지 가지고 가는 것 만을 말하는 것일까? 누구나 대답을 '아니다'고 말할 것이다. 아이가 세상에 처음 태어나서 가지는 성격이 과연 좋은 성격일까? 그건 '아니다.' 먹을 것을 달라고 울고, 기저귀를 갈아 달라고 울고, 졸리다고 울고 또 엄마가 안 보여서 운다. 조금

결혼은 하늘나라 가는 예행연습이다

더 크면 울다가 못해 땅바닥을 뒹굴고 손도 발도 동동 구른다. 거기에 좋은 성격이 있다고 말하기는 어렵다. '왜일까?' 아이가 세상에 태어나서 가지는 본성은 아직 인성과는 거리가 멀기 때문이다. 아이가 어른이 되는 과정은 한마디로 성격이 변화하는 것이라 말하고 싶다.

옛 성격을 버리고 새 성격을 취할 때 발달한 성격이란 아마도 동물성에서 사람의 성격인 인성으로 변하고 더 크게는 사랑을 실천하기 위해 사람의 인성을 신의 성격인 신성까지 가려는 노력으로 승화를 하는 과정인 것 같다. 그리고 그 과정은 쉼도 없고 끝이 없이 이어져서 죽는 순간까지 가게 된다.

어려서는 자신에게 없었던 성격을 부모가 만들어 주고, 사랑하는 이성이 생기면 그 성격을 사랑하는 사람에 맞추려고 새로운 성격을 만들어 간다. 아이가 생기고 손주가 생기면 그 아이들에게서 다시금 성숙할 수 있는 성격을 선물로 받게 된다. 이러한 과정을 통해 성격은 얼마큼의 사랑이 있어야 커가는 것이라는 것을 알 수 있다. 새로운 성격으로 거듭 태어난다는 것은 인고의 사랑으로 이루어지는 사랑의 결정체이다. 우리는 이렇게 인생을 한 단계 한 단계 살아가며 사랑에 의해 새로운 성격으로 거듭나게 된다.

어떻게 좋은 성격으로 새롭게 태어날 수 있을 까? 삶의 무게와 새로운 성격을 갖게 되는 상관관계는 아무도 예측하기가 불가능하다. 삶이 고난해서 좋은 성격으로 태어날 수도 있고 반대로 악하게 세상을 저주하는 성격으로 뒤바뀔 수도 있기 때문이다. 누가 언제 그런 성격으로 어떻게 새로워질지는 아무도 알 수 없다. 다만 어른이 아이들에게 배워야 하는 점이 있다면 아이들이 자신들의 성격을 변화할 때 잘못된 자신의 행동을 반성하기만 하면 그들은 곧 새로운 성격으로 매우 빨리 탈바꿈을 한다.

서로 주고 받는 사랑만 있어도 좋은 성격으로 거듭 태어나는 신비를 발견할 수 있다. 아이들이 자신의 성격을 변화하는 것은 아마도 어른의 말을 신뢰하기 때문일 것이다. 어른이 되어 사랑을 하고 결혼을 하고 서로 공유하는 것이 생기면 그들의 성격도 사랑의 순환으로 이어가게 된다. 너를 위해 내가 좋아하는 것을 포기하고 네가 좋아하는 것을 하고 또 다시 네가 좋아하는 하는 것은 공유로부터 인생이 시작되는 것을 보여준다. 이 간단한 마음의 공유를 어른이 아이처럼 되어야 아이에게서 배울 수 있는 보배와 같은 것이다.

한 번 가진 성격을 절대로 변하지 않으려는 어른이 있다면 그는 아마 사회성이 결여된 사람일 것이 확실하다. 자신이 좋아하는 것은 절대로 포기하지 않으려는 성격은 좋다고도 나쁘다고도 할 수는 없다. 이런 사람이 혼자 인생을 살면 아무에게도 피해는 주지 않지만 결혼하는 것은 조금 생각해 볼 일이다. 누구와 공유하는 새로운 성격이 아직 탄생하지 않았을 수 있기 때문이다. 시간을 멈추어 있으려는 것은 흐르지 않는 물이 썩는 것과 같아서 자신을 그 어느 시간과 공간에 멈추게 한다. 스스로 그 상황들을 넘어 선다면 누군가와 사랑을 공유하는 좋은 성격이 새로 탄생 할 것이다.

    사람의 성격이 좋아서 결혼하기에 좋은 사람이라고 한다면 곧바로 결혼을 결정하면 위험하다. 성격만 좋은데 나를 사랑하는 것이 없다면 그러한 성격은 결코 결혼하기에 좋은 성격의 사람이 아니다. 그렇다면 사랑하는 사람이 가져야 하는 좋은 성격이란 어떤 것일까? 이렇게 앞으로 변하게 될지도 모르는 모든 상황 속에서도 사랑할 수 있어야 나에게 좋은 성격의 사람이다. 사랑을 하고 결혼을 다짐할 때 두 사람이 서로를 위해 새로운 성격을 탄생한다는 것은 지금 보이는 것과 다른 반대 상황을 미리 예측할 수 있는 여유로움의 성격이여야 한다는 말이다. 얼굴, 몸매, 건강, 금전 등 모든 것이 바뀌어도 마음이 변치 않고 사랑을 굳세게 지켜가는 성격이 바로 결혼하는데 꼭 필요한 성격이다.

까만 까마귀

　　까마귀 패러다임은 현대 철학이 과학의 접근으로 철학을 증명하려는 시도 중의 하나이다. 까만 까마귀는 진실 같이 포장된 허구를 증명하는 방법이다. 까만 까마귀가 하얀 것으로 바뀌어도 사람들은 그것이 왜 그렇게 변했는지 조차도 모르고 산다. 왜 이렇게 진실이 허구가 되고 허구가 진실로 바뀌는가?

'까마귀는 까맣다'
'까맣지 않으면 까마귀가 아니다'
'까마면 까마귀다'
'구두가 까마면 까마귀다'
'구두는 까마귀다'
'하얀 구두는 까마귀다'
'하얀 것은 까마귀다'

    이 철학 이론이 지금을 사는 우리에게 주는 교훈은 까만 까마귀를 있는 그대로의 까만 까마귀로만 알면 진실인데 까만 까마귀를 자기 방식대로 정의를 내리려고 까만색 까마귀를 쪼개어 까만 것이 아닌 부정이 거짓인 것을 진실로 만들 수 있다는 것이다. 이런 과정을 거치는 것은 사람마다 다 달라진다. 그 이유는 사람마다 가지는 메모리의 연상이 다 다른 구조를 갖기 때문이다. 거짓으로 변하는 것은 '아니다'는 부정에 기준을 두기 시작하기 때문이다. 까마귀가 까만 색이 아닌 것은 거짓인데 그 거짓에 어떤 조건을 두어도 그 기준이 거짓이기 때문에 결국에는 거짓이 된다. 기준을 거짓에 두면 거짓인 것이다.

    사랑도 내 사랑하는 사람이 내 사랑이라고 하는 매우 간단한 진리이다. 사랑하는 사람 사이의 사랑을 이 까마귀 패러다임으로 대입해 보면 사람들의 사랑이 왜 거짓으로 변하는지도 알게 될 것 같다. 십여 년 전 아는 지인들의 부부들과 모임에서 남편들의 대화에서 많은 공통점을 발견할 수 있었다. '바람을 피지 않으면 사랑하는 거야' 반면에 여자들과 대화는 '뭐 사랑같은 이야기를 아직까지 하고 있느냐' 자포자기의 말을 하기도 했었다. 이 말이 까마귀 패러다임과 어떤 상관이 있을까?

사랑이면 어떠해야 하는 것을 기준으로 두면 사랑으로 노력을 할 수 있는데 바람을 피지 않는 것이 사랑한 것이라는 기준은 다분히 사랑이 아닌 것을 기준으로 했을 때 그 아닌 것만 아니면 사랑하는 것이라는 터무니 없는 거짓이 진실이 되는 것이다. 까만색이 아니면 까마귀가 아니니까 까만색 이기만 하면 까마귀라는 진실의 왜곡과 같아지는 것이다.

사랑도 이와 같을 수 있다. '바람을 안 피우면…' 이처럼 무엇을 하지 '않는다'라는 것이 사랑을 하는 기준이 되면 사랑은 벌써 사랑이 아닌 것으로 기울어지는 시작이다. 최소한의 나쁜 것이 아닌 것을 기준으로 한다면 얼마나 수없이 많은 나쁜 것들이 사랑의 자유로 만연해 지겠는가?

사랑이 사랑이기 위해서는 그저 사랑만이 기준이여야 한다. 사랑이 아닌 것에 대해서는 사람마다 치사량이 다르다. 사랑도 거짓이 아니다면 진실이다를 사랑의 기준으로 둔갑하면 까만 까마귀가 하얀 구두가 되는 것처럼 간음도 결혼과 상관없이 사랑이 되고 권리가 될 수 있다면 사랑을 죽이는 치사량이 될 수 있다. '바람을 피지 않으면 사랑이다'는 '생각으로 짓는 간음은 죄가 아니다'가 되고 '사랑은 간음이다'가 되면 사랑은 이미 간 곳이 없어지는 것이다.

진실의 반대를 아무리 아니라고 하는 것과 진실 그 자체와는 전혀 다르다. 진실의 반대인 거짓을 기준으로 그 거짓이 아닌 것이 진실이라고 하는 것은 그 자체가 진실을 은폐하는 순수한 거짓이 되는 것이다. '바람을 피지 않으면 진실의 사랑을 하는 것이다'는 사랑을 정의하는 것이 결코 아니다. 사랑이 아닌 것을 사랑처럼 말하기 위해 사랑이 아닌 것을 사랑이라고 마음대로 스스로 만든다. 그 기준으로 사랑을 하면 자신도 속이고 사랑도 속이고 결국 거짓으로 모든 것을 다 속이는 수단이 되는 것이다.

그렇다면 나 자신은 어떨까? 나의 모든 말과 행동이 모두 진실이 되는 일치를 하는 사람이 있을까? 나의 말 하나도 무엇을 정확하게 알고 말한다고 장담할 수 없다. 더구나 나 자신이 누군가를 진실로 사랑하는 그 가장 고귀한 일에 더욱 진실 같은 거짓이 자리잡고 있을 수도 있다. 그 진실 같은 거짓은 잠시만 정신을 놓고 있으면 어느새 순수 거짓으로 변해서 세상에서 가장 그럴듯한 거짓의 사랑이 될 수 있다.

사랑의 해법

어느 먼 인척의 언니가 내가 어렸을 때 남자들은 자기 집에 양귀비 아내를 두고도 옆집의 못난 곰보가 더 예쁘다고 한다고 말해주었다. 그 언니는 젊어서 예뻤고 그녀의 남편은 공부도 직업도 재력도 모두 갖춘 성공한 사람이고 그 언니와 죽고 못 산다며 결혼을 했다는데 왜 그런 말을 하는지 그때는 몰랐었다.

까만 까마귀 패러다임을 사랑에 적용하면

'남자는 힘이 세다'　　　　　(모든 여자는 예쁘다)
'힘이 없으면 남자가 아니다'　(예쁘지 않으면 여자가 아니다)
'내 남자는 힘이 세다'　　　　(내 아내는 예쁘다)
'돈이 있으면 힘이 세다'　　　(예쁘면 내 아내다)
'옆집 남자는 돈이 많다'　　　(옆집 아내는 아내다)
'옆집 남자는 힘이 세다'　　　(옆집 아내는 예쁘다)
'옆집 남자는 내 남자다'　　　(곰보는 예쁘다)

내 아내가 안 예뻐 보이면 옆집 아내가 내 아내가 되고 곰보인 안 예쁜 남의 아내도 아내라서 예쁘다가 되는 것이다. 남의 여자가 예쁘게 보이는 것은 다시 말하면 나의 아내가 안 예쁘게 보는 것이다. 이렇듯 사랑의 진실도 사랑의 허구도 모두 한순간에서부터 시작하고 또 한순간에 거꾸로 바뀐다. 한순간의 사랑이 진실이었는지 거짓의 허구였는지는 너무 늦게 삶의 시간이 다 지날 때야 알 수 있을

결혼은 하늘나라 가는 예행연습이다

지 모른다. 진실과 허구는 진실을 진실로 받아들이지 않으려고 마음 대로 마구 만드는 진실 같은 허구를 무엇인지 알아야 하는데 그것은 자기 자신의 양심 밖에 없고 그 양심은 사랑하는 사람을 통해 전해 질 수 있다.

사랑의 해법

사랑도
아는 것 만큼 힘이다

　　사랑의 능력을 가진 사람만이 사랑을 할 수 있다. 사랑을 아는 힘은 가부의 결정을 할 수 있는 능력에서 나온다. 현실에서 사랑을 찾을 수 없는 무능력한 사람의 차이다. '예' 할 것은 '예' 하고 '아니요' 할 것은 '아니요' 하는 그 단순한 것에 사랑의 능력이 있다. 끝까지 나의 사랑인 사람에게는 '예'만 해야 한다. 그리고 지금 나의 사랑이 아닌 사람에게는 '아니요'만 해야 한다. 그런데 '예'와 '아니요' 둘 다 하면 그 사람은 사랑을 할 수 없는 무능력한 사람이 된다.

　　사랑의 속성을 아는 것 또한 사랑할 수 있는 힘이다. 사랑은 시기 질투가 항상 함께 한다. 우리는 흔히 사랑은 선하고 좋은 것이고 시기 질투는 악하고 나쁜 것이다고 한다. 사랑이 여러 개라서 이 사람 저 사람에 다 똑같이 가는 것이 아니라 제일 좋은 것을 하나 선택하는 것이 사랑이라서 그 하나의 최고가 아니면 그 다음 차선의 사람들로부터 시기와 질투가 나오는 것이다. 사랑이 능력이라는 말은 다른 말로 시기, 질투거리를 만들지 않는 깨끗한 사랑을 하는 능력이다.

사랑에 능력을 갖는다는 말은 오직 하나만을 선택하는 용기를 말한다. 세상에서 단 한 사람만을 그 누구와 비교할 수 없이 최고로 내 마음에 두는 사랑이여야 그에 맞는 행동이 나오는 것이다. 만약 이 하나의 사랑을 인간의 의지대로 두 개나 세 개나 여러 개로 나누려고 하면 하나는 사랑으로 남고 나머지는 사랑의 짝인 미움으로 남게 된다.

사람의 임의대로 사랑을 쪼개서 나누면 왜 미움이 생기는 죄에 시달릴까? 사랑이 여럿을 동시에 다 가지고 사랑하려고 하면 거기에는 서열이 생기기 때문이다. 올림픽 경기에서 일등이면 모든 사람에게 눈길을 끌지만 둘째 또는 셋째, 넷째는 거의 사람들의 관심에서 없어진다. 그러면 둘째, 셋째, 넷째들은 첫째에게 나의 사랑과 진심으로 잘 사랑하기를 바란다고 축복을 할까?

시기 질투는 그런 시기 질투가 나오도록 환경이 주어졌기 때문에 생기는 것이다. 사랑하는 두 사람이 둘이서만 사랑하면 될 것을 왜 서열을 만들어 시기심이 들게 하는가? 식당에서 여러 가족이 식사를 함께하고 있을 때였다. 한 가족의 남편이 함께 식사를 하는 다른 집의 아내에게 이런저런 농담을 하는 것을 보고 그 아내가 여러 가족이 있는 자리임에도 불구하고 자신의 남편에게 '왜 여자들에게 관심을 가지는지 모르겠어'라 말했지만 그 남편은 자신이 하던 대로 계속 이런저런 쓸데없는 농담의 말을 남의 아내와 주고받고 있었다.

남편이 자신의 아내를 옆에 두고 다른 여자와 농담을 하는 것을 그 아내는 싫어한다는 것을 분명히 말하였다. 그 아내의 얼굴은 불편한 모습을 보였고 그 남편은 자신에게는 아무 잘못하는 행동이 없다는 표정을 하였다. 그 남편이 농담을 말하는 것이 잘못은 아니지만 자신의 아내가 그 자리에서 첫째의 관심이라는 것을 보여주지 않은 것에 시기심을 갖도록 하는 것이라면 자신의 아내에게 잘못하는 것이 된다. 남편의 마음대로 행동이 스스로를 사랑의 무능력자로 모든 사람 앞에 드러내 놓고 있었지만 정작 그 사람은 자신이 무엇을 하는지 모르는 것이다.

사랑은 보이지도 않고 모양도 없고 무게를 잴 수도 없다. 그래서 사랑을 이럴 것이다 저럴 것이다 유추할 수 밖에는 없다. 사랑은 보이지 않는 '무'인 것을 보이게 하는 '유'로 만드는 능력이 있어야 한다. 현실에 없거나 내 것이 아닌 '무'에 집착하며 사랑이라고 하는 사람은 당연히 사랑의 불구자이고 무능력한 사람이다. 사랑은 현재 내 옆에 있는 보이는 사람에게 보이지 않는 '무'인 사랑을 '유'로 드러내 보여 주는 능력이다.

사랑이 '유'로 드러나서 현실에 존재하는 사랑이 될 때는 사랑하는 사람에게 유익하고 유용한 것으로 변한다. 사랑하는 두 사람이 서로에게 없는 것을 서로에게 있게 해주면 그 둘은 사랑으로 이 세상을 창조하는 능력을 가지는 것이다. 그렇다면 사랑하는 나의 사람에게 무엇을 드러나게 해 주어야 하는가? 지금 울고 있으면 웃음을, 지금 마음이 아프면 행복을, 마음이 위축되어 있으면 용기를 내게 해주면 그것은 지금 없고 모자란 것을 사랑으로 드러나게 해주는 것이다.

사랑을 알면 사랑의 힘이 생긴다. 이를 거꾸로 말하면 사랑의 힘은 사랑을 알고 그 사랑을 행할 수록 더 강해질 수 있다. 용감히 사랑이라고 '예' 했으면 그 밖의 것은 과감하게 사랑이 '아니요'라 할 수 있다면 그 사람은 분명히 사랑의 힘이 강한 사람이다. 반대로 사랑의 힘이 약한 사람은 사랑하는 사람의 존재를 '무'로 놓고 마음대로 혼자의 기준을 가질 때 자신에게 있던 사랑마저 '무'로 남는다.

자신의 약점과 단점을 사랑하는 사람에게 보여 줄 수 있고 상대방의 약점과 단점도 알아야 비로소 사랑의 능력을 가질 수 있다.

너의 약점과 맹점을 알아서 악용하면 악한 행동이고 그 약점을 강점으로 변하게 해주는 것이 사랑의 능력이다. 상대방을 받아 주는 것이 사랑이라고 하는 말은 그 약점과 맹점을 포용하는 마음일 것이다. 부족한 것을 가진 사람을 완전한 사람으로 탄생하게 하는 능력은 사랑에서만 나올 수 있다.

사랑하는 사람과의 만족함은 어디까지 한계가 뚜렷하게 있어야 한다. 자신의 사랑의 한계성에서 사랑의 만족도 생기는 것이다. 이것은 아이들이 자신의 부모가 나에게 해 줄 수 있는 한계를 인식하지 못하면 남들과 비교해서 부모는 자신의 요구를 모두 다 들어주어야 한다는 무한대를 갖는 것과 비슷한 모습이다. 남녀 간의 사랑도 이와 같이 될 수도 있다. 내가 사랑하는 여자가 클레오파트라가 아닌데 지금 이 여자에게서 클레오파트라의 것을 찾을 수는 없는 일이다. 또 이 남자가 헤라클레스가 아닌데 지금 이 남자에게서 그 헤라클레스를 찾을 수는 없다.

이 여자가 또 이 남자가 왜 그런 여자가 아니고 그런 남자가 아니다고 할 것이 아니라 이 여자가 또 이 남자가 유일한 내 여자이고 또 내 남자라고 정의를 내리면 사랑은 그 사람이라서 내 사랑이라는 정의가 내려질 수 있다. 이 말은 그 사람이 어떠어떠한 사람이라서 사랑하겠다는 편견과 다르다. 사랑하는 사람이 나의 어떤 존재인가를 확실한 구분을 가질 때 나는 비로소 사랑의 능력을 갖는 것이다.

결혼은 하늘나라 가는 예행연습이다

아담과 이브

　　아담과 이브가 실낙원으로 쫓겨 올 때는 이미 쪽박이 난 부부였었다. 최초의 남자이고 여자인 아담과 이브는 누구나 알고 있는 이야기로 이들은 세상에 둘도 없이 다정한 부부로 일컬어지는 명칭이기도 하다. 그러나 그들이 처음 살던 하늘 나라인 낙원과는 달리 부부로써 거의 살기가 힘든 상태로 이곳 지구로 쫓겨 났다. 이 모습은 마치 사랑하는 사람과 처음 만났을 때는 너무나 좋아서 세상을 다 얻은 것처럼 생각하고 행동하다가 어느새 원수도 그런 원수가 없을 정도로 변하는 우리의 모습을 보는 것 같다.

　　서로의 믿음이 없어진 부부는 세상에서 가장 불행한 상태이고 하느님에게마저도 용서가 어렵다는 말인 것 같다. 남자인 아담의 갈비뼈로 여자 이브를 만든 것은 이 둘이 원래 하나였던 가장 아름다운 부부의 상징일 것이다. 그런데 어째서 서로가 서로를 저주하는 모습의 부부로 둔갑을 하는 것일까? 그것은 아마도 '저 여자 탓이요'로 아내인 이브에게 칼날을 들이대며 독설을 퍼붓는 원망과 불만이 가득 찬 남자인 아담이 이끄는 가정이였기 때문일 거란 생각이 든다.

지금 우리가 살고 있는 현재의 시점에서 보아도 아내와 남편 중에 어느 하나가 '너 때문에 우리가 살던 집이 날아갔어'로 불만의 말을 한다면 그 가정이 어떻게 편안할 수 있겠는가? 더구나 감히 여자에게 그런 말을 하는 남자와 부부로 살려고 하는 여자들이 거의 없을 지도 모른다. 바가지가 깨어지듯 갈라진 둘의 사이는 싸움으로 이어질 것이 뻔한 일이다. 거꾸로 여자가 남자에게 '너 때문에 우리가 이 모양 이 꼴로 살잖아!'라고 말한다고 해도 그 부부는 더 이상 갈 데가 없을 만큼 최악의 위기를 맞을 것이다.

인류의 제일 처음 부부인 아담과 이브가 '너 때문에'라는 원망의 마음으로 살기 시작하며 미움을 탄생한 부부였기 때문에 사랑은 했지만 결혼만 하면 불행을 맛보게 되는 인류 역사는 아마도 이 아담과 이브가 부부 생활의 시작을 잘못했기 때문에 그 죄를 현재까지도 우리가 덮어 쓰며 살고 있는지도 모른다는 핑계를 댈 수 있을 것 같다.

결혼은 하늘나라 가는 예행연습이다

아담과 이브는 사람이라고 딸랑 둘만 있는 세상에서는 이런저런 딴 생각할 겨를 없이 선택의 여지가 없기 때문에 부부로 살 수 있었을 것이다. 지금의 우리가 아담과 이브처럼 행복한 부부로 살아가려면 아무도 없는 곳에서 부부 둘만 살면 가능할까? 아내에게 불만이 가득한 남편들이 어떠한 마음을 가져야 아담의 뒤를 밟지 않으며 부부가 사랑으로 살 수 있는 지 다시금 생각을 깊게 해보아야 할 일이다.

인류 역사가 시작되며 사람이 만들어진 것은 한 사람이 두 사람으로 이분화한 사건이다. 이 세대에 까지 이어지는 사랑하고 결혼하는 일은 내 갈비뼈를 찾는 매우 신나는 일이다. 그렇다면 우리가 결혼을 할 때 자신의 갈비뼈를 스스로 찾을 수 있는지 없는지를 한번쯤 생각해 보면 좋을 것 같다. 물론 결혼을 할 때는 누구나 이 사람이 나의 아담이고 또 나의 이브라고 확신을 하곤 한다. 그런데 세상 사람 모두가 한번쯤 자신의 결혼에 대해 회의를 가지며 고개를 흔들 때가 있는 것은 왜일까?

어쩌면 '아! 네가 정말 내 뼈에서 나온 내 뼈이네!' 아담이 하던 이브에 대한 첫사랑의 감탄을 새까맣게 잊어버리고 산다는 말이 더 맞는 표현일지도 모르겠다. 왜 결혼을 하고 부부로 살면서 둘이 '한 사람'이 되어 살지 못하고 두 사람이 두 사람으로 '사람들'이 되어 자기 마음대로 살게 되는 걸까? 자기의 것도 못 알아보고 자신의 갈비뼈가 무엇인지도 몰라 자신의 여자에게 만족하지 못하는 눈 먼 남자들 때문에 이런 일이 벌어지는 것은 아닐까?

하느님이 맺어 주신 부부의 인연은 언제라도 이 세상에서 자신의 짝으로 결혼하게 된다. 그래서 내 짝은 결혼을 할 수 있는 것으로 증명이 된다. 그러나 두 사람의 육신과 정신이 모두 하나가 되지 못하면 아무리 결혼을 해도 소용없는 일이다. 정신이 하나가 된다는 말은 '세상에 내 갈비뼈는 너 하나밖에 없다.'는 생각을 매 순간 잊지 않고 사는 것이다. 사실 아담과 이브가 처음 창조될 때는 둘이 아닌 하나였으니 그 하나인 상태를 그대로 유지하기만 했으면 되는 일이였다.

아직 결혼을 하지 않은 남자가 여자를 보며 자신의 갈비뼈를 찾아 헤매는 것과 결혼을 한 남자가 아직도 자신의 갈비뼈를 더 찾고 싶은 마음으로 또 다른 여자를 찾으려 하는 것은 자신의 갈비뼈인 여자를 찾으려고 하던 마음을 그만두는 과정을 하지 않았기 때문에 계속 찾는 버릇 때문이라는 생각이 든다. 찾았지만 이 여자가 아니라 혹시 다른 여자가 진짜 내 여자일까 유혹에 들어가는 것이라고 하면 더 정확할 것 같다.

나의 여자와 나의 남자인 인연을 어떻게 사람이 알 수 있느냐고 말할지 모른다. 나의 부족함을 말없이 받아주고 그것을 나의 것

결혼은 하늘나라 가는 예행연습이다

처럼 아껴주는 그저 평범한 사람을 만날 수 있다면 그 사람이 감사해야 할 나의 사랑인 것이다. 그 한 사람이 내 사랑임을 아는 것을 내가 깨달을 수 있어야 비로소 나의 사람이 되는 것이다. 그 누가 말해도 알 수 없고 다만 내가 알 수 있어야만 비로소 내가 아는 것이다.

만약 아담과 이브가 지금 현재에 산다면 그들은 여기에서 어떻게 살까? 낙원과 실낙원을 모두 다 살아 보았으니 당연히 낙원에서 사는 것처럼 평화로이 살고 싶어 할 것이 분명하다. 셀 수도 없이 많은 사람들이 뱀처럼 유혹하는 환경 속에서도 오직 둘이 서로의 주인이 되는 사랑을 할 것이다.

오직 서로의 말만 듣고, 서로의 모습만 보며 세상에 둘 밖에는 없는 것처럼 환경을 물리칠 수 있으면 그 두 사람은 분명 사랑만 하며 살 것이다. 우리가 아담과 이브의 이야기에서 알 수 있는 것은 낙원과 실낙원 둘을 다 생각해 볼 수 있어야 어디가 더 행복한 곳이라는 것을 알 수 있고 그 행복한 곳을 만들기 위해 노력하며 행복한 사랑만 할 것이다.

사랑의 해법

결혼의 사춘기

　　사춘기는 봄을 생각하는 시기라고 풀이한다. 이때는 생각으로만 부풀어 올라 앞으로의 인생에서 무엇이나 다 할 수 있을 것처럼 바람이 든 때이다.

　　결혼만 하고 나면 완전 독립의 상태라서 마음대로 다 할 수 있다고 뜬구름 잡는 마음으로 둥둥 뜨는 것을 결혼의 사춘기라고 말한다. 사랑하는 사람을 위해 무엇을 다 해주어야 하는 것보다 자기 자신의 욕구를 모두 충족시키는 것에만 관심을 가지면 결혼 사춘기에 들어간 사람이다.

자기 자신 속에 있었던 욕구들이 밖으로 드러나지 못한 것들은 결혼을 할 때까지 아무도 알 수 없다. 자기 자신 조차도 어떻게 무슨 욕구가 밖으로 나올지를 모를 수 있다. 결혼할 때 이전에 못한 것들에 대한 제한이 풀어지면 마음대로 다 할 수 있다고 생각하기 때문에 결혼의 사춘기는 꽤 위험함을 갖는다.

결혼의 사춘기 형태는 남자와 여자가 비슷하지만 정도가 심해지는 차이는 다른 것 같다. 여자들이 결혼 전에 못해 본 것을 결혼하면 해보겠다는 것은 물건을 구입하는 것에 관심을 쓰거나 또는 먹는 것에 중점을 두는 것처럼 돈을 쓰는데 있다면 그러한 것은 비교적 가벼운 증상일 수 있다. 그러나 결혼한 남자나 여자들이 여전히 사춘기 때 못해 본 이성에 대한 관심을 자유롭게 할 수 있다고 생각한다면 그것은 매우 중증이다. 결혼이 하나의 경험으로 생각하는 사람이라면 사춘기 때의 경험을 연장할 수 있다는 우매한 생각에 빠질 수도 있기 때문이다.

동양 여자나 서양 여자나 나이가 어리거나 나이가 많거나 이 모든 여자들은 다 자신의 남편이 다른 여자들을 쳐다볼 때마다 씁쓸한 감정을 가진다고 한다. 물론 이런 관심이 남자에게만 있지 않고 결혼한 여자들도 그렇게 할 수 있다. 아직 사춘기를 못 벗어난 남편이나 아내에게 신경을 쓰는 일은 여간 인내를 요구하는 일이 아니다. 이런 습관이 사춘기라는 어느 기간을 두고 하는 말로 끝나서 그런 모습이 없어지면 다행이지만 그렇지 않으면 인생 자체가 끝이 없는 인내의 연속만 있는 불행이 될 수 있을 것 같다.

사람의 행동은 의식으로 변하려는 생각이 없으면 언제라도 변함없이 나오려고 한다. 사춘기의 습관이 만약 성적으로 관심을 갖고 이성을 쳐다보는 것이였다면 그 습관은 결혼과 함께 또 오랜 시간 동안 이미 성격으로 굳혀 질 것이다. 결혼에 방해가 되는 성격이 무엇일까? 만약 자신의 아내가 계속 남의 남자들만 두리번거리며 사춘기의 호기심으로 쳐다보고 남자들에게 말을 건다면 그런 아내에게 끝까지 신뢰를 가질 수 있는 남편이 있을까? 또 고개까지 돌리며 지나가는 여자들에게 관심을 갖는 것이 성격이 되어버린 남편을 언제까지 참을 수 있을까? 성격이 되어버린 상태라면 대단히 심각하다는 것이 분명하다.

결혼의 사춘기는 결혼하기 전에 미리 예방주사로 방지해야 하는 질병과도 같다. 이 말은 결혼의 사춘기가 단순히 사춘기적 성에 대한 관심으로 끝나지 않고 바이러스처럼 온 정신으로 전염시키기 때문에 결혼에 치명적이다. 요즘 하버드 대학에서의 연구는 행동심리학에 초점을 두고 있는데 이는 사람의 행동이 생각을 움직이게 한다는 이론이다. 이 이론에 힘입어 결혼 사춘기에 있는 남자들을 진단하면 성적인 관심으로 나오던 십대의 행동을 그대로 놔두고 어른이 될 때까지 아무런 행동 수정이 없었다면 그 사람의 머리 속의 거의 모든 생각은 성적인 관심에 머무르는 채 어른이 되고 결혼을 했다고 할 수 있다. 남자들이 결혼 전에 해야 할 예방접종이란 사랑하는 여자의 눈에서 그러한 성격을 지적해 주는 일이다. 여자의 현명함은 남자의 사춘기적 습관이 없어진 다음에 결혼하는 순서를 갖는 것이라 조언하고 싶다.

십 대의 사춘기는 자신의 행동을 뒤돌아보면 반성을 할 수도 있는 사고가 미숙하기 때문에 행동의 욕구, 그 자체가 무엇인지 모른다. 그저 자신의 욕구가 정당한 것으로만 받아들이려고만 하기 때문에 그런 아이의 입장에서만 세상을 보는 눈을 그대로 가지고 나이가 들어도 아이의 사고로만 세상을 보는 것이다. 그 어린아이의 눈만 가진 채 어른이 된 것을 이해하면 왜 그리 오랫동안 뜬구름을 잡는 일을 계속했는지 이해 할 수 있을 것이다.

아이 때의 욕구는 절대적인 결핍에서 온 것이 아니라 상대적인 결핍에서 온 것이라 그렇게 오래 가는 것 같다. 정말 바닥을 치는 듯한 절대적인 결핍의 상태를 겪었으면 그 다음은 무엇에나 다 감사가 나온다. 그러나 자신의 주어진 환경에서 스스로 만족할 수 있는 최소한의 것을 가졌음에도 자신은 전혀 가진 것이 없다고 생각하는 비교급에서의 결핍은 누군가와 비교해서 더 갖지 못한 것이기 때문에 결핍 보다는 더 갖겠다는 쾌락에서 오는 무지함이다.

사랑의 해법

엄밀히 말하면 결핍이 아니라 미숙한 아이의 건방짐이라는 생각이 들기도 한다. 마치 어른이 된 듯한 느낌에서 어른과 같이 생각하려고 설불리 어른을 판단하는 행동처럼 보이기 때문이다. 여기서 생기는 원망과 미움이라는 결핍은 밖으로 드러나기 전에는 아무도 알 수 없다. 더구나 절대 궁핍도 아니고 상대적인 결핍은 상황에 따라 다르게 나타나기 때문에 언제 아이처럼 자신만의 생각이 옳다고 고집하는 사춘기적 사랑의 기준이 나타날지 예측하기 어렵다.

상대적인 결핍은 상대가 자신이 있을 때는 스스럼없이 결핍의 화가 나오지만 어렵고 무서운 사람에게는 절대로 자신의 결핍상태를 보여주지 않으려는 방어기제가 강하게 나타난다. 상대적으로 상대방이 우습게 보이고 아무렇지도 않게 보일 때 그 사람이 갖고 있었던 상대적인 결핍이 마음껏 드러난다. 이것은 나를 받아 줄 수 있는 사람이라서 마음대로 하겠다는 것이라 신뢰처럼 보일 수도 있지만 존중이 없는 자신의 감정의 전이 과정일 수 있다. 이처럼 결혼의 사춘기는 이전의 상대적 결핍 상태를 벗어나지 못해 나타나는 것처럼 보인다.

결혼의 사춘기는 무엇을 말하는 것일까? 누구나 결혼을 하면 한 번쯤 경제적인 형편이 좋아졌을 때 그렇게 결혼 사춘기적 방황을 하는 것이라고 흔히 말을 한다. 자신의 짝을 마치 물건을 사듯 더 좋은 것이 있을 것 같은 여운을 뒤에 두고 결혼하는 사람들의 미숙한

결혼은 하늘나라 가는 예행연습이다

생각인 것이다. 결혼의 사춘기는 누구에게나 찾아올 수 있는 나쁜 욕심에서 오는 마음이지만 사랑으로 서로의 짝이 성숙한 모습으로 다시 태어날 수 있도록 도와주는 수 밖에는 없다. 더 훌륭한 것은 결혼을 결정하는 강한 의지를 굳게 하는 결혼 준비일 것이다.

사랑의 잠복기

사랑의 잠복기란 잠시 사랑을 위해 냉정한 시간을 갖고 앞으로 다가올 다음 단계의 사랑을 준비하는 시간이다. 자신을 감추려 하면 서로의 모습이 잘 보이지 않고 가려진다. 이것은 철없던 어린 시절에 나도 모르게 형성되어진 것들인데 이렇게 자신의 결점을 감추면 감출수록 사랑과는 거리가 멀어지게 된다. 사랑은 자신을 드러내려는 것이라서 이 둘이 정반대 방향을 향하기 때문이다. 사랑하는 사람에게 숨겨진 것들을 사랑의 눈으로 찾아 드러내는 기간이 필요한데 이 시간을 사랑의 잠복기라 하고 싶다.

사랑하려는 사람의 속에 들어있는 장점과 결점을 알아내는 단계는 이미 그 사람을 사랑하려고 마음을 먹은 상태다. 비행기의 연료가 장거리 10시간에 맞는지 확인하고 출발을 준비하는 시간처럼 시작이란 곧 끝이 어디라는 것을 예측하는 말이기도 한다.

사랑의 잠복기를 고려한다는 말은 사랑을 탐험한다는 말과도 같다. 무엇인가를 밝혀내는 사립 탐정의 역할을 하듯 사랑을 하려는 사람은 그 사람에게서 어떤 말과 무슨 행동이 나오는지를 유심하게 살펴보는 시간이 있어야 그 사람을 위해 무엇을 도울 수 있는지를 알게 된다. 진정한 두 사람의 사랑의 마음은 이러한 배려의 마음을 가질 수 있는 데서 진수를 얻을 수 있다. 그럼 누가 사립 탐정의 역할을 해야 하는가?

여자를 우선으로 하는 서구 사회의 레이디스 퍼스트 문화는 남자가 자신의 옆에서 조언하고 조력을 해주는 여자를 필요로 한다는 말로 바꿀 수 있다. 남자가 주도하는 사회에서는 여자는 남자의 말에 따르는 존재에 불과했었다. 남자가 자신이 원하는 대로만 하지 않고 여자가 탐정의 역할로 자신을 견제해 주기를 바란다면 가장 균형을 가진 사랑일 것이다. 사랑을 시작하기 전에 여자가 사랑의 탐정 역할을 할 수 있는지 아닌지에 따라 사랑의 길이 정해질 것 같다.

사랑은 사랑에 방해되는 무엇인가를 넘어서는 시간이 필요하다. 사랑의 잠복기로 서로가 하나의 인격을 만들 때 결점이 되는 단서를 발견하면 그것을 네 것, 내 것으로 구분하지 않고 둘이 함께 넘어가도록 서로 돌보며 나누어 가는데 있다. 사랑의 로맨스는 이렇듯 걸려 넘어질 수 있는 서로의 단점을 미리 알고 그것을 대처하며 넘어서야만 그 뒤에 있는 사랑을 찾을 수 있다. 사랑이 자신의 노력만으로도 이루어지기가 어려운 것은 상대방의 마음도 함께 노력해야 완성되는 것이다.

사랑에 없어서는 안되는 묘약의 하나가 인내라고 말하는 것은 사랑을 인내하라는 말이 아니다. 사랑을 흔들며 어렵게 만드는 것들을 사랑으로 변화될 수 있도록 참아주고 기다려 주는 시간이 있어야 한다는 말이다. 그 인내가 사람을 만드는 사랑의 또 다른 말이기도 하다. 사랑은 아무런 대가도 치르지 않고 거저 주어지는 것이 아니다. 사랑은 때로는 극한 상황을 연출하기도 한다. 사랑을 승리라고 말하는 것은 사랑이 인생에서 가장 소중하다는 말이기 때문이다.

신혼기에 싸우는 부부들은 사랑의 잠복기에 있다고 봐주어야 맞을 것 같다. 이와 비슷한 경험을 아동기에도 하게 된다. 혼자였는데 친구와 함께 노는 법을 배우는 시기가 아동기이다. 그래서 아동기를 통해 사회성이 잘 발달한 사람은 사랑하는 사람과 사랑의 잠복기도 잘 넘길 것이 분명하다. 사랑싸움이 성공적으로 끝난다는 것은 어떤 것의 영향도 받지 않는 두 사람만의 세계를 만들어 가는 준비가 된 것을 말한다.

　　신혼 시절에 평생을 살아갈 인생의 철학이 만들어 진다. 허니문이란 말은 꿀처럼 달콤한 감각을 강조하는 것처럼 보이지만 그러한 감각에서 행복한 감정만 가지고 끝나면 감정은 또 다른 감정을 쉽게 만들기 때문에 이전의 감정이 어느새 사라질 수 있다. 사랑하는 두 사람은 감정에서 마음까지 하나로 할 수 있기 위해 잠시 일상에서 멀리하는 것이 잠복기를 뜻하는 허니문일 것이다. 사고는 잠시 동안의 잠복기를 통해 사랑을 돈독하게 할 수 있다. 이성적인 사고로 신혼기에 자신들만의 사랑법을 만든다면 그 부부의 평생이 행복하게 될 것은 자명한 일이다.

　　그 유명한 로미오와 줄리엣도 그것을 말해주고 있다. 사춘기 아이들처럼 철없는 장난일지도 모르는 스토리는 자유 연애로 결혼을 하라는 커다란 맥을 돌려 놓았기에 세기의 작가로 셰익스피어는 유명해졌다. 그러나 그 이야기의 끝은 감각만으로는 사랑이 절대 이루어질 수 없다는 일침을 놓는 것 같다.

　　셰익스피어는 로미오와 줄리엣을 통해 사랑이 왜 비극이여야 한다고 말하는 것일까? 많은 사람들이 달리 해석을 하지만 사랑의 잠복기가 없었기 때문일 거란 생각을 해 보았다. 사랑하는 두 사람

사랑의 해법

사이의 사랑에 아주 사소한 것 하나까지도 서로가 다 알 수 있도록 둘이 같이 생각하고 같이 말하는 시간적인 여유가 있었다면 외부에서 주어지는 역경이라는 환경을 해결할 수 있지 않았을까 아쉬움이 들었다.

　　사랑의 잠복기란 사랑을 잉태하는 시기이면서 다시 사랑을 재정립할 수 있는 시간이다. 살면서 언제라도 서로가 사랑의 힘이 떨어졌을 때 에너지를 다시 찾아 일어나기 위한 사랑하는 사람들의 피신처와 같은 시간이다. 사랑의 잠복기를 다른 말로 하면 연극 배우들이 무대에 서기 전 수없이 리허설 하는 것과도 같다. 막이 올려져서 단 한 번의 연기로 내가 살아온 시간과는 전혀 다른 시간을 준비하는 것처럼 서로의 사랑이 나만을 위한 시간도 아니고 너만을 위한 시간도 아닌 우리의 사랑을 위한 새로운 시간을 기다리는 것이 사랑을 위한 잠복의 시간이다.

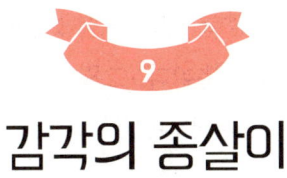

감각의 종살이

감정과 이성의 밸런스가 깨어지면 사람은 미친다. 감정이 격해져서 균형을 잃는 것도 심각하지만 머리로 옳다는 이유를 죽도록 강조하는 것도 더욱 무서운 일이다. 하나는 감정을 통제하지 못해서 미치는 것이고, 또 다른 하나는 감각에서 오는 감정의 종살이에 메여 감정이 그대로 사고로 나오는 자신의 감정이 옳다고 판단하는 혼자만의 사고로 미치는 것이다.

감각의 종살이는 자기 자신의 감각에 스스로가 종살이를 하는 것이다. 그 누가 시켜서 하는 것이 아니라 감각에 따라 저절로 그렇게 하는 것이다. 우리의 일상을 자세히 살피면 거의 모든 행동은 이 감각의 종살이에 메여 있다는 것을 발견하는 일은 그리 어렵지 않다. 다만 그러한 행동이 남을 배려하는 것인지 남을 해치는 일인지에 따라 그 가치가 매겨질 뿐이다. 그렇다면 사랑은 감각의 종살이일까? 아니면 이성적 사고에서 나오는 것일까?

감각의 종살이란 자신의 감각으로 들어오는 것이 무엇인지 제대로 모르고 감각의 쾌락에 중독되는 것이다. 다시 말하면 이성적인 사고에 의해서 나오는 말과 행동이 아니라 감각에 의해서만 감정을 갖는 습관을 말한다. 자신의 감각에서 오는 감정을 드러내 놓고 객관화의 과정을 거치지 않고 불만의 감정을 그대로 행동으로 옮긴다. 이런 종살이에 있으면 불만 때문에 현실에 메여 있는 것 같은 강박관념이 생긴다. 그러나 사실은 스스로 자신의 감정을 묶어 놓는 것이다. 또 이 답답함을 누군가에게 전가해서 풀려고 까지 하기 때문에 옆에 사랑하는 사람이 있을 때 그 화풀이를 이유도 모르는 채 받는 문제가 발생한다.

만약 아내나 남편에게 아무렇게 대해도 나를 다 받아준다고 생각하는 사람이 있다고 가정 해보자. 그 사람이 만약 결혼하기 전에 가졌던 이성에 대한 감각의 종살이를 그대로 버티려 한다면 어떤 일이 생기겠는가? 아내나 남편을 사랑하는 일은 거의 불가능에 가까운 일이 될 수 밖에 없을 것이다. 감정의 종살이는 감정만으로 끝나는 것이 아니다. 감정이 그대로 자신의 행동을 지배하기 때문에

결혼은 하늘나라 가는 예행연습이다

감정과 같은 행동이 나오기 어렵게 된다.

감정의 종살이는 자신의 행동을 밖으로 드러낼 수 없어서 안으로 숨어들려는 특징이 있다. 따라서 사랑하는 사람들 사이에서 벌어지는 사고의 양극화 현상이란 밖으로 드러낼 수 있는 것과 드러낼 수 없어서 감추려는 것과의 전쟁이다. 양심의 기준으로 자신의 감정을 밖으로 드러낼 수 있는지 없는지는 금세 판가름을 한다. 그러나 자기 자신을 특화하려는 자만심의 성향은 스스로 양심의 판단을 무디게 만든다. 흔히 말하는 농담처럼 남이 하면 불륜이고 내가 하면 로맨스라 착각하는 것도 스스로에게는 양심의 잣대가 매우 관대해지는 것을 표현하는 말이다.

더군다나 남이 자신의 행동을 보았을 때 옳다고 보아 주는 것에 기준을 두고 있으면 그 사람은 남의 판단에 따라 움직이는 감정의 종살이를 하기 쉽다. 옳은 행동 뿐만이 아니라 그렇지 않은 감정마저 옳은 것이라고 타당성을 갖을 수 있기 때문이다. 이 감정의 종살이를 필사적으로 지키려고 하면 반드시 뒤따라 나오는 것이 거짓말이다. 거짓말이 거짓말을 낳기 때문에 거짓말에도 그에 맞는 거짓 논리를 가진다. 만약 부부 사이에 감각에 의존한 거짓의 논리로 사고가 생기면 그 싸움은 어떻게 될까? 물론 강한 자가 이긴다. 거짓이 이기든가 진실이 이기든가 둘 중의 하나가 이겨야 한다. 그러나 불행하게도 대부분의 경우에는 거짓이 이긴다. 왜 그럴까? 진실은 하나이지만 거짓은 하나가 아니라 여럿이기 때문이다. 그 여럿의 거짓은 수천만 개가 넘는 거짓으로 퍼져서 커진다.

감정에 메여서 이성적인 사고의 밸런스를 잃으면 말과 행동이 들쑥날쑥해진다. 밸런스를 잃어서 한가지로 일관성 있게 말하고 행동하는 것이 어려우면 거짓말을 해서라도 감정과 이성의 밸런스를 잡으려 하기 때문이다. 이러한 사람이 사랑을 하기 어려운 것은 말과 다른 수많은 행동과 행동에 수많은 다른 말이 나오기 때문에 옆에 있으면 거짓의 혼란스러움이 전가되기 때문에 멀쩡한 사람이 먼저 미치게 된다.

이성적으로 밸런스를 가질 수 없는 경우는 감정의 통제를 잘못했기 때문이 아니라 누군가가 자신을 감정의 종살이로 사용하려고 거짓으로 사랑을 하면 이를 받는 사람이 이성적으로 혼돈을 가져오는 심각한 스트레스를 받기 때문이다. 이것은 감각의 종살이 그 자체가 평화와 안정을 주는 것이 아니라는 것을 입증해 주는 증거이기도 하다.

혼돈이라는 카오스는 비록 거짓말일지라도 밖으로 표출되어야 카오스에 있는 사람의 정신이 살아갈 수 있는 분출구가 될 수 있다. 자신도 모르는 카오스를 마음에 담고 있으면 스스로가 답답해서 정신적이나 육체적으로 병이 나기도 한다. 행동의 정당성을 위해 끝이

결혼은 하늘나라 가는 예행연습이다

없이 이어져 거짓의 세계에서 헤어나질 못한다. 진실로 인도할 조력자가 있어야만 그 카오스는 풀 수 있는데 그 사람은 사랑해서 결혼하고 자신의 곁에 있는 세상에 하나밖에 없는 사람만 할 수 있는 일이다.

감각은 감각을 낳는다. 감각이 계속 지속하기 위해서는 그 감각의 이유가 있어야 한다. 감각을 지속하려는 이유를 가치 있는 삶에 두었는지 아니면 재미있는 것을 따르는 감각인지에 대한 실체를 알아야 한다. 좋은 것때문에 계속할지 아니면 나쁜 것때문에 그만두어야 하는 것을 할 수 있어야 한다. 사랑에도 감각이 감각만을 낳게 해서 감각이 마비되는 사랑도 있고 이성적으로 감각의 종살이를 사고를 통해 사랑하는 마음으로 변화할 수도 있다.

상대방의 것을 무조건 내 것으로만 하려 했다면 스스로의 만족을 사랑한 것이지 상대방을 사랑하는 이유는 되지 않는다. 한 때 감각이 원하는 욕구를 충족하려는 것에 이유를 갖는 것은 그 사람만을 사랑해야 하는 이유가 되지 않는다. 보이는 감각에 무조건 종살이를 하는 것이 아닌 사랑하는 사람이 좋아하는 감정에 따라주는 종살이란 사랑하는 사람의 행복에 의해 자신의 감정을 조절할 수 있는 사고이다. 이것이 감각이 이성적인 사고로 이어진 사랑의 종살이고 결혼한 사람들이 사랑을 행복이라 말하는 것도 이런 사랑이다.

사랑의 해법

내 하기 나름이다

　사람들이 '내 탓이요.' 또는 '네 탓이요.'라 하는 말을 달리 해석해보면 '내 능력 탓이요.' 또 '네 능력 탓이요.'가 된다. 따라서 사랑하는 사람들도 이렇게 말해야 한다. '내가 사랑을 제대로 못하는 것이 나의 사랑하는 능력 탓이요.' 하고 말이다. 이 말은 나의 지식과 나의 재력이 있고 없는 능력하고 전혀 다른 말이다. 사랑은 자기 스스로가 어떻게 하는지에 따라 달라진다. 지식이 사랑이 아니고 돈이 사랑도 아니고 자기 하기 나름이다.

　사람이면 누구나 사랑을 잘 하고 싶은 마음은 다 같아도 결과가 다 다른 것은 그 사람들의 능력이 다 다르기 때문이다. 그럼 이렇게 말할지도 모른다. 그것은 능력이 아니라 집안이 가난했고 부모의 덕이 없었고, 주변의 사람을 잘못 만난 나쁜 환경의 영향 탓을 하는 사람도 있을 것이다. '나'라는 존재가 아무것도 할 수 없는 무능력한 상태로 태어났다면 환경의 영향을 모두 받기만 했다는 말이 옳다고 할 것이다. 그러나 그런 형편에서도 내 자신이 어떻게 할 수 있었느냐가 바로 그 사람의 능력이다. 사랑하는 능력도 이와 똑같이 환경을 극복하는 능력 만큼만 그 사람의 사랑이 되는 것이다.

아는 게 힘이고 그 아는 힘을 가지고 어떻게 이기는가는 능력이다. 사랑하는 일도 사랑하는 법을 아는 것이 곧 사랑의 승리는 아니다. 사랑이 이길 수 있는 힘이 바로 사랑의 능력이다. 사랑이 이긴다면 사랑하는 사람을 이긴다는 말인가? 절대로 아니다. 오히려 사랑하는 사람들은 서로를 소중히 해야 하기 때문에 서로가 져주어야 한다. 그렇다면 사랑이 무엇을 이긴다는 말인가? 사랑과 사랑 아닌 것이 싸워서 사랑이 이겨야 사랑의 승리인 것이다. 사랑이 아닌 것이 무엇인지를 아는 것이 바로 사랑을 이기는 힘이다.

사랑하는 마음과 다르게 말이 나오고 행동도 나오면 사랑과 다른 것이 나오는 것이다. 이때 그런 자신을 보고 거기에 사랑을 방해하는 무엇인가가 있다는 것을 알아야 한다. 그 다른 '무엇'을 이성적인 사고로 찾을 수 있는 것이 사랑을 할 줄 아는 능력이다. 그 '무엇'은 분명 우리 마음 안에서 사랑을 막는 유혹들이다.

사랑의 해법

유혹은 넘어가라고 있는 것이다. 길에 뾰족한 돌이 있으면 그것을 넘어가려고 하지 일부러 밟아서 넘어지는 사람은 없을 것이다. 알면 그것을 피해 갈 수 있는 것이 유혹이다. 유혹의 사슬에서 자유로워질 때 그 사랑의 능력이 나타난다. 유혹에서 자유롭다는 말은 유혹이 무엇인지 알고 그것을 이길 자신을 갖는 것이다. 유혹에 자유롭지 못한 상태에서는 사랑이 자리잡을 수 없다.

사랑은 아름다운 구속이지 마음대로 하는 자유가 아니다. 사랑이 자유로운 생각이고, 자유로운 말이고, 자유로운 행동이면 매우 위험해진다. 거기에는 반드시 '사랑하는 너를 위한'이라는 말이 함께 붙을 때 가능하다. 너를 위한 자유로운 생각이여야 너와의 사랑에 너와 함께 자유가 있는 것이다.

나를 위한 자유로운 생각을 하면서 누군가를 위한 사랑을 하고 있을 수도 있다. 이때는 자신을 위한 자유로운 생각이 먼저이기 때문에 누군가를 사랑하면서 느끼는 어려움은 자신이 사랑하는 사람에게 족쇄를 채워진 듯한 감정을 가질 수 있을 정도로 부담을 가질 수 있다. 이 기준은 나만 혼자 자유롭고 싶은 마음이 분명 사랑을 막는 유혹이 되는 것이다.

사랑을 가로막는 또다른 큰 유혹은 바로 자신의 얼굴에 있다. 사랑이 승리하기 위해서는 자신이 가지고 있는 얼굴이 어떻게 유혹

결혼은 하늘나라 가는 예행연습이다

에 들어가는 지를 알아야 한다. 사랑의 감정을 보이는 것도 자신의 얼굴에서 시작되고 유혹이 들어오는 것도 자신의 얼굴로 들어온다. 이 말은 누군가를 보고 밖에서 유혹이 들어온다는 것에 대한 역설의 말이다.

자기 자신의 얼굴에 대한 자만심에서부터 자신의 유혹이 생겨나고 그 유혹이 안에서부터 밖으로 나오게 된다. 얼굴을 치장하면 누군가가 자신을 보아 줄 것처럼 기대를 하는 것도 그런 심리이다. 자신의 얼굴로 유혹을 스스로 가져 온다는 것은 자신의 얼굴에 대한 책임지는 생각 없이 누군가를 만날 때 유혹을 그대로 노출하려는 충동을 이기지 못하는 것이다.

사랑은 감정이다. 따라서 감정이 어디에서 나오는가에 따라 사랑하는 능력은 달라진다. 시간이 지나면 눈으로 들어왔던 감각은 사라진다. 그리고 시간이 지나면 사람의 모습도 그때의 그 모습이 아니고 늙고 병들어 모양이 달라진다. 사랑의 말을 듣는 것이 사랑하는 사람 사이를 이어주는 중요한 연결고리가 될 수 있다. 자신이 듣고 말하는 것이 단지 유혹의 말인지를 구분할 수 있는 능력이 있다면 그 사람은 진정한 사랑의 말만 간직할 수 있는 능력이 있는 사람이다.

사랑의 능력은 기교나 테크닉이 아니다. 얼굴 표정 관리를 아무리 철저히 해도 시간이 지나면 언젠가는 마음의 진실이 밝혀진다. 다만 기교로 사랑을 장난하던 말은 결국 나쁜 습관으로 남아 결혼의 몫으로 돌아오게 된다. 그 기교의 말들은 자신을 대단히 지적인 사람인 것처럼 착각으로 남아서 머릿속 생각을 지배한다. 그런 것에 가치를 두고 지속하려는 악습관을 이어가면 자기 자신을 현실에서 멀어지게 하는 거짓의 나를 만드는 도구가 된다.

사랑하는 능력이 있으면 좋은 아내를 만날 수 있을까? 좋은 아내를 만나는 복은 타고 난다는 말은 좋은 아내라는 복을 내가 갖고 있다는 말이다. 좋은 아내와 그 좋은 아내를 볼 수 있고 만날 수 있는 나는 별개이다. 아내가 가지고 있는 것만이 아니라 내가 아내를 좋은 아내가 되도록 행복을 만들 수 있는 능력을 지닌 자라야 그 복이 내 것이 된다. 내 아내라서 좋은 아내라고 한다면 그 사람은 좋은 아내를 만들 수 있는 능력을 가진 복이 많은 사람이다. 이 말은 자신에게 주어진 사랑이 누구인지 알고 그 사람에게 최선을 다하는 소박한 사랑을 하는 사람이 세상에서 가장 큰 사랑의 능력을 가진 사람이기 때문이다.

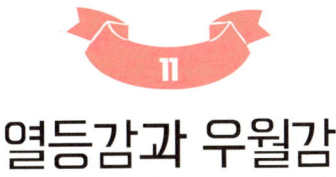

열등감과 우월감

　우월한 것과 열등한 것을 상대적으로 볼 것인지 절대적인 것으로 볼 것인지에 따라 사랑하는 사람의 태도가 전혀 달라질 수 있다. 사랑을 받는 사람의 입장도 마찬가지로 상대적으로 남과 비교하며 사랑을 받을 지 아니면 사랑을 주는 사람 그 자체로 보는 절대적인 것으로 사랑을 받을 지에 따라 이 두 사랑의 수준이 전혀 달라 질 수 있다. 사람이 둘 이상이 모인 곳에서는 어디에나 상대적인 비교가 일어난다. 사랑을 혼자 하는 것이면 아무런 문제가 없는데 사랑을 둘이 하기 때문에 두 사람 사이에 생기는 우월과 열등이 사랑을 하게도 하고 막게도 한다.

심지어 세상에서 가장 우월한 능력을 똑같이 가진 두 사람을 뽑더라도 그 둘 중의 하나는 우월하다고 인정받고 다른 하나는 열등하다고 판정을 받는다. 열등하다고 판정을 받은 사람과 우월하다고 인정을 받은 사람이 자신을 상대적으로 볼 것인지 절대적으로 볼 것인지에 따라 그 사람이 각각 사랑하는 사람을 보는 눈도 달라지게 된다.

사람이 모두 평등하다고 외치는 그 어디에도 이 비교는 항상 일어나고 있다. 서로 사랑하는데 열등감과 우월감이 웬 말이냐고 할 것이다. 그러나 그 누군가가 그 누구를 참아주고 있을 때는 이 열등감을 참고 있다는 말이다. 그리고 그 둘 중의 하나가 나머지 하나를 불평할 때는 그 우월감이 목까지 차서 밖으로 솟아 나오는 것이다.

사랑한다면서 왜 이러한 우월감이 나오는 것일까? 거기에 사랑이 있다고 해야 할 것인지 없다고 해야 할 것인지 잘 모를 수 있다. 우월감이란 내가 더 잘났다는 것이고 이 말은 거꾸로 하면 네가 못나서 불만이라는 말이다. 사랑인데 불만이고 사랑이라서 그 불만을 참아야 하는 거라면 그것은 절대 사랑이 아니다.

남자와 여자가 사랑을 하면서 비교하고 우열로 나누어지는 관계가 된다는 것은 서로가 비교를 할 수 있는 상대로 본다는 것을 말한다. 그러나 남자와 여자는 서로 형태가 다르고 기능도 각각 절대적인 것이 전제되는데 이 둘이 서로 비교의 상대가 된다는 것은 무엇을 말하는 것일까? 여성과 남성이라는 절대성의 구분이 이미 없어진 중성으로 사랑을 하는 상태를 말하는 것은 아닌지 다시 한번 생각해 볼 일이다.

로마를 여행하며 콜로세움을 둘러본 기억이 난다. 글래디에이터라 불리우던 사람은 온갖 동물과 싸워야 했다고 한다. 가장 하급의 글래디에이터가 동물을 죽이면 싸움을 지켜보던 하급의 시민들이 그 동물을 가져다 먹기 위해 콜로세움에서 경기를 구경했다고 하였다. 하급 시민은 고기를 먹기 위해 있었고 상류 통치자들은 시민들이 자신들과 동급의 사람인 글래디에이터가 죽는 모습을 보더라도 먹을 것을 공짜로 먹기 위해 처절한 모습을 보며 즐기고 있는 시민을 보는 것을 또 즐겼다고 하였다.

콜로세움은 지배 세력의 우월감을 보여주려고 가장 약한 자들끼리 스스로 열등감을 보게 하려는 악의 극치를 드러낸 곳이란 생각이 들었다. 콜로세움의 슬픈 역사를 아는 순간 내 머릿속에는 사람과 맹수가 동급이 될 수 없는데 어떻게 그러한 일을 즐길 수 있었을까 의문이 들었다. 덩치도 다르고 두 발과 네 발을 쓰는 것도 다르고 말로 의사를 소통할 줄 아는 사람과 며칠을 굶겨서 배고파서 보이는 것이 모두 먹이로 밖에 보이지 않는 맹수가 사람과 비교되어 우열을 따질 수 없는 일이다.

콜로세움에 대한 생각은 싸움이 무엇인가를 알게 해 주는 것 같다. 싸움이 일단 시작하면 승리라는 우월감이거나 죽음과 같은 패배의 열등감으로 판가름 날 때까지 계속 이어진다는 것이다. 사람이 맹수와 싸운다는 것은 더군다나 말이 통하지 않는 무자비이기 때문에 그 싸움의 끝은 매우 비극일 수 밖에 없는 것이다.

사람과 사람 사이의 싸움도 콜로세움에서 일어났었던 일들과 비유로 생각해 보게 되었다. 사람도 서로가 상대로 대적을 한다는 것은 서로가 동급일 때야 가능할 것 같다. 어린아이와 어른의 싸움도 그렇고 여자와 남자가 사람으로 가질 수 있는 능력을 경쟁할 때는 동급으로 평등이지만 서로 사랑하는 사이라면 그것은 서로 매우 다른 급이 되는 것이다. 남녀가 서로 완전히 다른 절대성인 남성성과 여성성을 가지고 사랑한다는 말이기 때문에 이 둘은 서로가 동급이 될 수가 없다.

불만을 갖는 우월감과 인내해야만 하는 열등감으로 남자와 여자가 사랑을 한다는 말은 원래는 이치에 맞지 않는 말이다. 우리는 오랫동안 사랑을 오래 참아야 하고 불만을 갖지 말아야 한다고 들으며 살고 있다. 사랑하는 사람들에게 정말 그러한 방법 밖에는 없는 것이 사랑이라 한다면 사람이 굳이 미개하지 않고 머리가 발달한 만물의 영장이라고 할 것이 아무것도 없을 지 모른다는 생각을 해 본다.

결혼은 하늘나라 가는 예행연습이다

열등감도 우월감도 없는 참 사랑의 마음만을 담고 살 수 있다면 얼마나 행복할까? 자기 마음을 갖기에 따라 열등감이고, 우월감이지 밖에 있는 사물과 사람은 그 자체로 각자의 존재로 있을 뿐이다. 외부의 사람은 그 사람 자체로 있는데 나만 열등감을 가지거나 아니면 혼자서 우월감에 휩싸이는 것이다. 내가 누구와 비교하거나 내가 누구와 비교 된다고 생각한다면 그때 생기는 것이 열등감과 우월감의 마음이기 때문이다.

사랑하는 사람을 존중한다는 말은 그 사람에게 열등감을 주지 않는다는 말과 같다. 볼품은 없지만 서로를 사랑하며 착하게 사는 부부를 선남선녀라고 한다. 잘나지도 않고 못나지도 않아서 서로에게 아무런 열등감도 우월감도 없이 있는 그대로를 사랑하는 사람으로 생각들 수 있지만 사실은 그들도 사람이 가질 수 있는 우월감도 열등감도 있는 사람이다. 단지 사랑하는 사람들이 서로에게 낮아져서 우월하다는 것을 없앤 것이다. 둘이지만 한 사람인 것처럼 사는 부부는 하나가 되기 때문에 서로 비교할 것이 없으니 열등감도 우월감도 사라지게 하는 사랑인 것이다.

어려워야 재밌어 한다

　익숙해지고 쉬워서 편해지면 지루해진다. 더 어렵고 힘든 것을 찾아서 도전하면 성취욕이 더 높아지고 재밌어진다. 이 말은 모르면 어렵고 그래서 재미있는 것은 정복욕이라는 목표가 있는 것이다. 경험으로 알면 쉽고 지루해지는 것은 더 이상 긴장할 일이 없어졌기 때문이다. 사랑을 해서 결혼을 하는 사람들은 결혼해서 사랑을 하려고 하는 것이 맞는 일이다. 그러나 결혼을 하려고만 사랑을 하는 사람이 있다면 결혼하고 더 목표도 없고 어려운 일이 없으니 그때는 어떻게 될까?

　결혼하는 일은 분명히 재미있는 목표였을 것이다. 왜냐하면 결혼을 할 수 있을지 아니면 어긋나서 결혼을 망치고 못 할지에 대한 확신이 없었기 때문에 진지해지고 재미있었다. 이렇게 될 수도 있고 저렇게 될 수도 있는 것에 대해 자신의 기대를 실현하고 싶은 무엇에 도전할 때는 신나고 자신이 더 노력할 일도 스스로 찾곤 할 것이다.

결혼해서 나를 알게 해주고 너도 다 아니까 쉽고 편해진다. 그것이 사랑하는 사람에 대해 지루해지도록 하는 일이 될 수도 있다면 이것을 다시 한번 생각해 보아야 할 것 같다. 사랑을 계속 이어가려면 나에 대해 모르던 것을 보여 주며 상대방이 긴장을 하고 어려워하게 할 필요가 있는데 어려워한다는 말은 어려워하는 약간의 존경이 있는 것을 말한다.

'사람이 어렵다.'와 '사람이 쉽다.'는 전혀 다른 차원이 된다. 사람이 쉬우면 사랑도 쉬워진다. 이 말은 사람을 어렵게 보아야 사랑이 지루해지지 않는다는 말과도 같을 것 같다. 어려워서 재미있으면 그 사랑이 현실의 어려움을 넘어서게 해주는 힘을 갖게도 해 줄 것 같다. 어떻게 해야 사랑하는 사람들끼리 어려운 사람으로 기억하고 쉽기만 한 사람으로 만들지 않으며 살 수 있을까?

긴장감과 편안함이 함께 존재한다면 사랑은 현재에 있는 것이다. 마치 들숨과 날숨처럼 쉬지 않고 움직여야 생명이 살아있듯이 긴장감과 편안함의 연속이 사랑을 영원히 살게 할 수 있다. 흔히 여

사랑의 해법

자들이 나이가 들면 '이 나이가 되면 옛날처럼 사랑이 없어.'라는 말들을 자주 하는 것을 듣는다. 그런 여자들과 사는 남자들은 또 '자식 때문에 참고 살았지.' 할 지도 모르겠다.

편안함을 알기 위해서는 불편함이 있어야 한다. 또 편안한 사랑을 주고 받기 위해 항상 어려워해야 할 무언가를 만드는 것이 사랑이라면 쉴 사이가 없이 무언가 노력해서 새로워져야 하는 것임을 알 수 있다. 사랑이 노력이라는 말은 아마도 사랑을 하기 위해 내가 무언가 어렵게 보여야 하는 것을 찾으라는 말과도 같지 않을까 싶다. 사랑을 어렵게 한다는 말과 사랑하는 사람을 어렵게 만든다는 말과는 다르다.

사랑을 어렵게 해야 재미있다는 말을 악용하면 대단히 다른 말이 될 수 있다. 사랑을 게임으로 하는 기교로 탈바꿈할 수 있기 때문이다. 진실의 마음으로 사랑을 하는 것과 기교로 재미만을 따르는 것을 구분할 수 있어야 한다. 사랑을 하지 않는 사람들이 하는 기교는 사람을 가지고 노는 재미이다. 심리학에서는 마조히즘이라 하는데 이것은 상대방이 약이 올라서 괴로워하는 것을 즐기는 심리이다. 사랑을 어렵게 느끼고 쉽고 우습게 보이지 말라는 말은 도리어 이런 마조히즘의 정신병적 행동을 막아야 하는 것을 말하는 것이다.

자기 자신을 계속 성장시키고 변화시켜서 사랑하는 사람과의 사랑이 지루해지지 않도록 하기 위해 스스로 변화하는 모습을 강조하는 것이 사랑을 어렵게 생각하는 것이다. 누군가에게 우습게 보일 때 겪게 될지도 모르는 그 무서운 마조히즘의 공격을 염두에 두고 있는 것도 좋은 방법일 수 있다. 언젠가 가장 사랑하는 사람에게서 그러한 것을 받을 지도 모르기 때문이다. 연애 시절에는 잘 보이려고 노력을 했던 것 같은데 더 이상 그런 모습이 없으면 사랑에 가장 중요한 양념인 새로움이 빠져 있는 느낌이 들 수도 있다.

변해야 하고 재미를 느끼는 사랑도 중요하지만 언제나 변함이 없는 마음도 항상 함께 있어야 하는 것도 더욱 중요한 일이다. 클래식이라는 말은 세월이 변하고 세상이 변해도 변하지 않는 것이라서 고전이라고 말한다. 음악, 미술, 소설, 건축 등과 같이 모든 분야에는 이런 고전이라는 수식에 걸맞는 작품들이 있곤 한다. 왜 고전이라고 할까? 그만큼 어려움을 견디는 시간이 남달랐기 때문이다. 사랑도 변해야 하는 것 속에 사랑을 지키며 간직하는 고전의 마음이 있어야 한다.

베토벤 교향곡 5번 운명의 2악장은 내가 중학교 1학년이었을 때부터 지금 육십이 넘은 나이에도 언제나 내 마음을 사로잡곤 한다. 언제 어디서 들어도 변함이 없는 감동을 갖게 하는 변치 않는 음악이다. 귀가 멀어 듣지 못하며 힘들게 만들었던 음악이 어떻게 이런 즐거움을 줄 수가 있을까? 이처럼 어려워야 그 가치와 행복이 더

해지는 것은 음악 뿐만은 아니다. 사랑하는 사람은 각별히 그런 행복이 더할 것만 같다. 어려움을 겪어 내어 고전을 만드는 사랑도 변하지 않는 마음이 있어야 되는 일이다.

어렵게 얻어서 내 것인 그것이 바로 내 사랑이다. 새날과 새 시간은 계속 오고 있는데 앞으로 가는 시간 속에서 우리는 어떻게 해야 사랑을 지킬 수 있을까? 사랑의 힘과 힘겨운 현실의 순서를 어떻게 배열하는 일이 매우 중요하다. 이 둘 중의 어느 것이 먼저일까? 사랑의 힘이 선두에 서야 현실에서 부딪히는 어려움이 힘들지 않고 재밌게 느낄 수 있다. 사랑을 선두에 두지 않고 현실의 어려움보다 뒤에 두려고 하면 할수록 현실은 어렵고 힘든 고해의 바다가 된다. 현실을 이끌고 갈 사랑이 내 앞에 없기 때문에 어디로 가는지도 모르는 것이다.

결혼을 하고 사랑에 긴장이 없고 늘어지는 이완만 있으면 사랑이 재미없어진다. 재밌어야 앞으로 가는 미래가 있는데 결혼이 편안함만으로 쉽기만 하면 사랑이 더 이상 앞으로 가려고 하지 않는다. 사랑하는 마음이 앞으로 더 재미있는 사랑을 만들려면 게으름과의 싸움을 해야 한다. 사랑으로 서로가 편안함을 주기도 해야 하지만 백조가 물밑에서 부지런히 다리를 움직여야 하듯 숨어서 자신이 나태해지지 않도록 노력하는 것이 함께 있어야만 사랑하는 두 사람은 영원하도록 사랑을 지킬 수 있을 것이다.

결혼은 하늘나라 가는 예행연습이다

이심전심

　사람의 마음을 그것도 사랑하는 사람의 마음을 어떻게 알 수 있는가? 텔레파시로 저 사람이 나를 사랑하는지 아니면 미워하는지 알 수 있다. 우리는 이심전심이라고 하는 이 텔레파시는 어린아이들이 어른보다 더 잘 알곤 한다. 아이들은 나를 사랑하고 예뻐해주는 사람의 속마음을 너무도 잘 안다. 그뿐 아니라 누구를 사랑해야 할 사람까지도 알아서 그 사람에게 더 애교를 부리곤 한다. 아이들의 이런 행동을 보고 영이 맑아서 그렇다고들 말하는 것 같다.

　제스퍼는 네 살이 된 남자 아이다. 운동장에서 아이들이 노는 농구 골대에서 친구들과 함께 놀고 있었다. 아이들은 공을 모두 골대에 넣었지만 제스퍼는 매번 실패하였다. 그것을 지켜보던 교사가 제스퍼에게 다가갔다. 그리고는 공을 들고 시범을 보이며 제스퍼에게 이렇게 말해 보는 것이 어떨지 물어 보았다. 공을 보고 '공아 들어가라' 그 말을 들은 제스퍼는 매우 집중을 하며 그 말을 공에게 하였고 드디어 공을 골대에 넣었다. 제스퍼는 스스로가 한 행동에 매우 감탄을 하는 표정을 짓고 계속 그 말을 공에게 하며 공을 가지고 놀았다.

영은 불어넣어 남에게 전달되는 것이다. 사랑을 한다는 것도 나의 영을 불어넣는 것이다. 나의 사랑의 영을 불어넣는 것을 상대방이 아는 것이 이심전심이다. 사실 그렇게 마음이 통하는 것을 모른다면 서로 통하는 것이 하나도 없는 것이다. 이런 마음은 누군가를 오래도록 사랑하며 살았으면 더욱 더 잘 알아낼 수 있다. 눈빛 하나만 보아도 거짓말을 하는지 또 무슨 궁리를 하고 있는지 알 수 있다. 볼 수 없는 마음이 서로 통하며 느끼는 이심전심으로 사람들은 사랑하는 사람의 마음을 알 수 있게 되는 것이다.

이심전심으로 하나가 된 부부는 죄 지은 사람 따로 있고 벌받는 사람이 따로 있을 때가 있다. 이것을 공동 운명체라고 말하는데 이는 다른 장에서 언급할 것이다. 자식과 부모의 관계도 이럴 때가 있다. 죄는 남편이 지었는데 아내가 더 괴롭다. 부모가 잘못을 했는데 그 자식들이 고통을 나누어 가지기도 한다. 이런 연대 책임은 바로 이심전심으로 서로의 마음을 나누는 사람들이 겪어야 하는 또 다른 면이기도 하다. 이심전심으로 사랑하는 마음만 알면 좋을 텐데 왜 사랑하는 사람의 죄까지 서로에게 옮겨가야 하는 것일까?

우리는 텔레파시인 이심전심을 어떻게 써야 하는지 한번 생각하면 좋을 것 같다. 우리가 태어날 때 거저 받아 나온 텔레파시는 사람이 서로 하나의 마음을 가지고 사랑하며 살도록 선물로 주어진 것이 아닐까 생각한다. 꼬마 녀석들이 신나게 놀다 보면 너무 흥이 나는 나머지 친구에게 주먹을 휘두를 때가 있다. 자기가 잘못한 것을 시인하는 경우보다는 무엇을 잘못했다고 야단을 치느냐는 눈빛을 하는 경우가 대부분이다. 이때 그 부모가 아이를 대신해서 손이 발이 되듯 잘못을 빌곤 한다. 그 모습에 아이는 금세 눈물로 잘못을 반성한다. 엄마 사랑이 아이에게 이심전심한 것이다.

사랑의 이심전심은 그 통하는 마음이 있을 때 서로 사랑의 마음을 전할 수 있다. 반면에 서로의 마음을 알기 때문에 서로의 잘못을 대신 받아 주는 자비로움도 함께 있다. 내가 너의 잘못을 연대책임 져 주는 것이 사랑 그 자체이기 때문이다. 우리는 말과 행동으로 마음을 표현한다. 자기 자신을 안다는 말은 자신의 마음이 어떤 상태인지 안다는 것과 같다. 마음을 알려면 말과 행동에서 찾을 수 있는데 마음에서 마음으로 전해지는 이심전심은 그 사람의 말과 행동까지 이해할 수 있게 도와준다.

사랑의 해법

상대방의 진실을 파악하고 그 마음이 무엇인지 알고 내 마음에 받아들이는 것은 이심전심에 매우 중요한 일이 된다. 내가 상대방의 마음의 진실을 가려내어 내 마음에 전이할 수 있는 것이 되려면 자신이 받아들이는 텔레파시를 이성적으로 판단할 수 있는 것도 중요한 일이다.

다른 사람의 마음이 내게 전해지는 이심전심은 내가 좋아하는 대로만 해석하면 상대방의 마음을 제대로 읽지 못하게 된다. 흥분되는 감정이 마음인 줄 알고 오해를 하게 되기 때문이다. 이심전심이란 마음을 전하는 것이기 때문에 흥분하는 감정이 없어진 매우 차분한 상태에서만 사랑의 마음인지 아닌지를 알게 된다. 사랑은 평화로운 마음속에 있다는 것은 사랑이 텔레파시로 전해질 수 있는 조건이다.

올바른 이심전심이란 상대방의 마음이 무엇인지를 직시하여 대처하는 것이다. 사랑의 마음이면 사랑으로 돌아가게 되고, 미움의 마음이 전해지면 이 미움을 사랑으로 바꾸어서 사랑하는 사람에게 돌려주려는 노력을 하는 것이 필요하다. 서로의 미움을 사랑으로 변화해서 되돌려주는 것은 사랑의 마음을 해석할 수 있는 마음이 있어야 사랑의 마음으로 하나가 될 수 있다. 텔레파시의 이심전심이 우리 마음속에 내재하는 이유는 미움이 또 다른 사랑이 되게 하려는 것임을 알게 해주는 것이 아닐까 생각해 본다. 사랑하는 사람들이 모두 사랑으로 하나가 되는 것은 텔레파시로 하나가 되도록 서로 노력하는 일이다.

사랑의 마음이 전해지는 델레파시는 다른 말로 하라고 하면 그것은 기도라고 할 것이다. 사랑하는 사람을 위해 기도가 필요할 때, 사랑할 수 없으면 기도도 할 수 없는 것을 발견하는 일은 어렵지 않다. 그래서 사랑은 기도로 완성되는 것이 확실하다. 너를 위한 마음은 기도가 아니면 나오지 않기 때문이다. 기도는 서로의 보이지 않는 마음을 전하는 이심전심의 통로라는 생각이 든다.

사랑의 해법

부부 사랑의
황금률

　부부 사이는 부부밖에 모른다. 부부가 하나가 될 때 서로의 비율은 부부마다 다 다르다. 마치 자석의 강도의 세기가 다 다른 것처럼 부부 사이가 변함이 없는 사랑의 비율이 가지는 강약의 정도는 그 부부만 만들 수 있는 것이다. 다른 부부가 하듯이 한다고 될 수 없는 것도 오직 부부 두 사람만의 사랑의 비율은 각기 부부가 만드는 것이기 때문이다.

　황금처럼 변하지 않는 부부 사랑의 비율이 되려면 두 사람의 마음이 하나 되기 위해 한 사람이 가진 장점은 앞세우고 다른 한 사람은 뒤서고, 또 한 사람이 이기도록 다른 한 사람은 져주며 서로가

결혼은 하늘나라 가는 예행연습이다

서로를 보완해 줄 수 있어야 비로소 부부가 하나되는 사랑을 할 수 있다. 어떤 것은 네가 더 잘하고 어떤 것은 내가 더 잘하는 것을 서로 맞수는 것인데 이렇게 사랑의 비율로 만들어지는 부부 사랑은 세상에서 단 하나밖에 없는 유일성을 가진다.

변하지 않는 사랑을 지속하는 둘이 하나되는 비율을 찾는 부부 사랑의 황금률에 필요한 것은 무엇일까? 이런저런 단련이 강도가 크든지 미세하든지 간에 부부가 하나로 통합되는 과정에서 필요한 항목이 있다. 사랑의 황금률에 있는 공통 분모는 아마도 사랑하는 나의 아내의 마음이 원하는 대로 또 나의 사랑하는 남편의 마음이 원하는 대로 내가 움직여 줄 수 있는 것이 아닐까 싶다.

사랑하는 부부는 황금률의 사랑을 어떻게 할 수 있는가? 사람은 상대방에게 무엇인가 받아 보아야 상대방이 뭘 좋아하는지 알 수 있다. 상대방을 고려하지 않으면 사랑도 자동적으로 자기 좋은 것만 상대방에게 주기 때문이다. 누구에게 무엇을 주는 것은 자신의 관심거리에 한정되어 있다고 해야 맞을 것이다. 자신을 드러내려고 하는 것일 수도 있고 상대방에게 자신을 과장하는 거짓으로도 그렇게 할 수 있기 때문에 그 진의를 가려내는 것은 또 다른 문제이다. 아무리 사랑을 준다고 해도 나 좋은 것만 주면 사랑을 방해하는 이기심으로 갈 수 있으니 주의해야 하는 이유다.

사랑의 해법

부부는 이미 서로의 진의를 밝히는 과정을 넘어서서 사랑을 향해 가는 사이기 때문에 서로가 서로에게 주는 것은 상대방을 사랑하는 마음에서 주는 것을 전제로 한다. 가스라이팅되는 경우처럼 무조건 누구라도 나에게 웃음이라도 주면 나를 좋아하는 것으로 착각하려는 무지함에서 주는 것 대로 받으려는 지배 심리와 부부 사랑의 황금률과는 전혀 다른 것이다.

사람은 저마다 생활의 습관이 있고 따라서 사고의 틀이 제각기 다르다. 특히 남자와 여자의 차이점은 더욱 두드러지게 다를 수 있다. 이는 참새와 두루미의 먹는 습관이 서로 너무 다른 것과 비유할 수 있을 것 같다. 평평한 접시에 먹이를 먹는 참새와 기다란 병에 먹이를 먹는 두루미가 한 마음으로 행복하게 함께 먹이를 먹을 수 있을까? 그 방법이 남자와 여자가 서로 하나의 마음으로 사랑을 할 수 있는 방법 일 것이다. 내가 좋아하는 방식이라도 서로에게 필요하고 좋아하는 것이 다르면 각자가 원하는 것을 미리 알아야 하는 것이 마음이고 그 마음으로 부부는 사랑의 황금률을 만드는 것이다.

사랑의 황금률이 지속성이 없으면 그것은 사랑이 아닌 계산이 된다. 주고 또 받는 것을 손해 안 보려고 이익이 있을 때까지 유지되는 한시적인 인간 관계이다. 남녀의 사랑에 계속 이어지는 관계가 없어지면 비록 거기에 사랑이 있었어도 계산이 남을 것만 같다.

결혼은 하늘나라 가는 예행연습이다

사랑하는 사람은 어떻게 사랑을 주어야 하는가? 황금률이 될 수 있는 사랑하는 사람에게서 받은 것을 더해서 돌려주는 마음이 있어야 하고 그렇게 돌려받은 사람은 다시 또 사랑하는 사람에게 더해서 돌려주는 것이 사랑이다. 이런 사랑의 황금률은 사실은 되로 받고 말로 넘치게 후하게 주는 손해보는 장사와 같은 것이다.

　주는 것을 받고 또 받은 것을 주면서 무엇을 알 수 있는가? 받은 것의 시작과 준 것의 끝을 보면 두 사람의 사이의 사랑의 정도가 드러난다. 누가 더 받았고 누가 덜 받았는지 물질로 따지려는 사람은 사랑을 거래로 한 것이다. 물질로 보여지는 관계라면 최소한의 사랑을 유지라도 할 수 있는 사이라고 할 수 있을지 모른다.

　물질적이거나 보이는 것으로 한 사랑은 물질이 없어지고 보이는 것이 달라지면 그 사랑은 거기에서 달라지거나 사라진다. 마음으로 오고 가는 사랑은 보이지가 않아서 이 사랑은 그 사람의 곁에 있어주려는 마음으로 사랑이 드러난다. 억지로 참고 함께 산다고 말하는 것도 최소한의 마음이 있기 때문에 사랑을 기다리며 유지한다고 말할 수도 있을 지 모른다.

　보답의 거래로 주는 것이 아닌 마음으로 나오는 사랑을 담아서 무엇인가를 주는 것을 받을 때 그것이 네가 나를 위하는 것인 줄을 알고 내가 좋지 않아도 너의 마음으로 기꺼이 받는 것이 사랑하는

사랑의 해법

마음이다. 그리고 내가 줄 때는 내가 좋아하는 것 말고 네가 좋아하는 것을 주고 상대방도 나와 똑같이 자신이 좋지 않아도 사랑하는 사람이 좋아하는 것이기 때문에 좋아하며 받는다면 사랑하는 마음은 한번 서클을 돌아 나에게 오게 된다.

받는 사랑이 주는 사랑이 되고 주는 사랑이 받는 사랑이 되면 하나의 사랑이 되는 것이다. 자기가 좋아하는 것을 자기 스스로가 가지는 것과 자기가 좋아하는 것을 사랑하는 사람이 사랑을 담아서 자신에게 주는 것과의 차이는 다르다. 자기 것을 자기가 먹고 자기가 먹고 싶은 것을 혼자 먹는 것은 혼밥이고 서로가 좋아하는 것을 서로 해서 함께 먹으면 나는 네가 좋아해서 해 주고 너는 내가 좋아해 주는 황금밥이다. 받고 싶은 대로 해 주고 너의 몸을 내 몸같이 사랑하는 부부 사랑의 황금률은 부부가 마땅히 해야만 하는 마음이 하나 되는 사랑이다.

부유 갈비

    부유 갈비(floating ribs)란 몸 속에 떠 있는 갈비라는 말이다. 갈비뼈는 등뼈에 붙어 앞쪽에 있는 중요한 장기들을 보호하기 위해 통으로 있는 통갈비로 되어 있다. 그 중에 유독 맨 아래에 두 개씩 양쪽으로 물에 떠 있듯 작은 갈비뼈들이 있는 것을 부유 갈비라고 한다. 부부 사랑에 대해 말하며 왜 뜬구름처럼 부유 갈비를 얘기하는지 의아해 할 수도 있겠다.

    사람이 남자와 여자로 만들어 지던 태초에 아담과 이브의 이야기를 하고 싶어 부유 갈비를 생각하였다. 남자의 갈비뼈로 만들어진 여자는 도대체 어떤 갈비뼈였을까 의문이 갔기 때문이다. 한 통으로 붙어 있는 통갈비에서 꺼낸 것이 아닌 떠 있는 갈비뼈 중의 하나였을 것 같다는 생각이 들었다.

부유 갈비는 우리의 몸에 어떤 역할을 한다는 것을 말하려 한 것일까? 그 부유 갈비의 역할이 여자라고 할 때는 매우 상반되는 은유가 숨어 있을 수 있을 것 같다. 주요 장기를 보호하는 통갈비도 아니고 우리 몸에 있어도 되고 없어도 되기 때문에 하나쯤 뜯어내도 잘 모르는 존재일 거란 생각이 들지만 한편에서는 먹는 음식의 양에 따라 위와 내장이 늘어나기도 하고 줄어들기도 하는 것에 맞추어 유연성을 갖기 위해 갈비뼈가 떠 있는 것 같다는 생각을 해 보았다. 이런 의미를 가지는 것이 남자에게 있어야 하는 여자의 역할이 아닐까 싶다.

부유 갈비의 존재가 다른 한편에서는 이처럼 여자의 역할이 쉽게 빼내기도 하고, 또 쉽게 집어넣기도 하는 아무렇게 다루어도 되는 하나의 하찮은 부분으로 생각한다면 매우 앞이 캄캄한 일이 아닐 수 없다. 여자들이 아무리 여권을 신장하고, 권리를 내세워 남녀평등을 주장해도 태생이 그러하다면 그렇게 타고난 운명을 도대체 여자들은 어떻게 살아야 할까?

'남편이 여자를 지배하는 주인'이라고 한다면 남자로 태어나는 것이 정말 세상 살맛이 날 것처럼 보인다. 그러나 여자들은 남자들의 횡포에 속이 터진다고도 하고 또 숯덩이처럼 까맣게 탄다고도 한다. 여자를 지배하는 것도 모자라서 주인 행세까지 하는 남자라면 그와 사는 것에 그 무슨 세상 살맛을 느낄 수 있을 것인가? 남자와 여자가 그것밖에 안되는 존재라면 거기에 과연 사랑이란 무슨 의미가 있는 말일까? 지금 21세기에도 여전히 남자들은 자신들의 여자인데도 그들의 마음속을 평생 몰라주는 것처럼 보일 때가 있다.

지금의 세상은 변하고 있는데 그 변화는 어떻게 남자와 여자를 서로 사랑하게 만드는 것일지 궁금하기까지 하다. 남편이 아내를 지배하면 그 아내는 더 이상 남편을 갈망하려 하지 않는다. 교육으로 머리가 발달해서 더 이상 손해보는 일을 하지 않으려는 것이다. 더군다나 남자들도 여자들도 서로가 지배를 받는 것을 귀찮은 일이라 여기며 아예 결혼도 안 하려고 한다. 여자는 남자처럼 세상 일을 하며 재력을 가지고 남자의 지배에서 벗어나려 하고, 남자는 여자들과 함께 돈을 벌어야 생활할 수 있다고 생각한다.

부유 갈비를 하나쯤 떼어 내도 그만인 아무 중요성도 없고 떼어 내더라도 티도 나지 않는 존재라고 한다면 이 세상은 단지 보이는 것만으로 판단하는 것이 된다. 여자가 돈을 벌 때와 여자가 돈을 벌지 못할 때에 따라 남자의 지배를 받거나 안 받는 존재라면 때에 따라 있어도 그만이고 없어도 그만인 존재일 가능성이 커진다.

사랑의 해법

부유 갈비가 우리의 몸에 매우 유연성을 가지게 하는 역할을 하면서 먹을 음식의 양이 많을 때 배의 부피를 늘려 줄 수 있거나 배설하는 용량을 조절하는 기능을 가진 매우 중요한 일을 하는 존재라서 그러한 일을 하는 것이 여자의 역할이라고 생각한다면 여자가 있어도 없어도 되는 하찮은 존재의 부유 갈비인 경우와는 차원이 틀려지는 매우 고급의 역할이 아닐 수 없다. 이제 남자들은 여자를 생각하는 차원을 이 둘 중의 하나에서 선택해야 할 시간일 것 같다.

위급한 상황이 발생했을 때 아무런 말도 없고 보이지도 않으면서 조용히 지키는 역할이 부유 갈비인 것이다. 이러한 모습이 아담을 지키려고 만들어진 이브의 역할이라는 것을 깨닫는 남자는 이 세상에서 가장 귀한 진리를 발견하는 남자일 것이다. 이런 여자가 자신의 옆에 말없이 지켜 주는 것은 보이는 것으로 따질 수도 없을 만큼 소중한 자신의 짝일 것이다.

자신의 짝인 여자가 소중하다는 것을 아는 남자라면 무엇을 인색하고 주저하고 따지며 트집까지 잡으려 하겠는가? 자신의 모든 것을 다 아끼지 않으려 할 것이다. 마치 자기의 여자를 남자가 먼저 챙겨주는 사랑법이 레이디 퍼스트였으면 좋겠다는 생각을 해 본다. 이렇게 하는 것은 여성 존중을 행동으로 직접 보여주는 것이라서 하느님 사랑처럼 차원 높은 사랑이다.

자신의 부유 갈비 한 조각을 어떤 눈으로 보는가에 따라 사랑인지 무시인지가 정해지는 남자의 마음에서 사랑은 시작될 수도 있고 또 사랑이 사라진 혼돈만 가득할 수도 있다. 자신의 짝인 여자가 어떨 때는 보잘것없고 비천해 보일 지라도 그러한 나의 여자를 소중히 받아들이는 마음이 사랑이라는 것을 부유 갈비 한 조각은 말해주는 것 같다. 자신의 짝의 존재 그대로를 감사하며 사랑할 수 있어야 하는 사랑이 남자에서부터 시작한다면 이 세상 남녀의 사랑은 그 변화의 획을 그을 수 있을 것만 같다.

사랑의 해법

사랑은 받는 것이다

　사랑은 주는 대로 받을 수 밖에 없는 것이다. 세상에 많은 사람들 중에서 아무리 내가 내 짝을 고르려고 발버둥을 쳤어도 지금 내 곁에 있는 짝밖에는 나를 사랑하는 사람이 없다면 이 사람이 바로 하느님께서 주신 나의 짝이다. 왜 하느님, 이런 남편을 또 이런 아내를 내게 주셨나요? 아무리 원망한들 주시는 대로만 받을 수 있는 내 짝인 것은 변함이 없는 사실이다. 우리 부모와 우리 자녀와의 관계에서 볼 수 있듯이 주어지는 것이 내 것이라서 우리는 단지 받는 것이다.

　누군가가 준 것을 받는다는 것은 이미 그것이 내 것이 된 것들이다. 사랑하는 사람과의 오랜 시간도 그렇게 받아서 나의 일부가 된 것이다. 그런데 많은 시간들을 우리는 받은 사랑을 모르고 살아가는 것 같다. 도리어 그 시간에 내가 준 것만 기억하면서 받지 못했다고 생각하는 지도 모르겠다.

사랑을 주는 것이라는 말에는 많은 허점이 있다. 굳이 준다고 말하려면 받았던 것을 되돌려 준다고 표현하는 것이 훨씬 낫다. 이처럼 주든지, 되돌려 주든지 주는 것은 쉽다. 그러나 보이는 물건을 받는 것도 아니고 사실 물건도 내가 진정으로 원하는 것을 받기는 어렵다. 더구나 사랑의 마음을 받는 것은 주는 것만큼 그리 쉬운 일이 아니다.

사람은 누군가 주는 사랑을 받지 못하는 존재이다. 가끔 나는 이런 마음을 느낄 때가 있다. 나의 남편이 나에게 자신을 사랑하지 않는다고 불평을 늘어놓으면 그때마다 '아아, 사랑은 받는 것이구나!' '주어도 모르면 아무리 주어도 못 받는 것이 바로 사랑이구나!' 그럼 어떻게 사랑을 받을 수 있도록 주어야 하는 가가 문제가 될 수 있다는 생각이 들곤 한다.

사랑을 받을 준비가 된 사람만이 사랑을 받을 수 있다. 내가 사랑을 받고 있는지 아닌지를 검증하는 방법은 매우 쉽다. 사랑을 받으면 그 사랑은 음식물이 몸 안에 에너지로 흡수되듯이 나와 하나로 받아들여진다. 저항 없이 받아들이는 마음이 사랑이다. 그리고 사랑을 받지 못한 사람을 알아보는 것도 의외로 쉽다. 사랑을 못 받겠다는 것은 거절과 지배로 표현되어 나타나기 때문이다.

여자가 남자에게 사랑을 받으면 남자를 따르고 똑같이 남자가 여자의 사랑을 받으면 여자의 말을 들어 준다. 그럼 왜 사람들이 서로 사랑하는 것 같은데 서로 받아주는 모습을 보는 것이 어려운지 의문이 간다. 그 대답은 둘이 서로 제대로 사랑을 하고 있지 않기 때문이다.

사랑을 받고 싶어 하는 사람에게는 사랑을 주는 사람의 마음이 있어야 비로소 사랑을 할 수 있어진다. 부부가 언쟁을 높이며 싸움을 하는 것을 사람들은 흔히 사랑싸움이라고 하는데 사실 이 말은 받고 싶어 하는 사람의 마음을 사랑한다고 말하는 사람이 못 알아주기 때문에 일어난다. 이 언쟁은 무슨 말이라도 표현을 하기 때문에 그것을 싸움이라 하는 것이지 사실은 일종의 그것도 사랑이다. 단지 사랑싸움이라고 부르는 것이다. 심각할 정도로 사랑이 이루어지기 어려운 경우는 서로가 아무런 표현도 없고 언쟁조차도 없을 때이다.

침묵만 하고 있으면 사랑을 받을 수 없듯 사랑하는 사람들 사이도 사랑은 받으려는 마음을 알려 주는 것부터 시작한다. 사랑하면 서로가 닮아간다는 말은 서로에게 무엇이나 받은 대로 변하기 때문에 생긴 말 같다. 사랑을 받으려고 할 때의 모습은 상대방의 기준으로 받게 되는데 이러한 서로의 모습과 태도가 서로의 사랑을 민들게 되는 것이다. 이것이 사랑을 받을 준비이고 이러한 준비로 받을 사랑을 제대로 받을 수 있다는 생각을 해 본다.

사랑을 받는 대로 그 사람에게 사랑은 되돌아간다. 장난으로 사랑을 주고 받으면 장난의 쾌락만 느는 것도 이런 이유에서 그렇다. 내가 지금 저 사람에게서 받는 것이 과연 사랑인가? 아니면 지배인가? 그도 아니면 장난인가? 하며 매 순간 정신을 차려서 자기 자신을 판단할 줄 알아야 자신 속에 무엇을 받아 넣고 있는지 정확하게 알 수가 있다.

사랑을 받기 위해서도 현명한 방법이 필요하다. 사랑하는 마음이 서로 오고 갈 수 없으면 사랑하는 사람이 잘못이기보다 사랑하는 방법이 틀린 것이다. 마라톤을 달리는데 가벼운 옷차림으로 달리는 사람과 밍크코트에 부츠를 신고 양산까지 받쳐 들며 모든 것을 다 짊어지고 가려는 사람과의 차이라고 보면 어떨까 싶다. 서로가 자신의 빈 곳을 채우기 위해 상대방의 마음을 받을 수 있을 때야 비로소 사랑이 시작된다. 상대방이 내 사랑을 얼마나 받았는지를 또 그 사람이 받고 싶은 사랑을 내가 얼마나 주었는지 상대방의 말과 행동을 보고 알 수 있어야만 사랑이 이루어 질 수 있다.

사랑의 해법

받을 수 있는 마음이 없는데 어떻게 사랑하는 마음을 줄 수가 있겠는가? 세상에서 가장 위험하고 무모한 사랑은 누구인지도 모르고 무조건 주기만 하는 사랑이다. 주겠다고 죽음까지도 주려고 하면 어떻게 하겠는가? 떡 줄 사람은 생각지도 않는데 혼자서 김칫국을 마시는 것과 같은 이야기다. 서로가 받아줄 수 있는 사랑의 마음이 있어야 그 사랑이 자랄 수 있는 것이다.

　사랑을 주는 것도 받기 위해 주는 것이다. 사랑을 받기 위해서는 주고받는 동의가 있어야 한다. 사람의 관계를 어떻게 유지할 수 있는가에 대한 방법이 사랑을 영원할 수 있게 한다고 말하는 것이 더 바른 표현이다. 사랑한다는 막연함이 아니라 사랑을 받겠다는 구체적인 방법이 사랑을 계속 지속시킬 수 있다.

　내게 주어지는 사람이 내 사랑이고 그래서 그를 사랑하는 마음을 갖을 때에만 진정한 사랑의 마음을 받을 수 있고 또 줄 수 있다. 사랑을 물질로 주려고 하면 줄 수 있는 것만큼 줄 수밖에 없는 제한이 있다. 사랑의 마음은 그 마음을 받을 수 있는 사람에게는 무제한으로 마르지 않는 샘물 같아진다.

사랑의 핵

　어떠한 시작을 했는가에 따라 사랑의 핵이 만들어지는 것은 다 달라지게 된다. 사랑의 핵이 어떤 사랑을 만들 수 있다. 사랑의 핵은 처음부터 만들어진다는 말이다. 몸의 형태를 갖추기 위해 시작되는 세포의 핵도 이와 마찬가지이다. 사람의 모습을 만들기 위한 핵과 오리를 만들기 위한 핵이 처음부터 다르듯이 세상을 하나가 되어서 살아가려고 사랑을 하는 남녀도 이렇듯 처음에 가졌던 마음이 앞으로 이어가게 될 사랑의 시작인 사랑의 핵이 된다.

　대부분의 사람들이 사랑을 시작할 때 자신들이 무슨 사랑의 핵을 가지는지 잘 모른다. 사랑하니까 결혼하는 것과 결혼을 했으니까 사랑하는 거라는 생각은 같아 보이지만 그 결과들이 매우 달라지는 경우를 보면 모든 사람들이 사랑과 결혼을 하나의 핵으로 하는 어떤 노력이 있어야 할 거란 생각이 든다.

　　결혼이 사랑의 결실이라는 관점과 결혼이 사랑의 핵이라는 관점이 명확하지 않으면 사랑을 키워 갈 수 있는 사랑의 핵도 명확하지 않을 수 있다. 결혼이 주는 의무감을 사랑으로 감싸야 할 사랑의 핵은 결혼에 앞서 있어야 한다. 무작정 오아시스를 찾듯 사랑을 찾을 수 있다는 막연한 기대는 신기루처럼 있는 것 같다가 없어지고 없는 것 같으면 있는 것같이 종잡을 수 없게 만든다.

　　눈으로 보이는 것에서 시작했다면 보이지 않는 마음이 하나여야 마음으로 하나 되는 사랑의 핵이 만들어 지는 것이다. 눈에 보이는 모습만으로는 두 사람이 하나 되는 사랑의 핵이 만들어지지 않고 서로의 심금을 털어놓는 사랑의 말로 서로가 하나 되려는 마음이 사랑의 핵이다. 많은 사람들은 두 사람이 어떤 사랑의 핵을 가지고 얼마큼 사랑으로 키워 온 것은 얼마나 둘이 함께 하나의 마음을 만들 수 있는 것으로 알 수 있다.

　　두 남녀가 사랑의 핵이 만들어 지기 위해서는 먼저 남녀 유별의 기준이 있어야 한다. 이 말은 조선 시대에나 있던 남녀유별을 부각시키자는 것이다. 세상에 하나인 나의 여자와 세상에 하나인 나의

결혼은 하늘나라 가는 예행연습이다

남자를 위해 자신의 사고가 늘 자제력을 가지고 있어야 사랑의 핵은 사랑으로 커 갈 수 있게 지킬 수 있다. 사랑의 핵을 위해 다른 이성에 대한 과잉 친절을 스스로 피하는 노력을 하는 것은 오해가 사랑의 불순물 역할을 하여 사랑의 핵이 크는 것을 방해할 수도 있다.

사랑을 주다가 안 주다가, 사랑하는 마음이 있다가 없다가, 또 이 사람 저 사람에게 옮겨가며 오락가락하면 생기는 것은 불신을 보여주는 것이다. 서로에 대한 불신으로 갈라지는 핵을 다시 붙이기는 매우 어렵다. 그것은 긍정보다 부정의 힘이 더 강하기 때문이다. 사랑이 긍정이라면 사랑이 아닌 부정은 미움이다. 미움은 사랑을 받지 못하고 거절당했을 때 생기는 감정이다. 사랑에 미움이 자리 잡으면 미움을 사랑으로 돌아서게 하는 것이 어렵다.

처음에 가졌던 마음도 끝까지 가기가 어렵다면 사람들의 사랑의 핵은 어떻게 지킬 수 있겠는가? 모든 것이 변하는 세상에서 초심을 지키는 것도 또 초심만을 기억하는 일만으로도 부족하다. 무슨 장애가 생겼는지를 그때 그때 점검하고 방법을 함께 찾아야 진정한 사랑의 핵을 미리 지킬 수가 있을 것이다.

사람이 자신이 모자란 것을 밖에서 찾으려고 하면 사랑하는 사람의 마음을 볼 수가 없게 된다. 외적인 조건으로 사람을 찾는 것은 마음으로 사랑의 핵을 만드는 것과는 전혀 다른 방향이다. 만약 다

사랑의 해법

른 사람의 외모나 상냥한 태도 등에 마음이 변하는 사람이라면 그 사람은 사랑의 핵이 아닌 외모에만 현혹이 된 사람이 틀림없다. 자신의 모자란 것을 다른 사람에게서 찾지만 정작에 찾고 나면 마음이 변한다. 또 다른 반대의 것을 찾으려는 욕심이 생기는 것이다. 사랑과 결혼은 이런 끝이 없는 욕심에 대항할 수 있는 튼튼한 사랑의 핵을 가지고 있어야 한다.

자신이 가지고 있지 않은 것은 자신 안에서 찾아야 사랑이 굳건해 진다. 좋다 싫다는 감각을 외부에서만 찾으려고 하면 지금 내 안에 없는 것만 나온다. 자신의 부족함을 외부가 아닌 스스로가 만족 못하는 것 때문이라고 이유를 돌릴 수 있는 자기 자신의 마음을 알 수 있다면 두 사람이 만드는 사랑의 핵은 아름다움을 발할 것이다. 누군가와 사랑을 한다는 것은 나의 부족함을 알 수 있는 겸손함을 갖고 헛된 유혹으로부터 자신만이 가지고 있는 사랑의 핵을 지키는 일이다.

사랑하는 사람을 서로 지킬 수 있는 마음은 사랑의 핵에서 나온다. 우리의 인생이 언제라도 치달아 갈지도 모르는 내리막 길을 미리 예비할 수 있는 일은 누군가 옆에서 지켜주며 굴러 내려가지 않도록 서로의 손을 잡아주고 끌어 주는 사람일 것 같다. 둘의 마음이 하나가 되는 사랑의 핵을 가질 수 있으면 둘이 하나의 인생을 갈 수 있다. 주어진 환경에 영향을 받지 않고 주어진 환경을 서로의 도움으로 바꿀 수도 있는 사랑의 핵은 사랑의 빛을 낼 수 있을 것이다.

결혼은 하늘나라 가는 예행연습이다

맞불

　맞불은 불을 끌 때 멀쩡한 곳에 불을 놓아 더 이상 불이 번지지 못하게 불로 불을 이기게 하는 방법이다. 이런 비유를 사랑에 대입하면 어떻게 될까? 불을 감정으로 본다면 맞불은 감정의 불을 끄는 사고로 볼 수 있다. 맞불은 사랑하고 결혼한 사람이 마음으로 유혹에 넘어갔을 때 쓸 수 있는 방법으로 다른 이성에 대한 생각이나 상상이 결혼한 사람 사이에 개입되면 감정에 불이 붙는 것처럼 나타나는 결과가 매우 심각하다. 이럴 때 감정을 감정과 대적하지 않고 이성으로 풀 수 있도록 하는 것이 사랑을 지키는 능력이 될 수 있다면 맞불은 적극적인 사랑의 시도라 할 수 있다.

사랑은 감정이고 그 사랑의 감정에 들어오는 유혹도 감정이다. 사람들이 유혹에 넘어갈 때는 거기에 반드시 격하고 통제 못하는 감정이 도사리고 있다. 이 감정을 분석할 수 없으면 사랑을 할 능력이 없는 사람이다. 이 무지는 유혹이 자신의 감정에 마음대로 들어오게 한다. '이 남자는 왜 이 모양이야?' '이 여자는 말씨가 왜 이 모양이야?' 불만과 불평의 감정이 멈추지 않고 자신의 사랑을 좀먹기 시작한다. 현실을 만족하지 못하는 감정에 들어오는 유혹은 회복이 어렵다. 거의 불가능에 가깝다고 해도 과언이 아닐 것이다.

사랑하는 사람들 사이에 왜 맞불이라는 낯선 과정이 필요한 것일까? 사랑이 아닌 유혹이라는 것을 상대방 스스로가 보고 깨달을 수 있도록 자신의 모습과 똑같이 하는 것을 보여주는 것이 맞불이다. 도덕의 양심에서 '안 되는데'라는 마음의 소리를 듣지만 그래도 하겠다는 것은 원만한 외부 충격 없이 자발적으로 변화하기가 어렵다.

결혼 속에 함께 있는 유혹을 극복하는 것이 어려운 이유는 쾌락으로 굳혀졌기 때문이다. 유혹과 함께하는 결혼은 숨기는 일이 즐거워서 하는 것이다. 즉, 아내를 보면서 또는 남편을 보면서 현실에 실현할 수 없는 것을 상상으로 즐거워하는 것이다. 쾌만 있는 것과 쾌와 불쾌가 함께 있는 것은 그 쾌의 강도가 달라진다. 마치 설탕의 단맛을 내기 위해 소금을 조금만 첨부해도 당도가 매우 높아지는 것과 같이 사랑에 유혹이 함께 기생하는 것도 이런 이치이다.

허락된 것만 하는 것과 허락된 것을 하면서 허락되지 않은 것도 할 수 있을 때는 희열감을 느낄 수 있을 것이다. 숨기는 것이 첨가되어 가장 최고도의 쾌락이 된 유혹이 섞인 사랑에서 유혹과 사랑을 분리시키는 일은 맞불밖에 방법이 없을 것 같다. 맞불이 극약의 처방처럼 마지막 최후의 수단일 수 있는 것은 사랑하는 사람의 마음을 억지로 돌리는 일이기 때문이다. 막을 수 없이 막무가내의 감정은 더 강한 감정으로만 대적할 수 밖에 없다.

사랑의 맞불 안에는 보이지 않는 사랑법이 있다. 그 사랑은 목숨을 걸 정도로 용기를 가진 강한 사랑이다. 겉보기에는 격렬한 싸움과 같이 보이지만 그 안엔 달콤한 사랑을 담고 있는 것이 맞불(sweet revenge)이다. 맞불이라는 말을 용감한 여자의 사랑법이라고 그 이름을 붙이고 싶다. 맞불에 필요한 것은 이전에 자신이 하던 행동이나 모습과는 전혀 다르게 바꿀 수 있어야 하기 때문이다.

사랑하는 사람, 즉 나의 짝에게만 용기를 내어 할 수 있는 일이 맞불 사랑이다. 어떤 지인은 남편이 지나가는 여자들을 너무 관심있게 보는 것에 대한 맞불로 지나가는 남자들에게 관심을 보이면서 잘생겼다, 어깨가 넓다는 말을 남편에게 해 주었다는 것이다. 이 행동은 작은 맞불의 효과는 있었다. 맞불은 불을 끄고 나면 멈추어야 하는 한시적인 방법이다. 맞불로 불을 끄려다 진짜 불로 번져서 걷잡을 수 없는 경우처럼 맞불에 쾌를 느껴 계속하려고 하면 전혀 다른 방향으로 갈 수 있다.

　부부 사이의 불균형은 서로의 사랑을 보존하는 견제의 힘이 없어서 생길 수 있다. 사랑은 믿음이다. 부부에게 믿음이 보이지 않는다는 것은 두 사람이 갖어야 할 힘의 밸런스가 깨졌다는 말이다. 이때는 존중이 사라지게 된다. 서로가 서로를 존중할 수 있는 힘이 사랑인데 이 힘의 균형이 없어진 곳에 사랑을 되찾는 일은 그리 쉽지 않다.

　사랑을 보존할 수 있는 서로의 믿음이 사라지면 불신이 남는다. 불신을 가지고 인내를 가는 것은 아마도 불가능한 일일 것이다. 이 불신이 더 강한 힘을 갖기 전에 할 수 있는 일은 불신을 되돌리기 위해 맞불을 놓는 일이다. 이성으로 무장한 맞불로 깨어진 밸런스에 사라지는 사랑을 일깨우는 시도를 하는 일은 혁신의 사랑법이다.

　사랑이라면 인내를 해야지 어떻게 눈에는 눈처럼 보복의 맞불을 놓느냐고 하는 사람도 있을 것 같다. 우리가 인내를 생각할 때 잠시 생각할 것이 있다. 사랑은 인내의 길이라는 것을 경험해 본 사람이라면 맞불과 인내를 비교할 수 있을 것 같다. 인내는 사랑하는 사람이 변화할 희망을 가졌기 때문에 기다리는 것이다. 그래서 인내는 사랑하는 사람에게 존중이 있고 사랑의 마음이 있을 때 가능하다. 그러나 맞불은 상대방에게서 사랑의 마음을 찾기가 희박할 때

하는 최후의 방법일 것 같다.

　　맞불로 사랑의 밸런스를 다시 잡을 수 있다. 무엇이 실수이고 그것 때문에 사랑하는 사람에게 무엇을 잘못했는지를 알려 주기 위해 맞불이 필요하다. 자신의 잘못을 받아들여 수용하고 앞으로의 계획을 가질 때 비로소 사랑의 밸런스를 찾을 수 있다. 이때 사랑하는 사람이 변화되는 시간을 기다려주는 인내가 있어야 한다. 모든 사람들이 아마도 이 인내의 단계에서 더 이상 참지 못해 사랑을 포기하는 사람들도 많이 있는 것 같다. 무조건 사랑은 다 인내해야 한다는 말은 이치에 맞지 않는 말이다. 인내를 해야 할 것이 무엇이고 어떻게 해야 할 지를 알지 못하면 인내를 할 수 없다.

　　맞불이란 인내로 가능하지 못한 벽에 부딪힌 사랑일 때 이를 포기하지 말고 그 사랑하는 사람을 가르침으로 깨닫게 하는 일이다. 맞불이 성공적으로 끝났다고 말할 수 있을 때는 유혹이 무엇인지 알고 난 다음 그것을 내칠 수 있는 의지가 생겼을 때이다. 맞불이 주는 사랑의 마음은 새로운 삶의 습관과 함께 자신의 실수를 재현하지 못하도록 조심하게 해 주는 것이다.

옥석과 보석

세상에서 가지게 되는 것은 단지 재료일 뿐 그 자체로 완전한 것은 하나도 없다. 사람의 손이 닿아서 어떻게 만드는가에 따라 모든 재료들이 각기 그 사람의 방법과 정성에 따라 만들어지는 것이 달라진다. 음식도 그렇고 옷이 만들어지는 천도 그렇게 달라진다. 남녀 간의 사랑도 사람들에게 올 때는 완성된 것으로 오는 것이 아니다. 서로가 함께 만들어야 비로소 완성될 수 있는 재료만 주어진다. 그 재료로 누가 어떤 사랑을 만드는지에 따라 사랑은 모두 달라진다.

아무리 혼자서 좋아하고 싶어도 사랑을 받아주는 사람이 없으면 절대로 이루어질 수 없는 것은 그곳에는 사랑을 만들 수 있는 재료가 없기 때문이다. 사랑은 서로가 주고받는 두 사람이 있어야 한다. 두 사람이 사랑의 재료이다. 사랑을 만들 수 있는 재료 속에서 어떤 것을 사랑으로 할 것인지 두 사람이 서로 퍼즐을 맞추듯 만들어야 완전하게 하나의 사랑으로 탄생할 수 있다.

　　사랑을 할 재료에는 각자가 가지고 있었던 이기심이 먼저 있었다. 혼자만을 생각하는 마음이 남녀의 사랑에 끼어들면 서로의 사랑은 점점 각자의 이기심으로만 향할 수 있다. 사랑은 이기심에서 오는 자아 만족 사랑과 함께 범벅이 된 재료가 주어지는 것 같다. 너를 사랑해야 하는 것과 나만을 사랑하는 것이 함께 들어 있다는 것을 알아야 둘이 만들어가는 사랑이 무엇인지 알 수 있고 비로소 두사람의 사랑이 만들어 질 수 있다.

　　무엇이 들어있는가에 따라 그 포함하고 있는 것의 이름도 달라진다. 똑같은 돌이라도 철이 들어있으면 철광석이 되고, 돌에 보석이 들어있으면 원석이라 부르고 또 같은 돌이라 해도 그 속에 금이 들어있으면 금광석이 된다. 사람들도 이처럼 몸을 가지고 있지만 그 속에 어떤 마음을 담고 있는가에 따라 각기 사람들의 명칭이 구분되어 진다. 사람의 몸이지만 그 속의 마음에 따라 사랑도 달라지는데 그 마음이 거룩하면 그 사랑은 거룩한 사랑이라는 어마어마한 이름을 갖는다.

결혼은 하늘나라 가는 예행연습이다

마음이 해야 할 것과 몸이 하는 일이 일치하지 않는 사람들도 많다. 이런 사람은 그 몸 속에 마음이 없는 것이다. 몸인데 마음이 없는 사람은 자신의 주어진 현실을 망각하고 정신이 나왔다 들어가는 사람이다. 사람의 마음에 진실을 품고 거룩한 사랑을 하는 사람도 있고 마음에 정상이 아닌 생각을 품고 거짓으로 사랑을 하려는 사람도 있을 수 있다.

　　사랑을 믿고 결혼을 하는 사람들은 더욱 자신의 마음에 무엇이 들어있는지 자세히 살펴보아야 한다. 아무리 사랑을 한다고 하여도 그 사랑 속에 들어있는 자신의 마음을 잘 찾아야 하기 때문이다. 이 세상에는 순금이 존재하지 않는다고도 하지만 비록 우리의 마음속에 순도가 100인 사랑이 있다고 해도 두 사람이 함께하는 사랑에는 늘 갈고닦는 노력이 있어야 그 순도를 지킬 수 있다.

　　철광석이라고 해도 또 원석, 금광석이라 한들 돌 그 자체로는 쓸모가 없고 쓸 수도 없기 때문에 분리하고 다듬는 과정이 반드시 있어야 한다. 그러한 과정이 얼마나 정성스러운가에 따라 그 가치가 매겨지는 것처럼 사랑으로 결혼하는 사람들도 옥석에서 보석을 골라내는 사랑이여야 비로소 두 사람만의 사랑의 모습이 나타날 것이다.

　　노다지는 조심스럽게 그 속의 것을 꺼내어 다듬는 과정이 있을 때만 나의 것이 된다. 이것을 사랑에 적용할 줄 아는 것은 매우 소수의 사람들에게만 허락된 듯 싶다. 내가 찾을 수 있는 만큼이 나의 사랑이고 내가 다듬을 수 있을 만큼만이 나의 사랑이 되는 것을 아는 사람이 그리 많지 않을 수도 있기 때문이다.

사랑하는 것이 나만 힘들고 어렵다고 말하는 사람은 원석으로 주어진 자신의 사랑을 보석으로 만들지 못하는 사람이다. 무엇으로 자신이 더 고생을 하고 더 행운을 얻었다고 말할 수 있는가? 사랑의 마음을 세상의 가치인 수량으로 따져서 밥 해 준 것만큼 세탁을 해 주어야 하고, 내가 돈을 벌어온 것만큼 너도 돈을 벌어와야 하는 그런 손익 계산으로 가치를 따진다면 그것은 사랑과 결혼에 합당하지 않는 일이다.

손익 계산이 사람의 마음 속에 자리잡으면 사랑이 있어야 할 마음은 이미 사라지게 된다. 지켜야 하는 것이 사랑이 우선이 아니면 거기에는 반드시 불공정에 따른 불만이 남게 된다.

사랑은 함께 나누는 일이다. 서로 공유하는 마음이 있어야 모든 것을 나눌 수 있다. 서로가 드러내지 않으려고 숨기고 감추는 것이 있으면 마음을 공유할 수 없고 사랑도 할 수 없게 된다. 원석이 보석이 되는 일은 이렇듯 모든 것을 하나로 공유할 수 있도록 서로가 숨김없는 마음을 드러내는 일이다. 보석을 손에 쥐고도 그 가치를 모른 채 평생을 여기저기 찾아 헤매는 사람은 자신이 주는 것보다 더 많은 사랑을 받고 있다는 것을 깨닫지 못하는 사람이다.

원석에만 몰두하는 일은 사랑하는 일을 마음으로 하지 않고 겉으로 보이는 모습만으로 판단하는 것이라서 아무 가치가 없는 일이다. 제아무리 노다지 원석에 매료되어도 그 자체로는 쓸모가 없는 일이기 때문이다. 사랑과 결혼도 이렇듯 원석만 모으는 노다지 중독에 걸리면 보석으로 다듬어 나의 몸에 맞게 만드는 일은 평생토록 할 수 없을 지 모른다.

사랑은 발견이다. 원석에서 보석을 찾아내는 수고에서 나의 것을 발견하는 일이 사랑하고 결혼하는 일이다. 철이 든 돌에서 이물질을 빼내기 위해 불 속에 더 들어가고 더 강하게 단련의 망치질을 해야 돌에서 철만 나올 수 있다. 우리의 사랑과 결혼도 두 사람 사이의 사랑에 꼭 필요한 마음들만 걸러내는 여과의 과정에서 둘이 함께 인내하는 시간과 노력이 필요하다. 사람 사이에 있는 보석 같고 강철 같은 사랑을 찾아 가는 사랑의 의지는 마음이 하나 되는 사랑을 하자는 뜻일 것 같다.

사랑의 해법

연애 감정

　예쁜 여자, 또 힘 센 남자를 한 번이라도 만나기만 해도 연애 감정이 발동하는 것이 바로 사랑의 감정이라 한다면 세상은 그야말로 아수라장이 되고 말 것이 분명하다. 누가 누구인지도 모르고 그저 가슴이 뛰기만 하면 사랑이 될 수 있을 것이기 때문이다. 이렇게 재미있는 감정은 호감에서 시작되기 때문에 눈에 무엇이나 좋게 보이는 사람이기만 하면 계속해서 만나고 싶어 하는데 이것은 사람의 이성에서 나온 것이 아닌 자연 발생적으로 누구나 갖는 동물성의 본능이다.

　감정의 자율신경을 통제해서 자신의 감정이 아무데나 흘러 가

결혼은 하늘나라 가는 예행연습이다

지 않게 하는 통제의 기능이 사람에게만 있는데 이것이 이성적 사고이다. 호감이라는 감정은 사랑으로 이끄는 매체일 수도 있지만 그 호감이 가지는 재미 그 자체만은 사랑은 아니다.

사랑이 재미이고 장난이라고 정의를 내리면 그 정의를 나의 사랑하는 사람에게 적용하는 것이 어려울 것 같다. 그 누구도 자신이 재미와 장난의 대상으로 사랑을 받는 것에 온전히 동의하지 않을 것이 분명하기 때문이다. 우리가 말하는 사랑은 단지 재미를 가지고 보려는 호감이 아닌 것은 분명하지만 그렇다고 사랑은 재미가 하나도 없는 것이라고도 말할 수도 없다.

눈으로 보이는 것도 있지만 눈으로 볼 수 없는 것도 함께 있는 것이 사랑이다. 재미가 있고 없는 것을 따지는 것이 아니라면 재미를 걷어내고 난 다음 그 무엇이 있는지 찾을 수 있으면 비로소 사랑은 시작하게 된다. 천 길 물속은 알아도 한 길 사람의 속은 모른다는 속담처럼 호감으로 겉을 보는 것은 누구나 다 할 수 있고 또 어떠하다고 판단과 비판도 할 수 있지만 사람의 마음속을 아는 일은 그리 **빨**리 알 수도 없고 시간이 아무리 흐른다 해도 그리 쉽게 알 수 없다.

남의 속마음을 모른다는 것이 어쩌면 당연할 수 있는 것은 내가 스스로 내 마음도 잘 모르고 있기 때문이다. 재미만 찾는 사람에게는 마음속이 온통 즐길 거리로만 가득할 것이다. 그런 사람은 사랑에 불안전한 사람이다. 사랑이 재미만은 아니라는 말은 재미는 한시적인 감각이라서 그 재미가 더 있고 덜 있는 것에 따라 사랑이 가변적인 것이 된다. 차분한 마음을 갖게 하고 그런 마음에서 서로에 대한 진심의 대화를 할 수 있는 사이가 될 수 있다. 이러한 차분한 대화는 고통이나 유혹을 인내로 이겨낼 힘을 가질 수 있다. 재미와는 역방향의 것을 함께 할 수 있어야만 안전한 사랑의 평화를 느낄 수 있게 된다.

사랑을 안전하고 불안전한 것으로 비유할 때 정상과 비정상이라는 말로 설명하고 싶다. 정상이란 있어야 할 것은 있고 없어야 할 것은 없는 상태를 표현하는 말이다. 마음으로 하는 사랑도 그러할 것 같다. 마음의 사랑에도 있어야 할 것이 있고 없어야 할 것이 없어야 완전한 상태인 정상이다. 예를 들어 자동차가 달리는 재미로 엑셀러레이터만 있다면 불안전한 자동차가 분명하듯 사랑도 재미만 있는 것은 브레이크가 없는 자동차처럼 비정상이 된다. 재미도 있어야 하지만 그 재미를 자동차의 브레이크처럼 제동을 걸 수도 있고 엑셀러레이터로 시동을 걸 수도 있는 이런 밸런스가 정상이고 안전한 사랑이다.

한 사람에게 호감을 갖고 사랑을 하는 사람은 또 다른 사람들에게 대한 호감을 더 이상 갖지 않아야 정상이고 안전한 사랑이 나올 수 있다. 마치 브레이크와 엑셀러레이터를 동시에 다 밟을 수 없는 것처럼 두 가지를 한꺼번에 다 할 수 없다. '사랑은 재미'로만 알고 있는 사람은 결코 결혼을 해서는 안되는 사람일 지도 모른다. 사랑을 할 때는 힘든 인내가 있어야 한다는 것을 깨달아야 한다. 그 어려운 시간을 맞을 때 비로소 연애 감정을 갖는 호감을 뛰어넘는 사랑을 할 수 있을 것이다.

연애 감정의 호감을 넘어선 사랑으로 결혼을 결정해야 한다. 비행기가 날기 위해 활주로를 가려면 거기까지 비행기를 견인해 가는 견인차가 필요하듯 세상에서 나의 사람을 찾기 위해 필요했던 호기심이 일단 나의 사람을 찾으면 더 이상 다른 사람에 대한 호감을 버려야 하는 의무가 생긴다.

있어야 할 때와 없어야 할 때를 알고 없어야 할 때 그 '무엇'인 연애 감정이 남아 있다면 자신을 들여다보고 정확하게 없어야 할 것을 없애는 작업이 있어야 자신의 삶의 길이 바른 방향으로 향하게 될 것이다. 이것이 필수적이고 마땅히 해야 하는 이유는 사람들은 모두 다 자신만의 사랑하는 사람과 그 사랑하는 사람이 만드는 가족이 있기 때문이다. 사랑하는 사람과 그로 인해 만들어지는 그 사람의 사랑의 끈을 재미로 끊는 일을 하면 그것은 나의 재미가 남의 가정을 파괴하는 악행이 되는 것이다.

새로운 이성을 보는 호기심이 언제 그만두게 되는 가에 따라 사람의 인격이 달라진다. 자신의 것이 아닌 것을 알면 더 이상 관심을 갖지 않는 것이 진정 어른의 행동이다. 다른 이성의 모습을 잘 생겼다, 또는 예쁘다고 판단하는 것이 혹시 이성에게 호감을 갖는 연애 감정일 수도 있다는 것을 먼저 생각할 수 있으면 더 이상 그러한 관심을 갖던 습관에서 멀어져야 한다.

어느 사람이 나의 사람인지를 구분해서 자신의 생각과 말과 행동을 통제할 수 있는 것이 사랑하는 사람에 대한 책임을 지는 것이다. '호감으로 내가 뭘 재미있어 하려는 걸까?'로 스스로 질책을 할 수 있어야 한다. 결혼을 결정하고 사랑을 하면 나의 여자 또는 나의 남자라는 구분으로 '아니지, 내 여자는 집에 있는 나의 아내 뿐이다.' 또는 '저 남자는 나와 상관이 없는 사람이고 내 남자는 나의 남편 뿐이다.'라는 생각으로 연애 감정의 호감을 떨쳐버릴 수 있어야 한다. 이 구분이 세밀해질 때까지 한다면 단순한 인사 한마디도 매우 조심하는 배려가 있어야 한다.

사랑을 위해 어떤 감정을 가져야 할까? 스스로가 사랑하는 사람에게 더 좋은 감정을 가지려 노력하는 것만이 오직 사랑하는 사람에게만 가지는 연애 감정의 호감이다. 더 이상 그 누구에게도 이성의 호감으로 이끌리지 않는 것이 나의 사랑하는 사람에게만 사랑의 좋은 감정인 연애 감정을 더 해주는 일이다.

결혼은 하늘 나라 가는 예행연습이다

사랑의 해법

죽어야 살고 싶은 사랑법

지킴이 사랑

이데아 사랑

불어 사랑

첫사랑

너를 아는 사랑

필요충분조건의 사랑

사랑의 유효 기간

수목 사랑

태극의 사랑법

우리가 하는 사랑

거짓 사랑에 도전하다

고슴도치 사랑

부활의 사랑

공동 책임의 사랑

불평등 기원의 사랑

순종의 사랑

반비례 사랑법

대기만성의 사랑

결혼과 사랑

사랑의 종류

PART 2

죽어야 살고 싶은 사랑법

　공기가 없어 봐야 알 수 있고, 건강을 잃어 봐야 알 수 있고, 돈을 잃어 봐야 알 수 있다. 또 남녀상열지사의 끝을 가서 사랑을 잃어 봐야 그것이 무엇인지 알 수 있다. 이때는 가진 재산을 잃었는지 또 건강도 잃었는지에 따라 그 잃은 것이 나의 삶과 무슨 관계가 있는지 비로소 알게 되고 '인생을 알겠는데 너무 늦었다.'고 말하지만 그런 사람은 삶의 시간이 없다는 말을 하는 것이다.

　육신이 진짜로 죽어야만 정신을 차려 육신을 가지고 산다는 것이 얼마나 행복인지 알 수 있지만 우리는 이렇게 할 수는 없다. 그 대신 육신이 죽지 않고 살면서 미리 그러한 것을 생각할 수 있으면 육신으로 얼마나 고귀한 사랑을 할 수 있겠는가?

　육신이 영원히 생명을 가진다면 육신의 변화가 없으니 마냥 그 날이 그날일 것 같다. 그러나 사람의 몸은 성장을 다 하고 나면 성장한 세포들은 점차 죽기 시작한다. 이런 노화는 삼십 대에서 시작한다는데 정작 육십 대가 되어야 노화를 피부로 체감하는 것 같다. 어떤 사람은 자신의 정신을 육신이 영원히 사는 것처럼 변하지 않는다고 생각해서 자신의 생각도 변하지 않겠다고 고집할 수도 있다. 간혹 현명한 사람들만 자신의 몸도 변화할 때가 있을 것을 알고 정신도 그럴 때를 생각해서 미리 준비하며 변화를 시도하기도 한다.

　육신이 영원히 산다고 생각하는 것이 어리석다고 한들 또 정신도 육체에 따라 변해야만 한다고 한들 그것이 무슨 상관이 있느냐고 반문을 할 수도 있다. 혼자서 살다가 혼자서 죽는다면 사실 어떻게 생각하고 살든지 그것은 온전히 자신 혼자의 일이다. 그러나 누군가와 사랑하며 이 세상에서 가정을 꾸미고 사는 사람이라면 자신의 육체가 영원히 사는지 성장을 멈추며 죽기 시작하는 것인지에 대한 생각을 하는 것은 어떻게 또 얼만큼 많이 사랑하는 가족을 사랑하는가의 기준이 될 것이다.

　어제는 오늘보다 더 젊었던 날이다. 이는 오늘은 어제보다 더 늙은 날이다. 현재와 과거의 개념에서 어제의 과거를 잡을지 아니면

사랑의 종류

어제의 과거는 죽고 오늘의 현재를 살아야 하는지에 대한 생각은 시간이 지날 때마다 결정해야 한다.

    사랑은 잘 살라고 하는 일인데 왜 죽음을 말해야 하는 걸까? 사랑에 목숨을 건다고도 하고 죽기까지 사랑한다고 하면 마라톤을 뛰듯이 죽어라 뛰고 나서 정말 죽어버리는 것처럼 사랑도 죽도록 하고 그냥 죽어버리는 것이 사랑을 한다고 말할 수 있는 것일까? 그것은 분명 아니다. 그렇다면 우리 삶에서 사랑이 얼마큼의 비중을 가지길래 죽음이 나오는 걸까? 공기가 없어서 죽을 것 같을 때 공기의 소중함을 느끼는 것처럼 사랑도 그 사람이 없으면 죽을 것 같은 존재인지를 미리 생각해 볼 필요가 있다.

    만약 사람이 세상을 혼자서만 살아간다면 가장 좋은 일이란 다른 사람을 위해 자신의 욕구를 죽이지 않아도 되는 것이다. 그 대신 혼자서 살지 않으려면 하는 수 없이 혼자 마음대로 하고 싶은 욕구를 죽여야만 가능하다. 더구나 신체의 구조도 다르고 원초적인 본능도 다르고 거기다 자라난 환경에서 생긴 성격도 다른 여자와 남자가 서로 사랑까지 하면서 살려면 얼마나 자신이 하고 싶은 욕구를 죽여야 가능할까? 조금만 죽여도 될까 아니면 모조리 다 죽이고 둘이 함께 사는 것에서 다시 시작해야 할까?

    사람이 가지는 본능은 몸에서부터 시작된다. 몸이 가지고 있는 욕구는 외부의 것을 찾아서 몸의 욕구를 만족하려고 하는 강한 힘을 갖는다. 이것은 한번 엮어지면 만족이 없이 끝없는 영구함을 가지려고 한다. 놓지 않고 변하지 않으려고 한다. 그러나 몸의 수명은 한정이 있어서 사람은 자신의 정신으로 한정된 수명 안에서 쾌락을 극대화하려는 안간힘을 쓴다. 이렇게 살면 사람은 가장 동물적인 욕구에 자신의 고도의 정신을 다 쓰게 되는 것이다. 다 살고 죽을 때 후회를 하는 것은 육신이 잘못한 것들만 남을 뿐이다.

사람이 육신을 가지고도 영혼의 사랑까지 할 수 있다면 그 얼마나 행복한 일인지 모를 것 같다. '그냥 지금을 살면 되고 사랑도 그냥 하면 되는데 왜 굳이 이런 과정이 필요할까?'라 말할지도 모른다. 사람이 살아서 할 수 있는 사랑을 하다 보면 그 사랑에는 미움도 함께 나올 수 있는 사랑밖에는 할 수가 없다. 내가 아무리 사랑을 한다고 해도 그 속에는 내가 원하는 욕구대로 하는 사랑이 나올 수밖에는 없기 때문이다. 그러다가 그 욕구가 만족하지 않으면 나오는 것이 미움이다.

내 육신이 죽으며 하고 싶은 사랑을 가정하면 그 사랑에는 미움이 없다. 육신이 없으면 미움이 없다는 말은 육신에게 도대체 무엇이 끝까지 남아서 미움을 만드는 것일까? 그것은 육신에서 불만의 감정이 나오기 때문일 것이다. 육신을 죽이지 않고 육신에 붙어 있는 불만을 만드는 나쁜 감정만 죽이면 사랑만 남을 수 있다.

사랑의 종류

사랑이 마지막까지 남고 나쁜 감정이 모두 없어지면 그게 사랑인 것이다. 사랑만 남으면 그 사랑의 영혼도 남을 수 있다. 우리가 흔히 말하듯이 사랑이 없으면 미움도 없다고들 하는 이유도 나와 상관도 없이 전혀 알지도 못하는 사람을 그냥 미워하지는 않기 때문이다. 자신의 욕구를 거절하는 사람에게 불만을 갖고 나쁜 감정인 미움과 원망이 나오는 것이다.

사랑은 살아가는 삶을 사는 것이다. 헤어지고 떨어지면 거기에는 사랑한다는 현재 진행형의 동사가 성립하지 않는다. 지금 내 옆에 있는 사람이 없어졌다고 가정할 수 있어서 그 사람을 사랑하는 것이 진짜 사랑인 것을 알게 된다면 사랑을 어떻게 하는지 깨닫는 것이다. 미움이라는 감정이 나쁜 것은 지금 사랑할 기회를 가질 수 있는 감정을 미움으로 채우고 사랑할 공간을 없게 하기 때문이다.

왜 굳이 죽어야 산다는 공식이 성립하는 것일까? 그것은 내가 살고 싶어서 하는 사랑이기 때문이다. 내가 사랑하고 싶어도 사랑할 수 없을 때 사랑하려는 마음이 생긴다는 것을 지금 알 수 있으면 나의 모든 것을 온전히 다 내어 주는 사랑을 하는 마음을 갖는 것이 연역적 사고로 하는 사랑법이다.

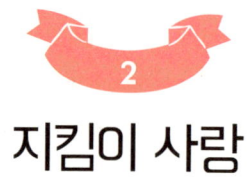

지킴이 사랑

삶이 힘들 때 말없이 보이지 않게 기도하는 사랑은 영혼을 지켜주는 사랑이다. 사랑하는 것을 다 드러내며 알아 달라고 공치사를 한다면 그나마 했던 사랑마저 남는 것이 없을 것이다. 들떠서 기분에만 따라가는 흥분이 마음을 넓게 할 수 있는 사고를 막을 수 있다. 육신으로 또 외적인 것으로 드러내고픈 자신을 내려 놓을 때 마음속에 간직할 수 있는 사랑을 지키는 것이다.

지킴이 사랑은 자신이 원하는 것들을 차분하게 할 수 있는 고요함이 있어야 한다. 어제도 오늘도 변함없이 매 순간마다 원하는 욕구들에 의해 사랑의 감정이 변한다. 어제의 감정이 오늘의 감정과 같을 수 없지만 사랑하는 마음을 이어가려는 것은 사랑을 지킨다는 말이다. 사랑을 지키는 것인지 알려면 자신이 지금 무엇을 하고 있는지 스스로 알 수 있어야 가능하다.

외부의 사람과 환경의 변화에 따라 자신도 변하려고 할 때 그러한 변화가 사랑을 위한 것인지 단지 자기 자신만을 위한 것인지에 대한 기준을 정확히 구분할 수 있어야 한다. 사랑할 기준이 너 때문이라는 이유를 갖더라도 나 자신을 낮출 수 있는 마음도 있어야 가능하다. 사랑하는 사람에게 고마운 마음을 갖을 수 있는 것이 사랑을 지킬 수 있는 마음이고 이 마음으로 너의 허물을 없어지게 하는 것이 진정한 지킴이 사랑이다.

사랑을 할 수 없을 것 같은 감정이 있을 때 사랑이 나오게 할 수 있게 하는 사랑이 지킴이 사랑이다. 외부가 변한다는 것은 나를 변하게 유혹하는 자극이 된다. 사랑의 행동이 나올 수 없는 이유를 사랑의 행동이 나오게 하는 이유로 바꾸는 사고를 할 수 있다는 것은 아마도 사랑의 시험의 최고 단계일 것이다.

외부의 변화를 이겨 나갈 수 있는 힘을 갖는 것이 사랑의 능력이다. 외부의 사람이나 환경이 변하기 때문에 자기 자신의 사랑이 사랑이 아닌 것으로 변하면 그것은 나 자신이 무능한 사랑을 하며 외부 자극에 지는 것이다. 어떤 자극만 있으면 무조건 그 자극에 노예가 된다면 거기에는 좋은 자극만 사랑한다는 말이라서 진실한 사랑이 존재할 수 없게 된다.

외부 환경이나 외부의 사람이 주는 자극에 대해 나 자신의 사고로 그것이 무엇인지 구분하고 차단하며 자신의 감각이 주는 자유로움으로 자신의 행동을 할 수 있을 때 자신에게만 주어진 자신의 사랑하는 사람을 지켜 갈 수 있다.

사랑은 무엇인가를 넘어서는 것이다. 유혹이 우리에게 있는 것도 그 유혹을 넘어서기 위해 있는 것이다. 내가 먼저 유혹을 넘어 갈 수 있으면 내 사랑하는 사람이 유혹에 넘어졌을 때 그 사람에게 유혹을 넘어 설 수 있도록 도움을 줄 수 있다.

사랑하는 사람에게 사랑이 전해지기도 하는 반면 나의 유혹이 사랑하는 사람에게도 유혹으로 전달되기도 한다. 이때 사랑이 전달되어 배가 되게 하는지 아니면 유혹을 배로 만들어 사랑을 못 지키는지는 서로의 마음을 어디에 두는가에 따라 달라지게 된다. 사랑하는 사람이 서로 마음을 사랑에 두기 위해 서로의 사랑을 기억하고 사랑하는 마음이 상하지 않도록 조심한다면 두 사람의 사랑을 지킬 수 있다.

사랑도 두 사람이 서로 사랑 지킴이를 교대로 하는 것이 필요하다. 둘이 함께 생활할 때 한 사람은 이것을 또 다른 사람은 저것을 서로 나누어 앞서고 또 다른 사람은 뒤서고 하는 것이다. 사랑도 누군가가 먼저 하고 또 나중에 하는 것을 교대하면 서로가 지치지 않고 사랑을 잘 유지 할 수 있다.

사랑이 게임이라는 말은 서로를 이기려고 하는 것이지만 사랑의 지킴이는 서로의 밸런스를 맞추기 위해 양보하는 일이다. 서로의 역할을 한 사람은 밀어주고 또 다른 한 사람은 앞서서 뒤에 오는 사람을 끌어주는 협동의 사랑이 서로가 서로에게 계속 삶의 원동력이 되어 주는 것이다.

지킴이 사랑법은 극기의 사랑이다. 자유와 사랑만 있으면 방종과 불만만 남는다. 자유와 사랑에는 엄한 규칙이 있어야 사랑을 오래도록 변하지 않고 지킬 수 있다. 사랑하는 사람을 위해 내가 하고픈 대로 하려는 본능을 포기하려고 나 자신과 싸우는 사랑법이 지킴이 사랑이다. 자신이 하고 싶은 대로 하지 못 할 때 생기는 불만의 감정을 사랑하는 마음으로 바꾸려면 자신의 나쁜 감정을 좋은 감정으로 바꾸어야 한다. 이때 그 이유가 사랑하는 사람을 위해서라면 그 사랑은 참으로 아름다울 것 같다.

어려운 환경을 이겨내는 창조의 사랑도 이 지킴이 사랑에서 나온다. 사랑하기에 환경이 주는 어려움이 있지만 그것을 넘어서서 자신만의 삶의 방식을 찾아서 사랑으로 향하는 것이다. 지킴이 사랑은 쓸데없는 것으로 시간을 낭비하지 않고 값있게 사는 사랑법이고 주어진 인생의 시간을 사랑으로 꽉 채워 사랑하는 사랑법이다. 시간과 힘을 아껴서 사랑을 더 키우는데 쓰기 위해 나쁠 것 같은 일에 낭비하는 일이 없게 한다면 더 현명한 사랑을 할 것 같다.

이데아 사랑

    이데아 사랑이란 원래의 내 모습으로 돌아가서 나와 같은 사람의 마음을 사랑하는 사랑법이다. 이 사랑은 마음을 터 놓는 자신의 인격과의 만남이다. 사랑의 마음이 밖으로 드러나서 무엇으로 나타날 수는 있지만 마음이 없으면서 밖으로 드러나기만 하는 것은 한시적인 사랑밖에 할 수 없다. 비록 잠시 마음이 드러나서 밖으로 나타났어도 그때가 지나면 더 이상의 마음을 보일 수 없기 때문에 물과 기름처럼 갈라져서 하나가 되는 사랑을 하기 어렵다.

    보이지 않는 마음이 계속하기 위해서는 눈에 보이는 말과 행동이 함께 이어져야 계속 그 물리적인 현상을 보며 상기시킬 수 있고 이전의 마음도 남아 있게 된다. 그러나 그러한 것도 한계가 있어서 대부분의 사람들은 자신의 행동을 마음도 없고 생각이 없는데 습관으로 나오는 것에 내맡기곤 한다. 만약 사랑의 행동이 습관처럼 나온다면 그 사랑은 그저 하나의 습관에서 나오는 행동일 뿐이다.

네 살이 된 벤은 아침이면 아빠와 작별 인사를 할 때마다 의젓한 모습이 꽤나 나이가 많이 든 십 대의 아이처럼 보인다. 글쓰기도 좋아하고 그 나이에 벌써 학구열이 있는 아이다. 그런데 그 녀석의 모습은 머리는 버섯 동자와 같고, 웃옷은 작아서 배꼽이 나오고, 쫄바지는 걷어 올려서 사타구니까지 올려 입고 여기저기를 혼자서 기웃거리는 모습을 보면 이 아이의 겉모습과 이 아이의 속인 이데아의 차이를 어떻게 알 수 있을지 생각을 해보게 된다.

이데아 사랑도 보여지는 겉의 나는 보는 사람마다 다 다르게 볼지 모른다는 생각을 한다. 그러나 속의 나인 나의 이데아는 보이지 않는다. 그 안에 사랑을 간직하고 있다면 그 사랑은 자기 자신만이 아는 사랑인 것이다. 나 스스로 마음속의 내가 겉으로 드러나는 나와 일치할 수 있어야 내 자신이 하나가 될 수 있다. 남녀가 둘이 서로 사랑을 한다는 말은 이러한 자신의 일치된 자아가 상대방의 일치된 자아와 함께 서로 하나가 되는 과정이다.

나 자신의 외모와 내면이 상대방에게서 내가 가지는 이데아의 나와 동일하게 전달이 되고 상대방이 그러한 나의 이데아를 받아들여 주어야 그 사랑은 자신들의 내면까지 이해 받는 사랑이 될 것이다. 이데아 사랑의 시작점을 확인할 수는 없다. 상대방을 내가 믿어야 하는 만큼만 그 사랑의 이데아를 알 수 있기 때문이다. 순간의 연속이 계속되어 지는 것으로 믿을 수 밖에 없다.

　　사랑은 아마도 가능성이 매우 희박한 이데아의 일치를 향해서 가는 기적의 순간을 만드는 일인지도 모른다. 인간의 몸을 사랑하는 이유는 몸으로 하는 사랑을 통해 마음이 하나 되는 영혼의 사랑을 하기 위해서이다. 몸만 사랑하고 마음이 없는 것은 영혼을 고갈시키고 또 몸을 사랑하지 않고 마음으로만 사랑하려는 것도 인간의 몸을 마비시키는 일이 되기 때문에 사랑하는데 몸과 마음이 분리하는 것은 그 자체가 정신 분열을 의미한다.

　　플라톤은 이데아를 어떤 것의 본질은 절대 진리라서 변하지 않는 것이라고 말한다. 이데아 사랑이라고 말하는 것은 사랑하는 사람의 사이도 어떤 환경과 어떤 시간의 변화가 있어도 그 안에 두 사람의 마음이 함께 환경을 극복할 때 변하지 않는 이데아 사랑이 만들어 진다는 것을 말하려 한다.

　　내 자신은 절대로 변하지 않고 언제 어디서나 똑같은 내가 존재할 수 있을까? 그렇다면 어린아이때 기저귀를 차고 있던 때의 그 내가 원래의 나일까 아니면 누군가를 좋아하고 싶었는데 못생기고 돈이 없다고 보기 좋게 거절을 당했던 이십 대의 내가 불변하는 나의 본 모습일까?

이데아까지 사랑을 할 수 있으려면 '나'라는 불변의 자아 개념을 사랑하는 사람이 인정해 주어야 가능한 사랑이다. 이데아 사랑은 사랑하는 사람의 손상된 자아까지 치유하며 자아의 이데아까지 회복할 수 있게 도와주는 사랑일 것 같다. 누구나 형이상학적 이데아를 희망하고 살아왔지만 수많은 좌절과 시련으로 이데아는 변형이 되었을 수도 있기 때문이다.

남에게 보여지는 나는 실지의 나보다 과장되어질 수도 있고 실지의 나보다 과소로 보여질 수도 있다. 굳이 자신을 과장하려고 하지 않고 과소하게 보여지는 마음을 깨닫지 못하더라도 남의 눈에는 그렇게 보이면 그만큼의 차이는 실지의 나와는 상관이 없는 모습이 남에게 보여지는 것이다.

이때 돌아오는 반응이 좋거나 나쁜 것에 영향을 받으면 실제의 나와는 상관없는 모습으로 자꾸 길들여지게 된다. 이 두 모습에서 어느 것이 자신의 실제의 모습이고 실제의 모습이 아닌 것인지를 가려내기는 어렵다. 단지 자신이 항상 이 두 가지의 자신의 모습에서 하나를 선택할 수 밖에는 없는데 사랑하는 사람이 이 선택을 도와 줄 수 있다.

 실제의 나는 매우 볼품이 없고 외부의 사람들에게 과소평가를 받는다고 해도 사랑하는 한 사람이라도 나 자신을 한 차원 더 높은 가치를 갖게 해준다면 이보다 더 큰 이데아 사랑은 없을 것이다.

 사람의 실제의 모습이 어떠한 것인가를 매우 솔직히 말하라면 사람이 태어날 때의 모습과 죽을 때의 모습이 자신의 실제의 모습일 수 밖에 없을 지도 모른다. 그 이외에는 이 세상에서 살아가기 위해서 자신의 실제의 모습에 덧입는 것이다. 의식주의 모든 것이 실제의 용도보다 더 과장이 되기도 하고 과소화되기도 하는 차이일 뿐이다.

 실제의 나의 존재를 거의 잊고 세상의 의식주를 화려하게 보이는 것으로 살고 그러한 것을 기준으로 사랑을 선택하고 또 그렇게 사는 사람이 어쩌면 대부분일 수도 있다. 그와는 다르게 자신의 존재의 실체를 인식하고 겸손하게 사랑하는 사람과 서로의 이데아를 사랑하는 일은 매우 고귀한 사랑이다.

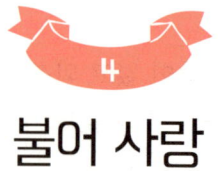

불어 사랑

　사랑하는 사람에게 속마음을 형사에게 고문을 받듯 입 밖으로 불어야 비로소 사랑이 증명되는 고백의 사랑법은 대단히 큰 관심의 사랑법이다. 입으로 나오면 생각과 행동이 뒤따라 나오게 된다. 거짓의 말이라도 그 말이 나오면 그 거짓말 대로 거짓의 생각과 거짓의 행동이 나올 수 있기 때문에 세 치 혀의 위력은 큰 것이다. 단지 그것이 거짓의 말인지는 말을 한 본인이 알고 또 동고동락해온 부부만 남편과 아내의 말이 거짓인지를 알 수 있다. 이때 남편이나 아내가 진실을 '불어'라 말하는 사랑을 할 수 있는 권리를 가진 세상에 유일한 사람이다.

사랑이 고백이여야 하는 이유는 사랑하는 사람에게 나의 모든 것을 다 말할 수 있어야 사랑이기 때문이다. 맹세와 약속도 잊어버릴 수 있지만 나의 속마음을 불어서 고백을 한 것은 일상의 말하던 방식과 전혀 다른 틀을 만들기 때문에 그 고백이 진심에서 나오는 것이면 그 고백은 변하지 않는 사랑이 된다. 고백과 사랑이 함께하는 고백의 사랑은 최고의 관심에서 나오는 사랑이 된다.

누구나 사랑을 표현하는 것은 쉽지만 사랑을 고백하는 것은 마음과 관심이 없으면 쉽게 나오지 않는다. 자신이 스스로 사랑을 고백까지 하지 않았다면 그 사람을 사랑하는 마음이 없었다고 생각해도 틀리지 않을 것이다. 누군가에게 자신의 사랑하는 마음을 그대로 고백한다는 것은 그렇게 고백을 할 수 있는 편안함이 있기 때문에 가능하다.

겉으로는 드러나지 못하고 마음속으로 혼자 생각하거나 혼자서만 알고 있거나 더 나가서 혼자서 비밀로 하고 있는 생각이 사랑일 것이라 생각할 수도 있지만 그것은 사랑이 될 수 없다. 구슬이 서 말이라도 꿰어야 보배라고 하는 말처럼 자신의 생각을 말로 드러낼 수 없는 것은 그 당시에 그만큼 관심이 없었다는 말이다. 말해서 확인하며 속마음을 불지 않고 있다면 그것이 아직까지 사랑이 되지 않은 것이다.

어디까지 말을 다 해야 그 사람과의 사이가 사랑하는 사람이 되는가? 내가 혼자서 생각하는 것까지 다 말할 수 있어서 내 속의 마음을 드러내 보일 수 있을 때 내 모든 마음을 모두 부는 사랑이라 말할 수 있다. 사랑만 고백이 아니라 사랑이 아닌 것도 불 수 있는 모두를 고백하는 사랑이 정말 사랑이다.

관심의 사랑과 고백의 사랑은 종이의 겉면과 속면처럼 두 개이지만 결국은 하나의 말이다. 고백할 마음도 없으면서 관심만 있어도 소용이 없고, 관심이 없으면 자연히 고백할 것도 없다. 따라서 사랑은 관심이 있는 사람이 관심이 있는 사람에게 서로의 관심을 고백해야 사랑이 성립된다. 두 사람이 사랑을 하는 것이면 두 사람이 서로 관심을 고백해야 하는 것이고 혼자서 자기의 마음을 스스로에게만 고백하는 독백으로도 아직 사랑이 아니다.

사랑의 시작은 어떤 과정으로 이루어 지는가? 두 사람이 함께 사랑을 한다는 것은 한 사람이 관심을 보이는 불어 사랑을 할 때, 다른 한 사람은 그 불어 사랑에 응답하는 고백을 함으로써 비로소 두 사람이 사랑을 시작할 수 있다. 이것을 다른 말로 하면 두 사람이 사랑의 공감을 형성하는 것이다. 공감이란 무엇에 대해 똑같이 감정을 가지는 것이 아니다. 음식을 먹고 똑같이 맛있다고 느꼈다고 두 사람 사이의 공감대가 형성된 것은 아니다. 그 음식을 맛있다고 느끼는 수없이 많은 사람이 음식에 대한 평가를 하는 것일 뿐이다.

사랑의 종류

사랑하는 사람에게 공감이란 두 사람의 마음이 하나가 되어서 너의 마음과 나의 마음이 똑같아지는 것을 말한다. 음식을 둘이 맛있게 먹었다는 것과 혼자서 맛있게 먹었다는 것은 음식의 맛이 있었다는 말이고 공감이라는 말을 하는 것은 그 음식을 두 사람이 먹었다는 것에 중점을 두는 것이다. 두 사람의 공감하는 마음이 있으면 무슨 음식을 먹더라도 모두 맛있을 수 있는 것이 서로 함께 맛있게 먹을 수 있는 사랑의 공감인 것이다.

두 사람의 마음이 하나가 되는 일이 얼마나 어렵겠는가? 불어의 과정과 고백의 과정이 없이는 너의 마음이 드러나지도 않고 나의 마음을 드러내지도 않는다. 베일에 싸인 것처럼 떠도는 섬처럼 거리감으로 남처럼 느끼게 되고 혼자인 것처럼 느끼게 되는 것은 서로가 사랑으로 가기 위해 더 불어야 할 것이 있다는 말일 것이다.

남편이나 아내가 만약 마음을 닫고 묵비권을 행사하듯 '왜 귀찮게 간섭이야? 너나 잘해!' 사생활 침해에 불쾌하다는 반응을 한다면 어떤 느낌이 들까? 둘이서 하나가 되어 살자고 했는데 한 사람이 사생활 보장을 주장하면 나머지 사람은 사랑을 빙자한 인권 침해로 인생을 보상받으려 할 것이다.

공감해야 사랑이 시작되는데 나를 드러내 놓는 고백이 없이는 사랑한다는 말은 거짓말이 된다. 고백을 하지 못하는 나의 비밀이 거짓 사랑을 만드는 것이다. 말하지 않는 비밀을 가지고 사랑하는 사람과 하나 될 수 있다는 것은 전혀 불가능한 말이다.

　나의 모든 것을 다 드러내 놓고 말해야 그 솔직함 속에 내가 너에게 갈 수 있고 네가 내게 올 수 있게 된다. 함께 살면서 일어나는 일들을 말하지만 몇 분 전에서부터 며칠 전에 있었던 자신의 마음을 드러내 놓을 수 있는 고백이 있어야 그것이 사랑이 되는 것이다. 자신의 감정을 공유할 수 있는 것은 진정으로 자신을 드러내 보여 줄 수 있는 사람에게만 가능한 일이다.

　불어 사랑과 고백의 사랑이 사랑하는 사람 사이에 일어나는 것이 마땅하다고 말하는 이유는 사람의 일생에서 일어나는 일들이 자신의 감정으로 처리가 되지 못하면 그 일은 누구에게 말하게 되어 있다. 사람의 감정은 밖으로 드러나게 되어있기 때문이다. 세상에서 가장 가까운 자신의 사랑하는 사람에게 자신의 모든 것을 고백한다는 것은 세상에서 가장 아름다운 사랑이 되는 것이다.

사랑의 종류

첫사랑

　첫사랑은 자기가 하고 싶은 것만 하려는 의지를 갖는 것에서 온다. 자신의 감정을 어딘가 자신의 의지로 묶어 놓을 때 첫사랑이라는 단어가 머리 속에 깊이 심어졌기 때문에 그 단어로 평생 동안 매우 강력한 힘을 갖는데 쓴다. 사실은 자신이 그 의지를 만들었는데 첫사랑으로 엮어 놓은 사람의 이미지가 주는 힘이라고 믿기 때문에 그 이미지를 끝까지 가지고 있으려는 것이다. 여기에 자연적으로 파생되는 습관이 생기는데 그것은 무조건적으로 하고 싶지 않은 것은 안 하려 하고 또 하고 싶은 것은 끝끝내 하려는 무모한 것처럼 보이는 성향이 첫사랑이라는 단어에 기생하게 된다.

첫사랑은 기억만으로 사랑이 이루어진다고 믿는 허상의 어리석음이다. '그때 그렇게 못 했는데 꼭 그렇게 하고 싶다.' '그랬을 때 좋았었지.' '다시 한 번 더 그렇게 하고 싶어서 만나고 싶어.' '어떻게 해 주고 싶어.' '어떻게 말하고 싶어.' 등등 모두가 부정의 기억을 가지고 있어서 그 힘이 강한 것이다.

최고의 쾌를 먼저 알게 되는 것이 첫사랑이라는 이름으로 오는 악의 유혹이지만 그것의 실체를 깨달을 수 있는 사람만 첫사랑이란 허상에서 보석 같은 교훈을 얻을 수 있다. 첫사랑이 자신의 사랑에게 주는 교훈은 자신을 지금 옆에서 지키는 사람이 진정으로 자신의 첫사랑이고 마지막 사랑이라는 것을 깨달을 수 있게 해 준다.

자신의 것이 아닌 남의 것을 지키며 나를 봐주기를 바라는 사랑의 구걸이 첫사랑이라고 하는 그럴듯한 포장이다. 사실은 지금은 남의 아내이고 남의 남편을 간음하는 더러운 생각일 뿐이다. 첫사랑에 마음을 뺏기고 첫사랑의 가정법에 사는 사람은 자기의 것이 풍부하고 사랑하며 살 현실이 있는데도 눈이 가려 자신의 사랑하는 사람이 보이지 않고 마음에 들지도 않는 것이다.

없는 것을 있는 것으로 생각하려는 것이 첫사랑의 환상을 실현할 수 있을 것처럼 현실에서 성공을 했다고 생각하면 첫사랑의 망상은 더욱 그 현실에서조차 멀어지는 이유를 강하게 한다. 첫사랑이라는 생각 그 자체는 이래도 저래도 현실에 만족을 할 수 없게 만든다.

왜 그리 첫사랑이라는 개념을 강하게 갖는 것일까? 처음 먹은 음식이 맛있으면 그 음식이 또 먹고 싶은 마음처럼 남는 여운이다. 그 음식을 계속 먹으면 질려서 안 먹고 싶지만 못 먹어 봤으면 그저 먹고 싶은 마음이 드는 것이 첫사랑일 것 같다. 우리가 태어나서 처음 먹은 음식은 모유이다. 모유는 이가 없어서 먹어야 하는 할 수 없는 것이다. 모유의 영양은 큰 것이지만 그 시절에만 필요한 것이다.

모유만 평생 먹은 서태후는 중국의 4대 악명 높은 황후 중의 하나였다. 영양으로 먹었는지 마음의 위로를 얻기 위해 먹었는지는 알 수 없지만 아이가 있는 산모들을 매일 모아 와서 아이처럼 모유를 먹었다고 한다. 밤마다 볼일을 보고 나면 그 남자는 죽임을 당하곤 했다고 하니 첫사랑처럼 모유를 못 끊는 것이 분명 정신이 이상한 짓임이 틀림없는 것 같다.

처음으로 사랑의 기분이 들었다고 죽을 때까지 그 기분이 사랑이라며 행동을 하는 것은 어쩌면 모유와 함께 기저귀를 차고 평생을 있으려는 것과 같은 짓일 거라는 생각이 든다. 아이들에게는 모유를 떼고 기저귀를 그만두는 일은 어려운 과업이 분명하다. 그러나 아이가 모유와 기저귀를 그대로 있고픈 마음은 게으름의 상징이지 첫사랑처럼 아름다운 환상으로 계속할 것은 아닌 일이다.

사랑의 해법

축구 선수로 유명한 손흥민은 어린아이때 공을 가지고 놀기를 좋아해서 축구 선수가 되기 위해 연습을 하였지만 공만 가지고 연습을 했을 뿐 본격적으로 슛을 연습한 것은 18세가 되어서였다고 한다. 공에 대해 아는 것과 슛을 하는 것을 아는 것은 다른 이야기라는 말이다. 슛을 먼저 연습하면 그 쾌감으로 슛이냐 아니냐로 잘 넣었던 슛만 꿈꾸느라 더 이상 공에 대해 알려고 하지 않을 것이다. 공을 연습하는 것보다 슛이 더 재미있으니까 재미를 먼저 알면 어려운 연습으로 실력을 쌓는 일을 안 하는 것이다.

첫사랑도 사랑이 무언지 모르면서 심적으로만 사랑이라는 쾌감에 고정되었던 최초의 사람은 아마 아담과 이브였을 것이다. 이들은 사랑이 무엇인지도 모르는 채 연습도 없이 쾌락을 아는 슛을 먼저 한 것이다. 자신의 몸이 어떤 것인지를 모르는 상태에서 쾌감만 알았기 때문에 정신으로 사랑을 하려는 생각이 아예 없었는지 모르겠다.

첫사랑이라 말하는 시기도 사랑이 무엇인지 알기 위해 필요한 과정이지 그것이 사랑 그 자체는 아니다. 사랑의 능력도 쾌감의 감정에 앞서 사랑에 대한 사고가 필요한 것이다. 지금의 사랑이 있기까지 겪어야 하는 과정일 뿐 첫사랑이라고 고정시킬 수 있는 사랑이란 없다.

사랑의 종류

원효대사는 한밤에 목이 말라서 바가지에 물이 들어 있는 것이 보여서 매우 맛있게 그 물을 마셨다고 한다. 새벽이 되어 자신이 마신 물이 해골에 고인 물인 것을 알고 토를 하였다는 말이 있다. 첫사랑이라는 말도 위의 이야기와 같을 수 있다. 원래 그런 것인데 단지 사람이 못 보는 것 뿐이다. 첫사랑이라는 실체도 사실은 추한 것일 수 있다. 거절을 당한 것을 보기 좋게 거절 받았다고 좋은 것이라고 감추는 것이다.

사랑은 지금 하는 것이다. 그리고 구슬이 서 말이 있어도 꿰어야 보배가 되듯이 사랑은 사랑하는 사람에게 그 무엇인가를 할 때 비로소 사랑이 되는 것이다. 첫사랑으로 지금 배울 수 있는 교훈이란 사랑을 하지 않으면 사랑이 될 수 없다는 것을 기억한다면 지금 내 옆에 사람이 지금 이 순간에 첫사랑이란 것을 알 수 있을 것이다.

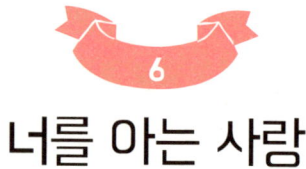

너를 아는 사람

    끊임없이 서로를 알아가는 과정이 사랑을 튼튼하게 키워가는 힘이 된다. 두 남녀가 서로 사랑하며 너를 끊임없이 알아가는 이유는 지금 너에게 필요한 존재가 되어주려고 내가 하는 노력이 있다는 것을 나타내는 것이다.

    사람들은 쉽게 사랑하는 사람이면 이렇게 저렇게 해 주어야 한다고 불평을 하지만 그것은 그 사람이 나에게 그렇게 해 주어야 하는 이유를 알지 못한다는 말일 수도 있다. 엄밀히 말하면 내가 원하는 것을 그 사람에게 알려주면서 알게 했는지 구분할 수 있다. 그런데 나는 여기에서 사랑하는 사람에 대해 몰라도 된다고 하는 사람

사랑의 종류

이 있다면 시간을 낭비하며 거기에 대한 글을 쓰지 않겠다. 왜냐하면 모른다면 관심이 없고 거기에는 사랑이 없기 때문이다.

그런데 사랑하는 사람이 무엇이 필요한지 알고 있는데 해주려고 하지 않는 사람에 대해 한번쯤은 짚고 넘어가겠다. 왜 네가 무엇을 원하고 필요한지를 알고 있으면서 내가 너의 필요한 것을 해주지 않는 것일까? 지금부터 사랑하려는 마음을 없애려고 작정을 하였다는 의지로 해석을 하는 편이 나을 지 모르겠다.

진짜로 너를 사랑하지 않으려 하거나 아니면 너에게서 내가 필요한 것을 받기 전에는 나도 주지 않겠다는 버티는 사랑을 하겠다는 것임에 분명한데 이 둘 다 내가 너의 필요한 것을 충족시켜주지 못하겠다는 말이고 그 마음에는 어디에도 사랑이 있다는 것을 찾을 수 없다.

이러한 상황은 매우 슬프고 안타깝지만 우리의 주변에서 또 개인의 삶에서 매우 흔하게 일어나는 사랑하는 사람들 사이의 갈등일 수 있다. 이러한 경우의 해법은 무엇일까? 사랑하는 사람에게 아무리 어떠하다며 자신에게 무엇을 해 주기를 바라는 말을 해도 아무런 소용이 없다는 것을 인정하는 사람들이 있을 것이다.

지금 완성이 된 상태를 보고 사랑을 하는 것이 아닌 앞으로 변화될 수 있는 잠재력까지 믿고 그 상태를 향해 가기 위해 사랑하려면 그 사람을 알아가는 과정이 필요하다. 사랑하는 사람의 사이가 서로 가까워졌다고 그래서 서로가 다 알았다는 섣부른 판단을 하는 사람은 서로의 단점과 약점을 알았다는 말을 하는 것일 수도 있다.

사람의 허물이 보이면 다음의 단계는 서로가 멀어질 일만 있다. 사랑을 위해 서로가 서로를 알아 가는 것은 누구에게나 다 있는 약점들을 보완해 줄 수 있는 방법을 찾고 끊임없이 숨어 있는 좋은 점을 알려고 노력할 때 서로의 거리는 가까워지고 그 거리만큼 서로의 단점도 변할 수 있는 용기를 가질 것이다.

결혼은 서로가 가까워지려는 노력의 결과이고 산물임에 분명하지만 결혼으로 서로가 가까워졌다고 판단하고 그대로 안주하는 것은 매우 위험할 수도 있다. 서로 사랑하는 사람들은 자신을 오픈하기 때문에 서로가 가까워졌다고 오인을 하거나 다 알았다는 생각이 들게 된다. 이것은 편안한 마음을 갖게 할 수도 있지만 더 이상 신비도 없고 궁금한 것도 없는 무관심의 상태로 향할 수도 있다.

아는 것을 지식이라고 한다. 사물과 현상에 대해 그것이 무엇이라는 본질과 어떻게 움직이는 지에 대한 방법 등을 알면 그런 사람을 우리는 박식하다고 말을 하곤 한다. 그렇다면 사물과 현상이 아닌 사람에 대해 아는 법은 있을까? 사람의 관계 속에서 사람을 잘 안

사랑의 종류

다는 것은 그 사람의 말과 행동의 패턴을 안다는 말과도 같을 것이다.

그 사람이 어떻게 사랑하는 사람인지는 그 사람을 사랑해 봐야 알 수 있고 그 사람을 알려면 그 사람과 오랜 세월을 살면서 동고동락을 해야 알 수 있다. 그것은 그 사람과 함께 살면서 그 사람의 말을 통해 나를 위해 무엇인가를 하고 너를 위해서 무엇인가를 할 때에만 그 사람의 진짜 모습을 알 수 있다.

무엇인가를 모르면 알도록 하면 된다. 그런데 알려고 하기 이전에 감정이 먼저 모르는 것에 대해 부족한 것을 부정적으로 인식하기 때문에 사랑하는 사람의 사랑을 알기도 전에 감정으로 좋다 나쁘다는 양자택일의 선입관을 먼저 갖는 것이다. 사람에 대해서도 몰라서 이해가 안되면 알려고 노력하면 되는데 그 사람이 이해가 안되는 것은 그 사람에 대한 이미 부정적인 감정이 더 이상 그 사람을 알려고 하지 않는 것이다.

어떤 사람에게 매우 긍정적으로 좋다는 이유도 모르는 선입관이 사람에게 들어가는 경우도 결과는 같다. 무조건 좋다는 감정의 선입관 역시 그 사람에 대해 정확하게 알려고 하지 않고 내가 그로 인해 어떤 감정을 받을 수 있는지에 고정하게 된다.

반대로 모르는 사람에 대해 다 알고 나면 그 사람을 머리로 이해하고 사랑할 수 있는데 사람의 감정은 그러기 전에 그 사람에 대해 다 알았으니까 그것으로 충분하다고 느끼고 이제 됐다는 감정이 생기면 더 이상 긴장을 하거나 조심할 필요가 없다고 판단하면 그 사람에 대해 예의가 없어지기 시작할 수도 있다.

　　모르는 사람에 대해 부정적인 감정을 갖는지 긍정적인 감정을 갖는지는 순전히 자기 마음대로 결정을 한다. 그 사람에 대해 모르는 것을 상상력적 사고를 갖고 좋게 생각하겠다는 마음을 가지면 아는 것이 없어도 다 안 것처럼 자신을 봐주기를 바라는 감정을 가질 수도 있다. 정복하고 싶은 마음일 수도 있고 욕심이라고 표현할 수 있지만 자신의 내부에서 발생하는 감정의 문제에 따라 사람을 판단해서 더 이상 알 필요가 없다고 생각할 수 있다.

　　사랑하는 사람에 대해 아는 것이 다르게 나타날 수 있다면 도대체 어떤 것이 너를 아는 것 일까? 사랑하는 사람을 아는 것만으로는 아무런 소용이 없을 수도 있다. 알면 다 된 것으로 더 이상의 신선함이 없어질 수 있고 반대로 무시하는 방향만으로 갈 수 있기 때문에 아는 이유가 사랑하는 것과 다를 수도 있다. 내가 사랑하는 사람에 대해 안다는 것은 그 아는 것으로 다시 사랑하는 사람을 사랑하기 위해 쓸 수 있어야 비로소 그 사람을 알아야 하는 목적이 되고 그 사랑을 위해 끊임없이 사랑하는 사람에 대해 알려는 노력을 하는 것이다.

사랑의 종류

필요충분조건의 사랑

사랑이 필요한데 필요한 만큼의 충분함을 느끼는 필요충분이 조건이 되는 사랑은 사랑하는 사람과의 관계를 형성하는 사랑이다. 세상에 혼자서 할 수 없는 일 중의 하나는 사랑하는 일이다. 물론 혼자서 자애를 하는 것을 사랑이라고 말하겠다는 주장도 있을 수 있지만 그것은 사랑이 아닌 자기 좋을 대로 하는 것의 끝이기 때문에 사랑보다는 병적인 이기심에 가깝다.

사람이 혼자서 살아갈 수가 없는 존재라는 것을 증명하는 것은 가능하다. 만약 내가 춤을 추고 싶고, 술을 먹고 싶어도 또 내가 예쁜 옷으로 치장을 한다고 해도 옆에서 나를 보아주는 사람이 아무도 없이 달랑 혼자서 이 세상에 살고 있다면 그렇게 하고 싶은 짓은 몇 분도 가지 못해 지루하고 허무하다고 느낄 것이다.

　사람은 사람과 함께 살아야 하고 그렇지 못하면 동물이라도 함께 교류하며 살게 되어있다. 세상을 살 때 나를 봐주는 사람이 필요하지만 아무 사람이나 많이 나를 봐주기를 바란다면 그것은 장난이다. 사랑하는 사람이 얼마나 마음으로 나를 봐주고 또 어떻게 봐주는가에 따라 그 사람에게서 필요충분의 정도와 만족도가 달라지는 조건이 될 수 있다.

　자신의 진실한 짝인 남녀가 만나더라도 그 사람들이 진정으로 사랑을 하지 못하는 이유 중의 하나는 자신의 욕구와 그 욕구에 합당한 가치를 부여하는 일이 잘못 연결되기 때문이다. 성경 속의 아담과 이브는 인간이 혼자서 살 수 없어서 이브가 생겨난다. 이브는 아담의 갈비뼈이기 때문에 둘이 하나로 있어야 한 몸이 될 수 있다는 의미를 준다. 그런데 아담과 이브는 서로가 필요에 따라 하나였다가 필요가 충분하지 못한 조건이면 서로 쉽게 떨어져 둘로 분리되었다. 사랑이란 이렇게 둘이 된 사람을 다시 하나로 만드는 것이다.

　남녀가 서로 사랑하는 것이 나의 욕구에서 비롯되는 것인지 너를 위해 내가 희생하는 고급의 가치를 실현하는 일인지를 구분할 수 있으면 두 사람의 사랑은 서로의 필요충분조건에 합당한 사랑이 될 수 있을 것이다. 나만 혼자서 좋아하는 기준을 가지고 외부의 사람을 보며 좋아하는 것이 사랑이라고 규정할 수 없다. 도리어 스토커라는 말이 더 적절한 표현이다. 이러한 행동이 위험한 것은 내가 혼자서 좋아하는 것에 그치지 않고 내가 너를 좋아하는 이유를 자기 마음대로 붙이면 그것이 본인 스스로가 대단한 가치를 가지는 사랑으로 착각을 하게 된다.

자신이 정해 놓은 필요에 자신이 충족을 하기 위한 것이 사랑이라고 말하지 않는다. 사랑이라는 이름으로 자신에게 이득이 되는 것이 있을 때만 사람을 이용하게 될 수 있기 때문이다. 자신이 혼자서 하는 일에는 자신의 능력에 맞는 필요 충족을 위한 노력이 있어야 한다. 그러나 두 사람이 하는 사랑은 한 사람만의 필요와 그것을 만족하는 것만으로는 불충분하다.

나를 좋아하는 사람이기 때문에 내가 좋아해 주어야 하는 것만으로도 사랑이 될 수 없다. 이때는 아무나 다 사랑 할 수 있다는 함정이 있기 때문이다. 너의 필요를 충족시키는 수단만으로도 사랑이 아니다. 이때는 사랑이 누군가를 대접하기 위한 수단으로 사용될 수도 있다. 무엇을 지불 받아야만 하는 대가를 바라는 마음이 있으면 '너를 위해 내가 해준 것이 이러저러한데 나에게 이것 밖에 안 돌아오느냐?' 이것은 물물 교환이지 사랑과는 거리가 먼 것이다.

사랑의 해법

사랑이 필요와 충분의 정도로 측정되고 거기서 부족하면 아쉬움과 미련이 남는다고 하고 그 부족함을 어디선가 메꾸려고 할 수도 있다. 더욱이 사랑을 유지하기 위해 몸의 욕구를 드러나는 것으로 대치되고 있지는 않는지 한번쯤 생각을 해 볼 필요가 있다.

사랑을 혼자서만 한다면 사랑이 그렇게 어렵고 복잡한 일은 아닐 것이다. 또 사랑을 둘이서 한다고 둘이 각각 서로의 필요충분조건만 만족하면 끝나는 일이라 해도 사랑이 그리 어렵지만은 않을 수 있다. 너 필요한 것 해 주었으니 나 필요한 것을 해달라고 하고 또 나 필요한 것을 해 주면 너 필요한 것을 해 주는 주고받기가 매우 기초적인 사랑의 한 방법일 수 있지만 그것이 사랑은 아닐 것이 분명하다.

사랑은 두 사람의 마음이 합해지는 합의에서 시작한다. 이것은 너에게 주었으니 내게도 해 주어야 하는 의무와 권리와는 다르다. 그것이 어떻게 다를까? 사랑으로 너에게 하는 것과 네가 내게 했으니까 나도 너에게 하는 것을 겉으로 구분하기는 어렵다. 겉으로 드러나는 행동은 같아 보일 수도 있다. 그러나 마음이 문제가 된다. 내가 좋아서 네가 좋다는 것을 하고 싶은 마음인지 아니면 그렇게 해야만 하기 때문에 의무감으로만 하는 것인지의 차이이다.

내가 좋아서 너를 사랑하는 것이 너를 사랑하는 것이다. 그러

사랑의 종류

나 너를 위한 사랑이라고 말할 때는 내가 좋은 것인지 내가 좋지 않지만 너를 사랑하는 것인지에 대한 명확한 구분도 있어야 된다. 그러면 내가 좋은 것에는 불만이지만 너를 위한 것에는 만족일 수도 있다. 이때 기꺼이 너를 위한 것을 생각하고 싶은 마음이 든다면 비로소 사랑이 되는 것이고 서로의 필요충분조건을 넘어갈 수 있는 사랑을 하게 되는 것이다.

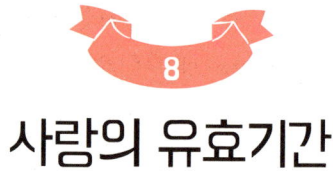

사랑의 유효기간

이 세상에 존재하는 모든 것은 다 그것들만의 유효기간이 있다. 각자가 존재하는 모양이나 방식들이 달라서 그 유효기간의 길이도 각각 다 다르다. 유효기간이란 일정 시간이 지나면 죽어 없어지거나 완전 다른 형태로 변화해 버릴 수 있는 기간을 말한다. 배추가 김치가 되기도 하지만 썩은 배추는 쓰레기통에서 썩는 냄새를 풍기며 버려지는 것처럼 그 차이는 배추의 유효기간 안에 어떤 변화의 과정이 있었는지에 따라 달라진다.

사랑도 똑같이 유효기간이 지나면 썩는다. 시간이 지나면 환경도 변하고 환경이 변하면 마음도 달라지기 때문이다. 사랑한다고 했는데 죽어서 썩는 냄새만 나는 사랑이 있는가 하면 험한 세월이 지나 푹 썩었지만 향기가 나는 진짜 사랑으로 다시 변화되는 사랑이 있다.

어떻게 썩는데 고약한 냄새로 혐오의 모습이 아닌 향기가 나는 사랑으로 남을 수 있을까? 도대체 썩는 것이 왜 다를까? 썩을 때는 그 가지고 있는 성분들이 모두가 다 분해된다. 냉장고에 넣어 두어도 유효한 기간이 지나면 음식들이 더 빨리 썩기도 하고 더 늦게 썩기도 하는데 결국 시간이 지나면 썩게 되어 있다. 이때는 보이지 않던 기름도 나오고 끈적거리는 점액질도 생긴다. 원래 함께 있다가 서로 함께할 수가 없어서 서로의 성질들이 갈라져 각자의 성질로 분해된 성분이 다시 공기와 뒤섞여 각자 다시 합성을 한 것이다.

사랑하는 사람들도 썩으면 이와 같은 모습이 될 거란 생각이 들었다. 처음에는 서로의 좋은 것으로 함께 뭉치지만 그 뭉치는 시간이 지나면 사랑에 아무런 대책이 없는 사람들은 사랑이 변질되는 것이 자신들도 모르게 찾아온다. 서로가 각자의 개성으로 분해하기 시작을 하는 것처럼 보이기도 한다.

'너는 이렇고 저렇고' 그러면 상대방도 '너도 이렇고 저렇고' 서로가 이런 분해를 계속하면 그러한 분해는 끝까지 가는 것 같다. 서로가 더 가까울수록 더 분해될 것이 더 나오게 되는 것이 어쩌면 당연할 수도 있겠다는 생각이 든다. 서로 가까운 사이라는 것은 그만큼 더 서로 안다는 의미가 되고 서로가 모르면 이렇고 저렇고조차도 모르기 때문에, 즉 접촉이 없어서 분해도 일어나지 않는다. 서로가 하나가 되려고 붙는 과정이 부패의 과정에 필연적이기 때문에 사랑하는 사람들이면 이러한 아픔의 과정을 피할 수 없는 일일 수도 있다.

　사랑하지 않거나 쇼윈도 부부처럼 남에게 보이기 위해 가짜 사랑을 합의한 사람이라면 '너는 너, 나는 나'로 살아가기 때문에 서로가 자신을 분해하지 않아도 이익사회의 관계로만 살아갈 수 있다. 공동사회라는 가정을 만든다는 것은 너와 내가 쪼개질 때까지 분해가 되어야 너도 아니고 나도 아닌 진정으로 사랑하는 부부가 만들어질 수 있다.

　사랑하는 사람들의 사랑이 썩은 배추가 되어 쓰레기통이 아닌 김치통으로 들어가려면 어떻게 해야 할까? 죽어 냄새나는 사랑으로 남겨지지 않고 진짜 사랑을 할 수 있을까? 배추가 썩을 때의 방법과 김치가 되는 때의 방법은 무엇을 기준으로 두는 가에 따라 썩기도 하고 새로운 모습으로 변하기도 한다.

　사랑을 위해 서로가 어떻게 변해야 할 것을 미리 정하고 실천해서 자신의 모습을 상대방에게 맞추어 놓는다면 김치를 만들기 위해 배추가 소금에 절여지듯 참사랑을 위해 자신을 먼저 변화하는 것이다. 자신이 변한다는 것은 자신 스스로가 분해하는 일이다. 어떠한 행동은 어떠한 것 때문에 나올 수 있다는 것과 자신이 어떻게 흥분을 한다는 것을 분석하고 자아를 쪼개서 낱낱이 파헤치는 일이다. 그러면 자신이 사랑하는 사람을 위해 무엇을 어떻게 썩어서 새로이 변해야 하는 것을 미리 알 수 있기 때문이다.

사랑하는 사람을 사랑하기 전에 자신의 장단점을 철저히 분석할 수 있는 사람은 거의 없을지도 모른다. 그러나 사랑하는 일에 무언가 문제가 생겼을 때라도 그것이 자신의 문제일 수 있다고 차후에도 자신을 분해할 수 있으면 향기나는 사랑으로 갈 수 있는 확률이 많아질 것이다. 그러나 많은 사람들은 서로가 서로의 약점들을 모두 밝히며 상대방을 분해하는 것만 잘하는 것 같다.

자신의 사랑이 썩고 있는 사람들은 이제 그만 썩는 유효기간을 끝내야만 한다. '이제 여기 까지가 끝이다.'라는 마침표가 있어야 하고 그 다음은 '어디로 돌아가야만 한다.' 썩는 사랑이 끝나고 내가 돌아가야 할 마음이 어딘지 알아야 한다. 자기 자신 속에 분해되지 않는 것 때문에 사랑이 부부로 형성되지 못했다는 것을 모르는 우매함에서 사랑을 위해 자신을 썩히는 과정으로 돌아서야 한다.

참사랑으로 변하기 위해 자신이 하고 있는 엉망이 된 사랑을

사랑의 해법

끝내고 돌아가야 할 곳은 자기 자신의 모습이다. 영혼이 자아 속에서 외부에서 손상된 모든 것에서부터 홀로 분해가 되었을 때 자신의 순수성을 지닌 개체로 돌아갈 수 있게 된다. 이 최소한의 분자로 쪼개졌을 때 사랑할 수 있는 사람으로 새로 태어날 수 있게 된다.

환경과 경험과 기억들은 자아의 순수성을 지닐 수 없게 만드는 방해물의 역할을 한다. '나만의 존재'에서 다시 지금의 환경과 인간관계를 새로 형성할 수 있는 기회를 가질 수 있게 된다. 이것은 자기 스스로에게 보내는 삶의 용기라고 말할 수 있다. 현재를 새로 시작하는 삶을 찾을 때 사랑의 유효기간은 끊임없이 연장될 것이다.

사랑의 종류

수목 사랑

    나무와 물이 서로 사랑하는 관계는 서로 죽고 사는 떼려고 해도 뗄 수 없는 사이일 것이다. 나무에게 물은 생명수 그 자체이기 때문이다. 남자와 여자의 사랑을 수목 사랑이라고 하고 싶은 이유는 결혼한 남녀의 사랑은 이 세상에서 더 이상의 사랑을 찾을 수 없을 서로에게 매우 긴밀하고 소중한 사이기 때문이다.

    나무가 물을 빨아들이는 수목 사랑은 눈에 보이지 않지만 매우 바쁜 사랑법이다. 나무를 살리기 위해 물을 찾는 나무의 뿌리는 마치 사랑하는 사람의 생명을 지키고 소중히 여기며 오직 사랑하는 사람이 사는 일에 온 정성을 다하는 절실함으로 엮어진 관계이다.

결혼하고 사랑하는 남녀가 가정을 지키며 사랑하는 모습이 이런 모습이 아닐까 생각한다.

나무가 항상 쉼 없이 성장을 하고 있듯이 사랑하는 사람의 사랑도 그렇게 성장하는 사랑과 같아야 한다. 나무가 성장을 멈추면 그 나무는 생명을 다한다. 그것처럼 사랑하는 사람 사이의 사랑도 그 사랑하는 사람이 지금 내 옆에 존재하기 위해선 그 사람과의 사랑은 쉼 없이 성장을 계속해야만 하는 것이다. 사랑이 성장한다는 말은 어제의 비는 오늘 해에 사라지며 다시 나무에 물을 주어야 하는 것처럼 사랑은 쉼이 없어야 하는 것이다.

나무가 물을 흡수하는 것은 어디서 어떻게 들어와서 나무로 옮겨가는지 알 수 없을 정도로 조용한 사랑법이다. 사랑이 사람에게 전해지는 것도 이처럼 소리 소문도 없이 전해진다. 나무와 물은 어느새 하나로 변해서 나무물이 되는 것이다. 그 미세하게 천천히 흡수되어야만 나무와 물이 하나 되는 것도 우리가 물을 컵으로 꿀꺽꿀꺽 마시듯이 하는 것과는 다른 방법일 것 같다.

수목 사랑은 떠들썩하게 사랑을 드러내려는 사람들에게 무언가 교훈을 주고 있음이 분명하다. 겉으로 사랑이 아니라 마음에서 마음으로 전해지고 그 마음으로 사랑하는 사람의 생명을 살리는 빠른 움직임이 사랑이라고 말해준다. 나무가 물과 하나 되는 과정은

사랑의 종류

아마도 그렇게 서로에게 아주 작은 것을 포용해야만 하나가 된다는 것을 가르쳐주는 것 같다. 서로의 가장 작은 것까지도 알아낼 수 있는 마음의 사랑을 할 수 있어야 하는 것이 부부의 사랑일 것이다.

게으른 사람은 절대 사랑하기 어려운 사람이다. 이런 사람의 변명은 하나같이 바쁘다는 말을 하고 예전에 사랑했던 행동이 지금 사랑하는 것처럼 말하기도 한다. 이 사람의 사랑을 나무와 물이 사랑하는 것에 비긴다면 물이 없어서 말라 죽은 나무와 같다는 것을 모르는 것이다. 게으른 사람은 과거가 현재인 줄 아는 것이다. 죽은 것이 산 것처럼 없어진 죽은 시간을 지금 살아있는 현재라고 굳이 우기려는 사람일지도 모른다. 소유란 물건만 하는 것이 아니라 예전의 시간까지도 소유한다고 여기는 것이다. 시간은 이미 바람처럼 사라졌는데 그곳에 사랑이 어디에 남아 있겠는가?

사랑을 단지 소유하는 것이라면 단 한번의 소유의 절차만으로 사랑은 다 이루어지는 것이 된다. 그렇다면 사랑은 소유가 없는 것일까? 사랑은 사람을 소유하는 것도 분명히 있어야 누가 누구의 사랑하는 사람임이 드러나게 된다. 그리고 더 필요한 것은 자신의 소유인 사랑하는 사람과 사랑하는 삶이 지금 있어야 사랑하는 사람이 된다. 소유와 삶이 함께 존재해야 그곳에 사랑이 있는 것이다.

사랑의 해법

사랑을 나무처럼 키워가려면 사랑은 소유와 함께 계속되는 어떠한 과정이 있어야 한다. 사랑의 과정을 물과 나무가 함께하는 것에서 찾아보면 어떨까 한다. 나무와 물은 하나로 존재하려면 물이 너무 많아도 썩어서 죽고, 너무 물이 없어도 말라서 죽는 서로가 서로를 잘 조절해 주는 관계여야 가능하다. 사람도 남녀가 서로 함께 사랑을 하며 삶을 살아가려면 사랑을 유지하기 위해 소유와 삶의 조화를 가지는 사랑은 서로를 세심하게 살피는 생명수와 같은 사랑이 될 것이다.

나무가 물을 흡수하는 비유는 아마도 부부가 서로의 대화가 나무물이 되듯 서로 통해서 하나가 될 수 있어야 가능할 것 같다. 부부가 서로의 사랑이 되는 것은 물이 흡수되는 것처럼 서로의 말로 하나가 될 수 있을 것 같다. 어떤 부부가 대화를 할 때 서로 말이 통하지 않는 것은 그 사람들이 말하는 방법에 문제가 있기 보다는 말하는 사람이 올바른 말을 구분해서 쓰지 않기 때문에 그 말의 의미가 흡수되지 못하는 것이다.

많은 남자들이 여자는 사랑스럽게 말하고 웃으면서 말해야 자신들에게 좋은 말을 한다고 생각한다. 또 많은 여자들도 남자들이 말수가 적고 친절하게 말하며 예의 바르게 말하면 자신들에게 관심이 있고 좋아한다는 생각을 하곤 한다. 이것은 매우 필요하고 중요하며 누구나 그렇게 말을 해야 사랑이 이어 갈 수 있지만 늘 그런 예의로 웃으면서만 말할 수 있는 부부는 이 세상에 존재하지 못할 것이 분명하다.

어떻게 부부가 말을 하는 것이 옳은 것일까? 진솔한 대화를 할 수 있어야 한다. 진심으로 하는 말을 서로 주고 받을 수 있어야 한다는 말이다. 이러한 대화는 어떤 내용이어야 한다고 한마디로 말할 수 없지만 대화를 위해 반드시 해야 하는 것은 사랑하는 사람이 들어서 사랑이라 느끼게 하는 말일 것 같다.

어떤 물을 마시는 것이 옳다는 명제보다는 물에 불순물인 흙탕물이 함께 있으면 불순물을 건져 내야만 한다는 것은 분명 물을 마실 수 있는 기본 조건이기 때문이다. 진솔하다는 것은 세상사에 시달릴 때 이러한 세상사의 외부를 걷어낼 수 있도록 청정을 유지하는 마음이다. 서로 말을 주고 받는 대화는 감정을 보살피며 하는 마음이 있어야 나무물처럼 부부의 사랑도 하나가 될 수 있을 것 같다.

사랑의 해법

태극의 사랑법

　찌글 째글한 남녀의 사랑을 태극의 모양이 서로 교차하며 움직이는 것으로 비유할 수 있는 것은 남자와 여자의 다름에서 오는 성격의 차이를 사랑으로 극복하기 위해 필요할 것 같다. 성격이라고 하면 우선 떠오르는 것이 '성격이 급하다'는 것과 '성격이 느긋하다' 또는 '이기적이다'와 '이타적이다' 아니면 '적극적이다'와 '소극적이다'로 표현한다. 두 남녀가 서로 극과 극처럼 보이는 이 둘의 성향은 때에 따라 앞서고 뒤서며 서로 교대로 하는 사랑법이다.

　사랑을 찌글 째글하다는 것은 행동의 다양성으로 사랑을 서로 키워가는 창조의 사랑법이다. 둘이 사랑을 하는데 변하지 말아야 하는 것도 있어야 하지만 변화되는 행동도 있어야 한다. 사랑의 마음은 변하지 말아야 하지만 사랑을 표현하는 방법은 새로워져야 하는데 이것은 사랑을 두 사람이 서로가 새롭게 움직일 수 있게 해주는 힘이다.

남녀가 서로 사랑을 하려면 성격의 성향이 같아야 한다거나 달라야 한다라는 우스꽝스런 주제를 말하려는 것은 아니다. 어떻게 그러한 성향을 극복할 수 있는가 방법을 찾으려 한다. 사실 성격이 급하다고 해도 사랑하는 남녀가 서로 얼마나 더 성격이 급한가를 따질 수 있게 측정할 도구가 없다. 다만 성격을 서로 비교해서 다르다고 가정을 하는 것이다.

성격이 다르다는 것은 서로가 찌글 째글한 두 사람이 공생의 사랑을 하는 것을 말한다. 단지 성격의 어느 부분에선 한 사람은 더 하고 다른 사람은 덜한 차이가 있는 것이다. 이를 태극의 모습으로 생각해서 서로 그 차이를 함께 돌리면 누군가의 장점이 다른 사람의 모자라는 단점을 채워 줄 수 있어서 찌글 째글 사랑을 한다면 두 배로 커지는 공생의 신비일 수 있다.

사랑하는 남녀가 서로 평등한 것은 서로가 사람이라는 인권이 가지는 권리와 능력은 똑같아서 평등한 것이지 남자와 여자는 그 역할도 다르고 사랑하는 법도 유별하다. 남녀가 사랑을 할 때 남자의 사랑과 여자의 사랑은 똑같이 평등하지 않다는 것을 알아야 남녀 사랑은 서로가 존중을 받을 수 있게 된다.

서로가 존중한다는 말은 한 사람이 한 사람을 존중할 때 존중을 받는 사람은 높여지고 존중하는 사람은 사랑하는 사람이 존중받도록 낮아져야 하는 두 사람의 사랑이 서로 찌글 째글 톱니 바퀴처럼 맞물리는 사랑이다. 이러한 맞물림이 서로 take&turn하는 것이 서로 평등하게 만드는 것이다.

존중이란 존중하는 사람과 존중을 받는 사람이 있어야 성립한다. 존중하는 사람은 다른 사람에게 져주며 낮아지고 반대로 존중을 받는 사람은 다른 사람에 의해서 높아지고 이기는 사람이 된다면 사랑은 평등하지 않다는 것이 성립한다. 그러나 태극의 사랑처럼 서로의 입장을 바꿀 수 있으면 사랑이기 때문에 자신을 낮추어 보잘 것 없어지는 사랑하는 사람을 다시 높여주고 존중해 주어야 서로가 참 사랑의 자격을 갖는 습관을 갖게 된다.

사랑이 사라지고 사람 사이의 관계가 각박해지는 것은 모든 사람이 평등하다는 사고를 고정해서 변하지 않으려 하기 때문일 수 있다. 가진 것과 높아진 사람이 스스로를 낮추는 겸손함이 없으면 없는 사람과 낮아진 사람을 업신여기고 무시하는 것이 인간의 평등사상에서 파생된 것처럼 보인다. 똑같이 공부할 수 있는 기회와 똑같

사랑의 종류

이 돈을 벌 수 있는 권리가 주어진 것만 평등한 것으로 보는 것이 자본주의 사회구조가 이러한 지배의 구조를 만연하게 하는지도 모르겠다.

평등한 기회가 주어진 사회에서 각자의 노력의 결과로 가지게 된 모든 것들이 평등의 결과로만 생각하기 때문에 가지지 못한 것은 개인의 노력의 부족이라는 자본의 결과론으로 사람을 판단하면 인간적인 면에서 사랑이란 사라질 것이다. 사랑하는 사람을 볼 때 그 사람이 사회에서 얼마큼의 노력의 결과를 성취했는지에 대한 우위로 사랑의 척도가 될 수 있다.

자본이 사람을 존중하는 척도가 된다면 존중의 척도인 자본의 부유함과 빈곤함이 변하지 않으면 존중은 고정되게 되고 그 자체가 평등으로 인식하는 것을 사랑으로 돌리는 힘이 태극의 원리이고 그렇게 두 사람이 서로를 사랑으로 감쌀 수 있는 사랑이 협동의 사랑이다.

사랑하는 사람을 존중하는 것은 사랑을 유지하는 힘이다. 한 사람이 그러한 존중을 주었으면 존중을 받아서 다시 존중을 되돌려 주는 관계가 성립되어야 남녀가 사랑할 수 있는 관계가 된다. 밥을 해 주는 사람만 있어도 사랑이 아니다. 밥을 해 주는 사람이 있으면 밥을 맛있게 먹는 사람도 있어야 하는 것처럼, 존중과 사랑도 주는 줄 알아야 하고 받을 줄도 알아야 한다.

　　사랑은 주는 사람과 받는 사람이 한 짝이라서 그 사랑을 서로 교대로 또 주는 사람이 받는 사람으로, 받는 사람이 주는 사람으로 계속 도는 태극의 사랑이여야 한다. 존중을 받을 줄 안다는 말은 존중하는 사람의 마음을 받는다는 것을 의미한다. 남녀가 서로 사랑한다는 말도 사랑을 하는 사람이 있으면 사랑을 받을 사람도 있어야 한다는 말이다. 이 관계가 끊임없이 이어지는 사랑이 톱니 바퀴처럼 찌글 째글하고 태극처럼 서로 계속 도는 사랑이다.

사랑의 종류

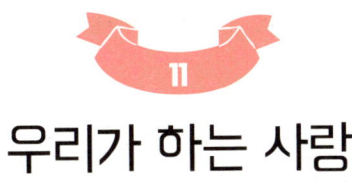

우리가 하는 사랑

　사람들은 자신이 남편을 사랑한다고 하고 또 자신이 아내를 사랑한다고 한다. 남편이 아내를 사랑하는 것이 분명하고 또 아내가 남편을 사랑하는 것도 분명하다. 그런데 그 남편과 그 아내가 둘이 서로 사랑하는 것은 분명하지가 않을 때가 있다. 때로는 둘이 사랑을 하는 것 같지만 때로는 혼자서 사랑을 하는 것 같은 마음이 든다고 말하는 사람이 있다. 이 말은 아마도 자신의 마음 안에 둘에서 우리가 되어 함께하는 사랑을 아직까지 간직하지 못했기 때문일 것이다.

　부부가 둘이 우리가 되는 사랑을 하지 못하게 방해하는 것은 무엇일까? 혼자서는 사랑을 하겠는데 둘이서 사랑을 하는 일이 어렵다는 말이다. 내가 너를 사랑하는 것과 내가 내 좋을 대로 너를 사랑해 주는 것과는 전혀 다른 차이를 발견하지 못했기 때문일 것 같다.

나 좋을 대로 아무리 사랑을 하려고 해도 사랑이 안 되니까 둘이 사랑을 하려고 한 건데 도대체 무엇이 문제라서 둘이서 사랑을 하기로 해 놓고도 또다시 혼자서 마음대로 사랑을 하려는 것일까? 둘이 사랑을 하려면 혼자라는 것이 방해를 하고 혼자서 사랑을 하려고 하니 아무런 반응이 없는 것이 답답한 것이다.

엄밀히 말하면 둘이서 사랑을 하는데 그 둘이 사랑이 하는 것이 아닌 또 다른 무엇인가가 둘 사이에 끼어들면 둘의 사랑이 혼자로 갈라질 수 있다. 만약 달랑 두 사람만 이 지구에 산다면 이 둘은 사랑할 수 밖에 없는 운명일 것이 분명하다. 둘이 서로 사랑을 하는 것이 통하지 않는다는 말은 이미 누군가와 통하는 사람이 있었거나 상상이라도 통할 것만 같은 사람이 머릿속에 이미 있기 때문일 수 있다.

나의 아내를 사랑하고 아내가 나를 사랑해서 둘이 우리가 사랑을 하는데 시어머니도 함께 우리가 되어 사랑하자고 한다면 둘이 아니고 셋이 사랑을 해야 하는 것이다. 남편이 자신의 아내를 사랑할 때 시어머니가 변하기를 원하는 자신의 아내까지 사랑해야 하는 일이 생길 수도 있다. 그 아내는 시어머니를 통해서만 남편의 사랑

사랑의 종류

받아야 할지도 모르기 때문에 둘이서 우리가 되는 사랑이 누군가를 통해야 하는 간접 사랑이 될 수 있다.

　삶의 현장에서 두 사람의 사랑에 끼어드는 방해가 되는 사람들은 비단 시어머니 뿐만은 아니다. 친구들도, 옆집의 이웃도 또 종교 집단 안에서의 친교에서도 어디에서나 두 사람의 사랑의 기준을 흔들어 놓을 수 있다. 끼어드는 것들이 현실의 물질로 덧입혀지면 그때는 물질 욕구가 우리가 하는 사랑이 끼어들어 사랑의 주체가 바뀌게 된다.

　두 사람이 사랑을 할 때도 서로 사랑을 하지 못하는 마음속을 꿰뚫어 볼 수 있으면 가짜 사랑의 정체를 알 수 있을 것 같다. 자신도 제대로 모르는 자신이 사랑을 하니까 가짜의 자신이 사랑을 하는 것이다. 사랑이 진실성에서 멀어지는 경우는 어떤 때일까? 무엇인가를 해주는 것이 사랑을 했다고 계산하는 경우에 사랑하는 사람이 좋아한다고 말한 것을 해 주기만 했으면 사랑을 다 한 것으로 사랑을 딱딱 끊어 단편적으로 매듭지어 버리는 것이 사랑의 진실과 멀어지게 하는 일일 것이다.

　어느 모임에서 부부의 이야기를 서로 말하는 자리가 있었다. 아내는 무언가 남편에게 듣고 싶은 마음의 말이 모자란데 남편은 섹스만 하고 그냥 잠을 자버린다는 것이다. 아내는 무슨 이런 사람이 다 있느냐는 마음이 들고 남편은 이제 다 했으니 됐다는 식으로 잠을 잔다는 것이다. 사랑이 섹스를 하는 의무감이 되는 것이고 책임감을 다하는 것이라고 생각한다면 건강상 섹스를 못하게 되면 사랑도 다 된 것이 라는 등식이 성립할 것이다.

만약에 사랑하는 것이 네가 좋아하는 것만 해 주기 위해 돈을 벌어 오는 일이라면 돈을 벌어 오는 것으로 사랑은 끝난 것이 된다. 그리고 돈을 형편상 벌지 못하게 되면 사랑은 어디에 있을까? 사랑을 네가 좋아하는 무엇을 해주기 위한 도구로 쓰면 그 용도가 한정되고 사랑은 금세 없어질 수도 있다.

한시적인 것으로 만족하고 더 만족을 찾게 되면 매우 즉흥적인 것을 사랑으로 착각하게 된다. 둘이서 우리가 되는 사랑의 마음을 기억하는 것이 사랑하는 사람에게 사랑을 함께할 수 있는 것이다. 우리가 하는 사랑에 그 무엇을 만족하는 것이 커질수록 사랑의 주체가 우리의 사랑에서 만족하는 그 무엇으로 바뀌어 진다.

내가 좋아하는 것과 네가 좋아하는 것을 하다 보면 자연히 내가 좋아하는 것에 더 집착하게 되는 것이 타고난 몸을 가지고 있는 사람의 본능이다. 내가 좋아하는 것을 계속하려면 그것이 옳다고 증명하려고 한다. 이때부터 우리가 하는 사랑에서 점점 내가 하는 사랑으로 옮겨 간다. 내가 옳다고 이론적인 기준을 적용하면 그 사고

사랑의 종류

는 날개를 달듯이 자신만 독주하며 상대방이 보이지 않는다.

　우리가 하는 사랑은 그 기준이 우리라는 공동의 개념이 있어야 가능하다. '나' 만도 아니고 '너' 만도 아닌 '우리'가 있어야 가능한 사랑이다. 너를 행복하게 해주는 마음속에 내가 좋아지는 이득이 없어야 이 우리의 사랑은 계속될 수 있다.

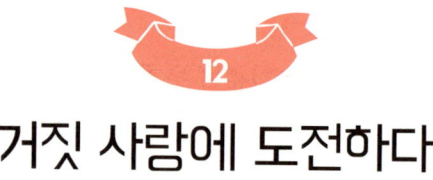

거짓 사랑에 도전하다

　거짓이 무엇인지 알아야 거짓의 사랑도 알 수 있을 것 같다. 진실이 있는데 그 진실은 살짝 숨기고 다른 것을 진실인 것처럼 말하고 행동한다면 그것이 거짓이고 그렇게 하는 사랑은 거짓 사랑이다. 거짓은 자신이 스스로 살짝 숨긴다는 말은 자기 자신은 진실과 거짓을 알고 있고 또 거짓을 행한다는 것도 안다는 말이 된다.

　거짓은 남을 속이는 것이 아니라 자기 자신을 먼저 속이는 것이다. 왜 자기 자신을 자기가 속이려 하고 가짜인 자신을 만들려는 것일까? 그냥 간단히 말하면 자기 자신이 창피하고 못났기 때문이다. 거꾸로 자신이 잘났으면 있는 대로 자랑을 할 것이다. 거짓은 못난

사랑의 종류

자신을 잘났다고 자랑하려고 본래의 자신을 버리고 거짓의 자신을 가지는 헛것의 자기 자신인 것이다.

거짓을 잡기 위해 온갖 이유를 다 붙이면 그러한 터무니없는 이유들은 거짓을 철저히 지키게 되고 거짓이 드러나지 않으려는 노력만큼 진실도 숨겨지게 된다. 그래서 거짓을 지키는 노력은 진실을 숨기는 노력이 되어 어느새 거짓과 진실은 뒤바뀌어 거짓은 진실처럼 가지고 진실은 거짓이 되어 은폐하는 것이다.

나는 이 거짓의 정체를 남녀가 사랑하는 일에 대입해 보려 한다. 사랑은 진실되어야 한다고 말을 할 때는 진실되지 못하기 때문이라는 생각이 든다. 거짓이 진실을 숨기는 것이라면 거짓의 사랑은 진실의 사랑을 몰래 숨기고 있다는 것이 된다. 사랑하고 결혼해서 사는 남녀 사이에 진실의 사랑을 살짝 숨기고 사랑한다고 하면 그 사랑은 진실이 빠진 거짓 사랑임이 분명한 일이다.

어떻게 거짓의 사랑이 진실의 사랑처럼 둔갑한 것을 발견할 수 있을까? 진실로 사랑한다면 사랑하는 사람에게 마음을 열어 무엇이나 다 받아 주는 것이다. 거짓을 위해 온갖 이유를 대며 자신의 주장만 하고 말이 안되는 이유를 계속 대며 외곬수로 가려는 성향을 보인다면 그때는 혹시 거짓의 사랑이 나오는 것인지를 확인해 보는 것도 필요할 것 같다.

거짓의 사랑을 하는 사람은 자신의 사고를 왜곡하기 때문에 스스로 카오스를 만든다. 거짓은 자신이 거짓인지를 알고 있으면서 스스로를 속이는 것이기 때문에 사고의 과정이 불완전하게 이루어진다. 자신에서는 거짓이 나오는데 그 거짓은 진실이여야 하는 것 자체가 등식이 성립되지 않기 때문이다. 이때의 특징은 거짓과 진실의 양다리 작전처럼 일관성이 없는 두 가지의 말과 행동이 다 나온다.

거짓의 사랑은 감정의 불안함을 갖게 한다. 나쁜 것을 알아도 무엇인가 즐거움을 주기 때문에 그 즐거움으로 끊을 수가 없어서 계속 갈등상태를 스스로 고집하게 된다. 갈등으로 괴로워하는 것으로 거짓의 죄에서 오는 불안함을 스스로 단죄하며 죄를 상쇄시킨다. 인간이 가지는 양심의 소리는 침묵을 하는 것 같지만 말과 행동을 할 때마다 드러나며 그 사람의 내면에 경고를 한다. '그만 해야지.'라는 생각과 그만할 수가 없는 몸의 습관 사이에서 자기 판단만으로 터무니없는 거짓의 이유까지 가지면 말과 행동에 일관성이 없어진다.

거짓 사랑을 하는 사람의 불안전한 심리 상태는 정신을 병들게도 하지만 몸에도 영향을 미치게 되면 원활히 순환을 하지 못해서 스트레스로 병이 나게 된다. 많은 사람들은 참 사랑의 힘으로 병을 이겨 내는 경우도 있고 어려움을 이겨 낼 수 있는 힘이 있다. 그러나 거짓으로 하는 사랑은 마음을 병들게 할 수 있다. 모든 사람들이 하고 있는 사랑에는 참사랑과 거짓 사랑이 함께 존재할 수 있지만 때와 장소에 따라 나오기도 하고 나오지 않기도 하는 것 같다. 이것을 스스로 확인하고 구분하는 일이 비로소 참사랑을 하는 일이다.

'사랑하지만 헤어진다.' '사랑하기 때문에 내가 괴롭다.' '나에게 잘하면 내가 너를 사랑할 거야.' '사랑은 참고 사는 거야.' 이런 말들은 등식이 성립되지 않는 말이다. 사랑하면 곁에 있는 것이고 헤어지자는 것은 더 이상 사랑하지 않는다가 된다. 참사랑이 없고 거짓의 사랑이라는 것은 그 자체가 긍정과 부정이 함께하기 때문에 부등식을 가진다. '아무리 힘들지만 네 옆에서 너를 지키겠어.' '너를 행복하게 해 주는 것이 나의 기쁨이야.' 이런 말들에는 긍정과 긍정이 함께 들어 있기 때문에 참사랑으로 갈 수 있다.

거짓의 사랑을 계속할 수 있는 것은 사랑의 진실을 찾으려는 마음이 무지하거나 게으르기 때문이다. 나를 사랑하는 사람이 내게 좋은 것과 나쁜 것을 다 할 때 사랑하는 마음으로 좋은 것만을 기억하려는 것이 사랑하는 마음이라고 대충 넘어가는 것도 사실을 숨기는 나쁜 습관을 갖게 할 수도 있다. 사랑이 용서하는 것이고 인내이지만 잘못된 것을 내가 혼자서 무조건 용서한다고 참으면 그 잘못은 고쳐질 수가 없다. 더군다나 사랑을 거짓으로 한 것은 언젠가는 자신이 감당할 수 없는 나쁜 것으로 나타나기 때문이다.

용감하게 거짓의 사랑에 도전해야 하는 이유는 올바른 용서를 하고 참사랑을 실천하기 위한 시도를 하기 위해 필요하다. 사랑하는 부부만이 서로의 거짓됨을 발견해 줄 수 있는, 세상에서 가장 가까운 사이이다. 세월이 지나고 나면 거짓과 진실이 섞여서 무엇인지 구분이 어려워질 때 그것을 가려낼 수 있는 사이는 오랜 시간을 함께 사랑한 부부밖에는 없다. 부부는 서로 사랑을 하기도 하지만 사랑하는 사람이 가지고 있는 나쁜 습관이 혹시 거짓 사랑에서 나오는 것은 아닌지 살펴봐 주기도 하는 책임이 있다.

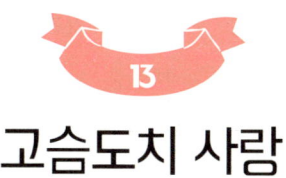

고슴도치 사랑

　고슴도치의 사랑은 절제의 사랑이다. 사랑하는 사람이라면 자신의 사랑하는 사람에게 무엇이나 다 요구할 수 있고 또 모든 것을 다 들어주고 자신의 것을 내어 주어야 한다고들 말한다. 그런데 사람들은 그렇게 사랑할 수가 없는 것이 현실이 아닐까 싶다. 고슴도치의 날카로운 침은 아마도 상대방의 기분을 은유로 표현하는 말인지도 모르겠다. 상대방의 기분을 상하지 않게 배려하거나 나의 기분을 조금 자제할 수 있는 사랑이 고슴도치의 사랑이다.

　약점투성이의 남녀가 서로의 연약함을 가지고 하는 사랑이 고슴도치의 사랑이다. 고슴도치처럼 우리 사람에게도 무언가 날카롭고 예리한 침과 같은 말이 나올 수 있어서 사랑하는 사람에게 다가갈 때 그 사람을 다치게 할 수 있다. 차라리 고슴도치처럼 뾰족한 것이 보이기라도 하다면 어디를 어떻게 불편하게 하는지 알 수 있는데 서로가 아무리 대화로 알려고 해도 찾을 수 없으면 사랑하지만 답답할 것 같다.

내가 아무리 사랑하는 사람에게 무엇인가를 말하려 해도 내가 하고 싶은 방식이 상대방을 고려하지 않으면 사랑하는 사람의 기분을 상하게 하거나 대화가 어긋날 수 있다. 고슴도치처럼 사랑을 하려면 사랑한다는 이유로 상대방에게 내 마음대로 무엇이나 다 요구할 수 없다는 것을 알아야 한다.

왜 사랑하는 사이인데도 서로 조심하고 나를 절제하는 태도가 필요한 것일까? 사랑하는 사이라면 그저 다 털어서 시원히 말하면 되지 않을까 생각하기도 한다. 아무리 사랑하는 사람일지라도 그 사람이 나에게 무엇인가를 요구할 때 나는 이미 그 사랑하는 사람이 나에게 어떤 방식으로 요구하는 말을 하기를 먼저 기대하고 있기 때문에 이러한 나의 기대에 못 미치면 상대방이 말하는 방식이 틀렸다고 사랑하는 사람의 요구를 거부하게 된다.

상처 받거나 거절 받는 일이 싫다고 사랑하는 사람과 아예 떨어져서 거리를 멀리하기만 하면 상처가 저절로 없어질까? 사랑하는 사람들이라면 서로 거리가 멀어졌을 때 함께 있으려는 마음으로 달려오게 되어 있다. 멀어지면 사랑하려고 달려오고 사랑하려고 서로의 거리가 가까워지면 누군가가 멀리 도망가게 되는 것을 고슴도치의 가시로 비유하면 어떨까 싶다.

아무런 생각 없이 하는 나의 매우 작은 행동 하나가 사랑하는 사람을 아프게 할 수 있다는 것을 빨리 깨달으면 그만큼 서로가 사랑으로 다가갈 수 있게 된다. 사랑이 중노동처럼 매우 힘든 일이라고 비유하는 사람은 아마도 쉼 없이 사랑하는 사람을 살펴보아야 하는 노력의 연속이기 때문일 것이다. 또 사랑이 도박처럼 힘들다고 생각되는 사람은 아마도 무엇을 어떻게 해야 사랑하는 사람에게 딱 맞는 사랑일 지 모르는 무딘 마음 때문일 수도 있다.

자신이 존중 받고 있다는 것과 존중 받지 못하고 있다는 생각이 갈림길이 되면 서로가 가까이 하려고 하지만 반대로 거리를 두고 멀어지려고 한다. 존중 받고 있다고 생각이 들면 더 많은 존중을 받기 위해 더 만나고 더 가까이하고 싶을 것이다. 그러나 무시를 받고 있다는 느낌이 들면 다시는 그러한 관계를 유지하고 싶은 마음이 들지 않아서 서로가 멀어지는 것을 택할 것이다.

어떻게 하면 서로가 가까워 지려는 노력을 할까? 서로가 서로에게 필요하다는 이유를 찾는 것은 사랑의 거리를 얼마큼 할 것인가를 결정하게 된다. 두 마리의 고슴도치가 서로의 사랑의 거리를 두기 위해 어떻게 노력을 할까 상상해 보면 사랑하는 남녀의 거리를 조율하는 일은 그리 쉽게 이루어지는 것이 아니라는 것을 알 수 있을지 모른다. 서로 찔리고 상처 나 아플 때 먼저 상대방의 아픈 곳을 피해 물러서며 져주는 사랑이 필요하듯 마음의 상처를 아물게 하기 위해서는 나의 가시가 되는 사랑하는 사람에게 찔려지지 못하게 나를 낮추는 것이다.

고슴도치 사랑은 자신이 겪는 것처럼 사랑하는 사람의 마음을 읽어주고 이해할 수 있는 포용력의 사랑이다. 사랑하는 사람의 마음을 내 마음처럼 읽어 낼 수 있다고 하여도 매시간을 모두 만족하게 해주기란 불가능하다. 왜냐하면 자기 자신을 스스로 만족하게 해야 하는 시간도 있어야 하기 때문에 모든 시간과 공간을 사랑하는 사람만을 위하기란 어려운 일이 된다. 마치 고슴도치 두 마리가 서로에게 가까이 가려고 애쓰는 것처럼 우리도 그렇게 사랑하는 사람을 배려하는 마음이 있어야 한다는 생각을 해본다.

주변의 사람들이 부부간에 말다툼을 하는 것은 두 사람 중의 한 사람이 사랑하는 마음을 잔뜩 가지고 있을 때 그 마음을 받아주지 못한다는 이유로 감정이 상하는 것을 보곤 한다. 사랑으로 다가올 때 사랑만 있었다면 누구라도 다 알 수 있지만 고슴도치의 가시로 찔려서 마음을 편치 않게 하는 말의 억양과 단어의 선택도 함께

사랑의 종류

있는 것 같다. 사랑은 끝까지 잘해야 하는 마라톤과 같은 사랑이어야 한다는 것을 고슴도치 사랑은 말해 주는 듯 하다. 나의 무심함으로 사랑하는 사람이 다칠까봐 가져야 하는 조바심의 마음이 고슴도치 사랑이 아닐까 싶다.

사랑의 해법

부활의 사랑

　목숨이 왔다갔다 하지 않아도 습관만 생명이 다시 태어나듯 새롭게 바꾸며 되는 일이 부활의 사랑법이다. 다시 삶을 시작하듯 사랑을 부활하는 사람은 부지런한 사랑을 하는 사람이다. 환갑을 맞으면 다시 새로워지는 삶을 맞는다는 풍습은 육십을 살고 다시금 부활의 삶을 생각하자는 뜻일 것 같다. 한 해를 지내면 망년이라고 하여 지나간 한 해를 돌아보고 맞이하는 한 해는 새로이 시작하는 마음을 먹는 것 또한 부활하는 새로운 습관을 생각하려는 것이다.

　자신의 삶을 새롭게 하려는 마음이 한 해에서 한 달로 또 한 주로 그것을 또 쪼개면 하루로 더 부지런해져서 한 시간으로 나눌 수가 있으면 그 삶은 매시간이 새로워지는 부활을 하는 사람이 될 것이다. 이러한 삶이 사랑으로까지 부활할 수 있다면 그 사랑은 매우 특별한 사랑일 것이다.

과거인지 현재인지 미래인지를 구분할 수 있는 사람이면 누구나 할 수 있는 쉬운 사랑이 부활의 사랑이다. 과거에만 살려고 하는 사람은 과거밖에 생각할 줄 모르니 과거의 행동과 사고밖에는 못한다. 또 현재밖에 모르는 사람도 있는데 이 사람은 현재의 일에만 몰두하니까 행동과 사고가 때에 따라 가변적이다. 그러면 미래만 생각하는 사람은 어떠할까? 앞에 일어날 일이란 상상인데 상상과 현실이 전혀 다른 갭에 불만만 하게 된다.

부활의 사랑을 하는 사람은 과거의 사랑도 돌아보고 현실에 다시 맞추는 새로운 사랑을 생각하며 미래를 위한 사랑으로 어떻게 부활을 할지도 계획할 수 있게 된다. 즉 시간을 과거와 현재와 미래 모두를 종합적으로 살기 위해 사랑을 반성하고 또 사랑을 새롭게 하기 위해 시간을 충실하게 쓰게 된다.

부활의 사랑은 나의 모자람을 새로 태어나고 너의 모자람도 새로 태어나야 하는 그럼에도 불구하고 사랑이다. 사랑을 받는 것이다 아니면 사랑을 주는 것이다는 논제를 흔히 말하지만 부활의 사랑은 그보다 한층 더 높은 차원을 말한다. 할 수 없을 것 같고 하고 싶지도 않지만 그래도 기꺼이 하는 사랑법이 부활하는 사랑이다.

그냥 아무런 생각이 없이 하고프다 안 하고픈 것은 예전에 그렇게 해 왔던 그대로의 과거를 현재에 이어오겠다는 습관이다. 내가 편안한 상태에서 주고 싶어서 주는 것이 아니라 줄 수 없을 것 같을 때 나의 고집을 버리고 순전히 너만을 생각해서 네가 원하는 것이 나오게 할 수 있는 나를 죽이기도 하고 또 살리기도 하는 사랑이 부활의 사랑이다.

사랑하는 사람의 실수에 대해 새로운 기회를 주어 새 옷을 갈아 입히게 하는 사랑이 부활의 사랑이다. 사랑하는 사람 때문에 내가 실망을 할 때 그 사람이 회개하고 다시 잘하는 기회를 주는 것이 사랑하는 사람이 해야 할 당연한 일임을 아는 사람이 진정 그 사람을 사랑하는 사람이다. 모르는 사람도 아니고 사랑하는 사람이라면 말이다. 그런데 오히려 사람들은 사랑했으니까 더 괘씸하고 더 마음이 아프다고들 말한다.

사람들이 흔히 자신의 아내나 남편에게 이렇게 말한다. '그 사람이 내게 한 말을 절대로 못 잊어 버리겠어.' '그가 한 짓은 죽어도 용서가 안 돼.' '내가 꼭 똑같이 복수하고 말겠다.' ' 두고 보자, 네가 나에게 무릎을 꿇게 할거야….' 복수심에 가득한 이런 말을 들을 때마다 꼭 그런 말을 할 필요가 있을까 라는 생각을 해본다. 사랑을

사랑의 종류

하거나 아니면 사랑을 하지 않으면 그만인 것을 복수까지 하겠다는 마음은 사랑을 하는 것도 아니고 사랑을 하지 않는 것도 아닌, 시간만 낭비하고 에너지만 소진하는 일이기 때문이다.

기억할 것만 기억하고 사랑할 것만 사랑하기 위해 부활은 필요한 것이다. 그러려면 죽어버린 사랑과 살아있는 사랑을 구분할 수 있어야 한다. 무엇이 쓸데도 없이 죽은 것이고 무엇이 소중해서 살려야 하는 사랑인지는 각자의 기준이 있겠지만 그러한 구분을 하지 못하면 언제라도 사랑을 살릴 수가 없을 것 같다.

이쪽과 저쪽으로 각각 정리하면 부활한 새로운 사랑이 시작될 수 있다. 마치 창고 안에 오랫동안 쓰는 것은 정리해서 쓰레기통에 버리는 것처럼 자신의 감정을 정리하는 일이 있어야 머릿속과 마음속을 새로운 공간으로 쓸 수 있는 부활인 것이다. 부활할 것을 사랑으로 채우면 부활의 사랑이지만 나쁜 감정을 정리 못하고 이를 갈고 있으면 복수가 부활한다. 정리를 잘했어도 쓰레기를 버리지 않고 써야 할 것을 버리고 쓰레기를 정리해 두면 쓸데없는 정리가 되는 것이다.

다시 사랑을 시작하는 부활의 사랑은 실패에서 교훈을 얻는 사랑이다. 교훈을 얻었지만 새로운 행동이 나올 기억을 가져야 할 때 반드시 사랑의 힘이 필요하다. 둘이서 함께 새로워지지 않고 다시 혼자서 사랑을 하려는 행동을 가진다면 실패를 계속하게 될 지도 모르기 때문이다. 예전의 기억은 두 사람이 똑같이 갖고 있는데 두뇌 속의 기억을 씻는 새로운 기억을 만드는 사랑도 둘이 함께 새로이 다시 사는 사랑이 되야 한다.

　사랑하는 남녀의 마음이 서로 넉넉하다면 굳이 살고 있는 삶을 죽었다가 다시 살아난 것처럼 지금 하고 있는 사랑을 죽이고 다시 사랑을 살릴 필요는 없을 지 모른다. 그러나 처음 두 사람이 만나 사랑하던 때의 마음도 행동도 세월이 흐름에 따라 슬쩍 사랑이 없어져 버렸다면 다시금 부활의 사랑에 대해 생각해 보는 편이 나을 것 같다. 처음의 사랑이 지금보다 더 나은 사랑이라면 처음으로 돌아가는 부활이 필요한데 이 부활의 사랑은 부부가 서로 동의를 했을 때 부활의 사랑을 할 수 있는 것이 특징이다.

　몸은 그대로 살고 환경도 그대로이면서 사고만 다시 생기면 되는 사랑법이 부활의 사랑이다. 과거에 어쩌다 몸이 아프거나 팔이나 다리를 다쳐서 제대로 쓰지 못하게 다쳤을 때를 회상해 보면 지금 아프지 않아도 아플 수 있다는 것을 예상할 수 있을 것이다. 사랑의 부활도 그렇게 이루어지는 것이다. 새롭게 시작하는 사랑은 내 마음으로 결심만 하면 되는 새로워지는 마음의 사랑법이다.

사랑의 종류

공동 책임의 사랑

    공동 책임의 사랑은 남녀가 서로에게 보증의 사랑을 하는 것이다. 서로의 인생을 책임진다는 것은 내 인생을 너에게 맡기는 대리인으로 나의 또다른 나인 너를 사랑하는 것이다. 공동이라서 무엇이나 대리인이 될 수 있는 사이는 자신이 가진 것을 다 내어주는 믿음으로 사랑하는 것을 말한다. 재물도 소중하기는 하지만 그보다 더 소중한 것은 아무도 모르는 나의 모든 비밀까지도 다 공동이 되는 사람을 사랑하는 사이다.

    두 사람의 사랑을 공동으로 책임지는 사랑을 하기 위해 너를 대변하려면 사랑하는 사람의 감정이 어떤지까지 알아야 한다. 그 사람의 마음과 생각을 그 사람처럼 알아야만 그 사람을 대신할 수 있고 그 사람처럼 의사를 결정할 수 있다. 그 사람이 어떤 행동을 할 것인가에 대한 예상도 할 수 있어야 두 사람이 한 사람처럼 공동으로 책임을 질 수 있게 된다.

자신의 짝을 찾았으면 두 사람은 공동 책임의 사랑으로 사랑하는 사람의 비서가 되기도 해야 하고 또 그 사람의 보스가 되기도 해야 하는 일이다. 사랑하는 사람이 하는 일이 나도 책임을 져야 하는 일이기에 무엇이 필요한가를 알아서 그 사람에게 부족한 것을 채워 주기 위해 말없이 보조를 맞추기도 하고 바른길로 가기 위해 날카로운 채찍의 역할도 하는 사랑법이다.

공동 책임의 사랑이란 집의 가문을 만드는 사랑법이다. 사랑하고 결혼해서 가정을 만드는 일은 더 이상 나 혼자의 마음대로 사는 삶과는 다르고 부부의 공동체로 살아간다는 말이 된다. 가정이라는 공동체는 먹고 사는 일이 협동으로만 이루어지던 시절에는 그 공동체가 클수록 힘이 강했을 것이다. 지금도 힘이 강한 공동체를 만드는 일은 가정이 사랑으로 이루어지고 그 사랑의 책임을 함께하는 공동 책임의 사랑을 하는 가정이다.

함께하며 공동으로 책임지는 사랑을 하겠다던 사이가 멀어지는 이유 중의 하나는 무엇을 잘했을 때 그 잘한 것이 다 내가 잘나서 잘한 것이라는 자부심만 생기면 거기에는 공동이라는 개념이 다 사라지게 된다. 그 이유는 내가 잘났다는 것에서 끝나는 것이 아니라 네가 못났다는 생각이 저절로 머릿속에 들어오기 때문이다. 잘한 것이 내 탓이고 못한 것은 네 탓이라고 하면 그 집안은 이미 양편으로 갈라진 것이다.

공동으로 책임을 지는 관계는 이렇게 사랑하는 사람이 잘못한 죄나 빚을 나도 함께 갚으며 허물을 대신 뒤집어 쓰는 대속의 사랑이기도 하다. 마치 급전이 필요한 사람에게 언제든 대출해 줄 수 있는 것처럼 사랑하는 사람 사이에 위급한 상황이 생기면 언제라도 사랑하는 사람을 위해 자신의 것을 모두 다 내 줄 수 있는 사랑을 비축해 놓은 사랑이다. 이렇게 나의 고통을 대신해 주는 사람이 이 세상에 있다는 것만으로도 매우 위대한 사랑이다.

공동 책임을 지려고 대속의 사랑을 하는 것은 당연하게 보일지 모르지만 실천하는 사랑 중에 가장 큰 사랑일 것 같다. 대속의 사랑은 하나가 되는 것이 전제가 되는 사랑이다. 사랑하는 사람이 하나가 되는 것이 결혼이고 한 남자와 한 여자가 한편이 되는 것이다. 말한 마디나 행동 하나가 나만의 말과 행동이 아니라 그 집안의 사람 중의 하나가 한 것이 되어 그 집안의 모든 사람들이 다 그 말과 행동을 한 것이 된다.

내가 잘못하지 않았지만 남편이 또는 아내가 남에게 죄를 짓는다고 해도 그러한 죄까지도 뒤집어 쓸 수 있는 사랑이 대속하는 공동의 사랑이다. 남편이 살인죄로 감옥에 간 가정을 옆에서 본 적이 있었다. 그의 아내는 물론이고 자녀들까지도 모두 살인자의 가족이라는 따가운 눈초리를 받았었다. 이처럼 결혼은 더 이상 혼자서 죄를 지었다고 해서 그것이 나만이 아닌 가족의 죄가 되기도 한다.

내 사랑하는 사람의 죄가 공동 책임으로 대속하는 가족과 함께 죄를 함께 나누어 가지면 그 사랑으로 그 지은 죄는 탕감이 되어 덜어질 수 있다. 죄 뿐만이 아니라 나쁜 습관들도 마찬가지이다. 예전에는 알코올 의존자의 책임이 본인에게 있었다고 한다. 그러나 이제는 가족 중에 누군가가 알코올 의존자라고 하면 그 사람의 알코올 의존증은 그 가족이 그를 말리지 않은 가족의 책임으로 돌린다는 말을 들은 적이 있었다.

사랑하는 사람을 사랑만 하는 일은 쉽지만 사랑하는 사람의 실수를 나의 것으로 가져와 내가 사랑하는 사람을 대신해 주는 사랑은 하나가 되지 않으면 가능하지 않는 사랑이다. 내 몸과 같은, 딱 한 사람을 사랑하는 일은 너를 내 몸처럼 아무런 값도 없이 사랑하는 것이라서 참사랑이다.

불평등 기원의 사랑

　남녀의 사랑은 마땅히 평등하다는 것에 기원을 두어야 하지만 그 사랑은 사람이 태어날 때부터 가지게 되는 불평등을 내재하고 있는 불평등 사랑에서 시작하게 된다. 모두 다 다른 환경의 부모에게서 태어나고 또 길러지는 것이 불평등한 기원이고 또 다른 불평등은 육체적인 외모가 남과 다르기 때문이다. 사람은 이런 불평등의 기원을 가지고 태어나게 되고 그런 사람들이 서로 사랑을 한다면 그 사랑의 시작은 서로가 불평등한 사람끼리 불평등하게 사랑을 하게 될 것이 분명한 일이다.

　사랑은 불평등하다고 주장을 하면 많은 사람들은 그런 말에 조금 불편한 시선을 보낼 수도 있을 것 같다. 사랑하는 사람은 누구나 다 고귀하다. 그러나 그 사랑하는 사람들이 하는 사랑 그 자체는 원래 생각처럼 그렇게 평등하지만은 않는 것 같다. '나는 이렇게 사랑을 하는데 너는 왜 그래?' '다른 사람들은 저렇게 사랑을 하는데 우리는 왜 저렇게 못하는 거야?' 얼핏 보면 이러한 일상이 비교에서 온다고 단정을 지을 수도 있지만 그런 편견을 다른 시각으로 돌려서 사람들이 그렇게 밖에 할 수 없는 것은 그렇게 불평등하게 태어나고 자랐다고 이해하는 편이 해결책을 찾기가 더 쉬울 것 같다.

사람들의 삶의 조건이 다른 것이 불평등한 것이 아니라 그러한 것을 받아들이는 사람들의 선입관이 더욱 불평등을 만들 수 있다. 더 얼굴이 잘나고 더 가진 재산이 많으면 사랑이 더하고 반대로 더 얼굴이 못나고 더 가진 것이 없는 사람들은 사랑도 덜할까? 만약 그렇다면 그것은 확실히 불평등한 조건에 따라 불평등할 수 밖에 없는, 완전히 불평등이 기원이 된 사랑일 것이다. 그러나 보이는 얼굴과 보이는 재산만으로 사랑을 할 수 있는 것이 아니라고 생각할 수 있으면 보이지 않는 마음과 생각으로 사랑을 할 수 있는 완전 평등한 자유로운 사랑법이 될 수 있다. 이 평등한 사랑법은 그리 멀리 있는 어려운 것이 아니라 누구나 마음만 먹고 생각만 한다면 가능해지는 사랑이다.

사람들은 모두가 평등하고 더욱이 남녀가 평등하다는 것을 보편적인 상식으로 살고 있는 현대 사회에 남녀가 사랑하는 것은 불평 등에서 시작한다는 것은 평등의 개념을 다시금 생각해 볼 필요가 있을 것 같다. 사랑하는 남녀의 사이가 불평등에서 시작하는 이유를 어디에서 찾아 볼 수 있을까? 불평등이 평등하다는 것과 다른 것은 존경이 있느냐 없느냐로 구분할 수 있을 것 같다. 존경을 받고 존경을 하는 사이에는 불만과 차등이 없기 때문이다.

왜 남녀가 사랑을 할 때 그 사랑이 불평등하게 되었을 지에 대한 기원은 무엇일까? 남자와 여자의 몸이 불평등하게 만들어진 것이 그 최초의 기원일 것이다. 남자와 여자도 몸이 달라서 서로 모르겠는데 남자끼리 몸은 어떤가? 키가 작고 큰 사람, 눈이 작고 큰사람, 그래서 몸을 급하게 움직이는 사람과 동작을 천천히 하는 사람이 다르고 말을 많이 하는 사람과 말을 조금만 하는 사람이 있다. 그럼 여자의 몸은 여자라고 다 똑같을까? 그렇지 않다. 허리가 굵은 사람이 있는가 하면 가는 사람도 있다. 코가 오똑한 사람이 있는가 하면 그렇지 않은 사람도 있다. 이렇게 다 다른 몸의 모양이 불평등한데 그런 사람들이 서로 남녀가 사랑할 때는 모두가 다 다른 사랑을 하는 불평등의 사랑을 하는 것이 마치 자연의 법칙처럼 보인다.

서로의 몸이 달라서 원래 불평등한 사랑을 할 수 밖에 없는 것에 대해서 왜 나만 불평등하게 사랑을 하는지 모르겠다고 불평을 말하는 사람이 있다면 그 사람은 정말 평등한 사랑을 할 자격조차도 없는 사람이다. 만약에 모든 인간이 똑같이 생기고 똑같이 기능을 하는 똑같은 몸의 모양을 가진 남자들과 여자들만 있어서 그 인간들 모두가 하나도 다르지 않고 다 똑같이 말하고 움직이고 사랑까지도 한 치의 오차도 없이 로봇처럼 사랑도 다 같게 하는 것을 평등한 인간의 평등한 사랑이라고 말하지는 않을 것이기 때문이다.

원래 불평등하게 만들어 진 존재인 남자와 여자가 불평등한 사랑밖에는 할 수 없는 것은 사실이다. 그러나 무엇이 어떻게 불평등한지를 찾을 수 있는 것은 사고할 수 있는 사람만 할 수 있는 일이라서 사람에게는 매우 쉬운 일이다. 사랑하는 남녀의 이야기를 들어보면 남자는 여자를 모르겠어 하고 여자는 남자를 도무지 모르겠어 말하는 것을 들으면 분명하게 알 수 있는 것은 남자와 여자가 아무리 세월이 지나도 서로 모르는 존재라는 말이다. 둘이 동등하고 평등하다면 다 알아야 하는데 같지 않으니까 서로 모른다는 말이다.

사람의 불평등을 어떻게 정의하냐로 사람은 자신을 평등하다고 만족할 수도 있고 불평등하다고 불만을 할 수도 있다. 이것을 자유롭게 선택할 수 있는 선택권이 모든 사람에게 주어졌기 때문에 사람만이 불평등을 평등으로 만들 수 있는 특권이 있는 것이다. 어떻게 정의하고 무엇을 선택하는지에 따라 사람은 사랑하는 사람과 누구보다도 평등해 질 수 있다. 자신의 타고난 몸으로는 불평등한 사랑 밖에 하지 못할 것 같아도 세상에서 가장 평등한 사랑을 할 수 있

사랑의 종류

는 것은 불평등 그 자체를 만족하는 마음에 있다.

　　인위적인 환경은 인간을 불평등하게 만들고 그 속에서 남녀의 사랑도 불평등 조건에 놓이게 된다. 남녀가 사랑을 하고 결혼을 할 때 두 사람의 생활 수준이 다른 것이 사랑을 불평등하게 만든다면 그것은 평등의 사랑을 하지 않고 돈의 많고 적음의 불평등만을 사랑하는 것이다. 태어나는 몸도 남들과 다 다른 불평등인데 사회 환경도 사람마다 다 다른 불평등이라면 당연히 사랑하는 남녀가 속한 환경이 서로에게 불평등한 것은 어쩔 수 없는 일처럼 보일 수 있다. 왜 저 사람은 나보다 더 나은 사랑을 하는 것이 내가 너보다 못나서 더 못한 사랑을 하는 불평등으로 생각한다면 이는 매우 어리석은 일이다.

　　불평등은 불평등이지 평등은 아님이 분명하다. 그렇다고 불평등이 영원한 불평등도 아니고 평등이 불변의 평등이 아닌 것을 깨닫는다면 남녀가 사랑할 수 있어서 너의 불평등하게 보이는 모든 것들을 사랑으로 평등하게 만들면 되는 것이다. 세상은 불평등해 보여도 내 마음으로 만드는 평등의 사랑을 할 수 있다면 그 얼마나 행복하겠는가?

순종의 사랑

　나에게 사랑하는 사람이 너밖에 더 이상 없다고 해야 그 사람에게 순종하고 나의 사랑에 내 스스로가 순명할 수 있다. 순종하는 사랑에는 다른 어떤 것도 보이지 않고 더 가지려는 욕심으로 유혹이 일어나지도 않는다.

　선남선녀란 자신이 다른 사람보다 더 잘났다고 생각하지 않고 나도 역시 남과 같은 사람이고 보잘 것 없는 인간이라고 생각하며 자신을 죽이고 낮추는 사람들이다. 자신을 낮추는 겸손이 있어야 남을 높일 수 있어서 남녀가 서로 존중할 수 있고 사랑할 수 있게 된다.

너의 말을 듣기 위해 나를 죽인다는 뜻은 네가 생각하는 이유와 내가 생각하는 이유가 다를 때 네가 생각하는 이유를 존중해 주기 위해 내 생각하는 이유를 포기하는 것이 나를 죽이는 것이다. 이것이 순명의 사랑이다. 나를 죽이고 나를 낮춘다는 말은 내가 원하는 또는 내가 옳다고 생각하는 이유를 내려놓고 네가 원하고 옳다고 생각하는 것을 들어주고 존중해 주는 것이다. 언제라도 나의 말을 들어 달라고 할 수도 있고 내 말을 네가 들어줄 수도 있다.

순종과 순명의 반대는 반항과 지배이다. 순종과 순명은 하나를 위한 사랑을 낳지만 불순종과 불순명에서 나오는 반항과 지배는 갈라지는 것이다. 하나에 만족하지 못해서 여럿을 가지려 하거나 있지도 않는 것을 있다고 하는 이중의 구조를 갖으면 하나에 순종하지 못하고 도리어 하나를 위한 것에 대항하는 싸움이 생긴다.

순종의 사랑은 그렇게 할 대상의 문제가 아니라 내 안에서 나오는 나의 성격의 문제이다. 즉 다른 사람을 받아들일 수 있는 개체의 성향이다. 이러한 성향은 자신에게 좋은 것에 대해서는 누구라도 받아들이는 성향을 자동으로 가지게 된다.

자신에게 좋은 것이면 무조건 받아들이려는 성향과 자신의 사랑을 위해 자신을 죽이며 순명의 사랑을 하는 것은 식별할 수 있어야 한다. 이 두 방향은 외부의 것을 자신의 것으로 받아들이는 것은 같지만 받아들이는 방법은 다르다. 자신에게만 좋은 것을 취하려고 모든 방법을 강구하는 것은 방법적인 면에만 집중하기 때문에 무엇을 향해서 가는지에 대한 목적이 변질되게 된다. 이때 방법만을 간구하면 거기에는 쾌락을 좇는 유혹이 우선하게 된다.

순명은 자신에게 좋기도 하고 사랑하는 사람에게 좋은 것을 하는 것이다. 순명도 기꺼이 자신이 즐겨 할 수도 있기 때문에 그 과정에서 쾌를 좇아 하는 것과 구분하기가 쉽지는 않다. 그러나 고난이 오면 이 둘의 지속력은 차이가 나게 된다.

쾌락을 따르는 것도 사랑하는 사람에게 순종하는 것도 상대방을 위해서 한다는 희생의 정신이 있을 수 있지만 즐거움으로 하는 것은 그리 오래가지 못한다. 쾌라는 즐거움이 없으면 유혹은 더 이상 지탱하기가 힘들기 때문이다. 그러나 순명은 자신이 무엇을 위해서 희생을 해야 하는지를 알고 있기 때문에 어렵고 고난이 있어도 자신이 끝까지 사랑하려는 노력을 멈추지 않는다. 그래서 쾌를 따라 하는 것과 순종하는 사랑의 끝은 완전히 달라지게 되고 그것이 무엇인지도 나중에 알게 된다.

자기가 좋을 대로만 하는 사랑은 당연히 상대방에게는 인색한 사랑이 된다. 나만 좋으면 되는 사랑이기 때문이다. 사랑의 말과 사랑의 행동이 모두 자신이 혼자서 결정한 사고에서 하는 사랑이라면

사랑의 종류

혼자의 세계에서 하는 망상이다.

현실에서 사랑을 행동으로 실천하는 일은 매우 어려운 일이다. 자신의 생각과 사랑하는 사람의 생각이 다른 것을 아는 것 만도 어려운데 그러한 다른 생각들을 하나로 만드는 일까지 해야 하기 때문이다. 말로 그 다른 생각을 같게 표현하는 것까지 억지로 할 수 있지만 행동을 같게 만드는 일은 극기가 필요하기 때문에 한결같은 행동이 나오기가 힘들다. 🌹

사랑의 해법

반비례 사랑법

　사랑하는 사람 사이에 마실 물 한 컵이 각자마다 있다면 두 사람이 만났을 때 한 컵이 두 컵으로 되는 비례일 것이다. 그러나 사랑이라는 마음의 컵은 둘이 만나서 한 컵이 되고 서로가 자신이 마시면 상대방이 마실 물이 줄어드는 반비례라는 생각이 든다. 아이로니컬하게 두 사람이 맞벌이를 하면 둘이서 버는 물질은 비례로 커지지만 두 사람의 사랑하는 마음이 하나로 할 때 서로가 어긋나면 맞물리는 반비례 관계가 된다.

사랑의 종류

반비례 사랑은 자아 성찰의 사랑법이다. 자신은 사랑하는 사람에게 세상에서 제일 큰 사랑과 큰 희생의 사랑을 하고 있다고 생각하는 사람일수록 정작 그 생각 속에 자신의 사랑을 반비례로 깎아버리고 있는 것을 모를 수도 있다. 자신의 사랑이 커지기를 바라는 사람일 수록 자신을 낮추는가를 스스로 반성해야 한다.

사랑하는 사람의 마음은 아마도 자신의 부족함을 바라볼 수 있는 선한 마음일 것 같다. 자신이 사랑을 제일 잘 한다고 자만하는 사람의 마음은 남을 부족하다고 탓하기 쉬운 악한 마음이 앞서는 사람일 수 있다. 반비례 사랑법은 사랑하는 사람의 마음가짐과 상관있는 사랑법이다.

선과 악을 말할 때 선을 사랑이라고 표현하고 악은 선의 결핍이라고 말하는 것은 선과 악이 서로 반비례의 관계에서 선이 커지면 악은 작아지고 악이 커지면 상대적으로 반비례해서 선은 작아지는 것이 아닐까 싶다. 남녀의 사랑을 가장 커다란 선으로 보았을 때 무엇인가가 그 사랑의 선을 작게 만드는 것이 있다면 그것은 사랑을 반비례로 만드는 사랑에 대항하는 존재일 것 같다.

사랑을 방해하는 것은 과연 무엇이 있을까? 그것을 찾아내는 자아 성찰을 할 수 있으면 사랑만을 키워갈 수 있는 사랑법이 될 수 있다. 외부의 환경이 사랑하는 두 사람을 방해할 수도 있지만 그러한 환경을 그대로 받아들여서 자신의 사랑을 작게 만드는 반비례 사랑을 하는 것은 사랑을 지키지 못하는 그 사람의 마음속이 문제이다.

무슨 일에나 선과 악은 공존하는 것 같다. 그래서 온전히 선을 따르면 악이 반비례로 완전히 사라지고, 온전히 악을 따르면 선이 반비례로 사라지게 된다. 결혼해서 사랑을 할 때 어느 것이 선한 사랑이고 어느 것이 악하게 사랑을 파괴하는 것인지를 찾기는 그리 쉬운 일이 아니지만 그렇다고 그리 어려운 일도 아니다.

예를 들어 아내가 좋아하는 쇼핑을 함께 가는 일과 남편이 좋아하는 공구 가게를 가는 일이 반비례로 작용할 수도 있다. 이 쇼핑과 공구 가게 가는 것을 따로따로 가면 문제가 없겠지만 아내가 쇼핑을 함께 가고 싶은 마음이 생길 때 그 마음을 무시한다면 남편의 마음은 아내에게 악으로 작용하게 되는 것이다. 이것을 놓고 어느 것이 선한 사랑이고 어느 것이 악해서 사랑을 방해하는지를 구분하기는 어려워 질 수도 있다.

쇼핑과 공구 가게 가는 일은 그 자체는 악도 아니고 선도 아니다. 그러나 그 작은 일이 선과 악으로 갈라지는 일을 만드는 원인이 될 수도 있다. 사랑하는 사람의 마음을 따라주느냐 거절하는가에 따라 사랑일 수도 있고 아닐 수도 있기 때문이다. 결혼이란 이렇듯이 함께한다는 것을 일상의 삶에서 실행하는 일이라서 쉽게 반비례

사랑의 종류

사랑에 직면하게 된다.

옳고 그른 것이 아닌 서로가 배려의 마음을 가지고 대립할 수 있는 것을 미리 해결하는 것이 반비례로 사랑을 깎아 없애지 않는 일이다. 그러나 눈에 보이고 들어서 알 수 있는 일은 해결이 가능하지만 마음속에서 자신도 모르게 사랑을 점점 줄어들게 하는 일을 찾기가 쉽지 않다.

부부가 되어 사랑을 한다는 것은 끊임없이 서로의 마음을 드러내는 일이다. 그러나 부부가 사랑한다는 것을 잊고 사랑의 마음을 모든 사람에게 다 드러내려고 하는 사람도 있을 수 있다. 그런 사람은 아마 사랑은 배로 커지는 비례의 사랑이라 우길 수도 있는 사람이다. 그렇다면 그 사람은 자신의 아내가 다른 남자를 더 사랑할 때 자신의 사랑도 비례로 사랑이 커진다고 하는 것이 맞는 말이 되어야 하는데 여기에 동의하는 사람은 없을 것이다.

두 사람이 다른 사람에 대해 서로가 전혀 상관하지 않고 사랑할 수 있다면 이 두사람의 사랑은 서로의 사랑이 둘사이에만 쌓이니까 그 사랑은 비례의 사랑으로 커갈 것이다. 사랑과 사랑이 아닌 것이 따로 떨어진 두 개로 있는 것이 아니라 마음속에 함께 있다. 사랑으로 드러날 때 내 안에 사랑이 있으면 있는 것만큼 사랑이 아닌 것이 작아지고 사랑이 아닌 것이 많으면 많을 수록 사랑이 그만큼 없어지게 된다.

　　반비례 사랑법은 지금 무엇을 하는가는 시간의 문제이기도 하고 마음 속에 무엇을 두느냐는 용량의 문제이기도 하다. 지금 최선을 다 하는 사랑을 위해 사랑에 방해되는 것을 버리는 것과는 비례가 된다. 마음속에 먼저 두어야 하는 것과 마음속에서 무시되어지는 것과의 비율이기도 하다. 반비례 사랑법은 사랑하는 사람 사이에 무엇이 먼저이고 우선되어야 하는 것을 결정할 때 사랑을 위한 강한 정신을 최우선으로 가지는 의지로만 가능한 사랑이다.

대기만성의 사랑

 모든 만물은 그것이 만들어지는 시간이 있다. 그리고 그 만들어지는 시간은 각각이 다 다르다. 어리석은 사람일수록 가장 짧은 시간에 작은 노력으로 가장 크고 좋은 것을 만들 수 있다고 생각한다. 그러나 현명한 사람일수록 가장 많은 공과 시간을 들여서 가장 작은 것이라도 만들겠다고 생각한다. 그 이유는 바로 나만의 것을 만든다는 자신의 주제를 아는 정도가 다르기 때문이다.

 사랑은 얼마의 공로와 시간이 지나야 나의 사랑이 만들어질까? 사랑은 하는 것이라고 단순하게 하는 말은 매우 막연하고 어리석은 말이 된다. 어떻게 사랑하는지에 대한 대책이 없이 그냥 사랑을 한다는 말과도 같기 때문이다. 그냥 사랑을 한다는 말은 저절로 나오는 대로 또는 아무런 생각이 없이도 나오는 것이 사랑이 되는 것이 생각하는 것 인데 이때 사랑은 세상에서 제일 쉬운 일이 된다.

이세상의 모든 사람들이 그렇게 쉬운 사랑을 하며 나오는 대로 또 되는 대로 사랑을 하려고 하면 생기는 일이 반드시 있다. 내가 사랑하는 사람보다 더 많이 내 마음대로 하는 사랑을 하려는 일이다. 사랑을 혼자서 한다면 그야말로 혼자 마음대로 전봇대로 이빨을 쑤시듯 아무렇게 하는 나르시시즘의 극치를 달릴 수 있다. 그런데 사랑을 둘이서 하면 마음대로 하려는 경쟁을 싸움처럼 사랑에게 하게 된다.

두 사람이 서로 사랑을 하려면 필연적인 과정을 거쳐야 하는 것이 '내 마음대로 할 거야.' '아니야 네 마음 대로 안 할 거야.' 때문에 많은 시간을 낭비하게 되고 에너지도 쓸데없는 곳에 많이 소비하게 된다. 사랑을 한다는 것이 결국에는 내가 좋아하는 마음대로 사랑을 하는 것으로 드러나면 그때 비로소 자신이 있는 사랑의 현주소를 알게 되는 것이다.

왜 사랑을 하는데 대기만성처럼 시간과 노력이 필요한 것일까? 사랑을 그릇으로 비교할 수 있다면 너무나 작은 그릇처럼 사랑하는 마음이 작으면 너를 담을 공간이 그만큼 없다. 사랑하는 사람을 위하는 마음을 크게 하려면 사랑을 담는 그릇도 커야 하기 때문에 그

사랑의 종류

만큼의 시간과 노력이 커야 하는 것이다.

사랑을 크게 하는데 얼마의 시간이 걸릴까? 마음대로 늘릴 수 있어서 크고 길게 하려고 쭉 늘릴 수 있다면 사랑의 마음을 크고 깊게 하려는 아무 노력이 없어도 될 것이다. 내게 좋은 것을 하는데 걸리는 시간은 매우 짧은데 비해 너에게 좋은 것을 하는데 걸리는 시간은 그리 짧지 못하기 때문에 스스로 내 좋아하는 대로의 마음을 작게 만드는 시간도 더욱 필요하다. 이것이 폼이 잡히고 습관이 되어 자동으로 나보다 너를 위하는 마음이 생기는 시간이 사랑이 커지는데 걸리는 시간이다.

대기만성의 사랑이라고 하면 떠오르는 단어는 아마도 인내심이 아닐까 싶다. 세상의 많은 부부들이 많은 세월을 살고 나서 '내가 얼마나 참고 살았는지 모른다.'고 말하는 것을 듣곤 한다. 그래서 그런 사람들의 배우자들에게도 똑같은 질문을 해서 들어보면 '내가 참고 살았다.'고 부부가 똑같은 대답을 하곤 한다. 백발이 되어서도 계속 참기만 하고 있다는데 무엇을 참는지는 서로 모르는 듯 서로에게 계속 참을 일만을 변함없이 하는 것처럼 보이기도 한다.

사랑하는 사람의 무례한 언행을 참는다는 말은 인내심을 대신해서 표현하는 말이다. 그것은 대기만성의 사랑과는 무관한 말이 될 수도 있다. 대기만성의 사랑에 필요한 인내는 내가 너를 위한 마음

사랑의 해법

과 네가 나를 향한 마음이 넓어질 때를 기다리는 시간이다. 그러나 무엇을 위한 인내인지도 모르고 나를 화나게 한 너를 참기만하는 인내는 나를 위한 인내일 뿐 서로의 사랑을 키우는 인내와는 방향이 다를 수 있다.

인내는 무엇을 위한 것인지에 대한 목적이 분명히 있어야 한다. 똑같이 인내를 해도 결과가 다를 수 있기 때문이다. 나중의 것이 지금의 것보다 더 나은 것을 위해서라면 그 나중을 더 좋게 하기 위해 기다리는 것은 대기만성일 수 있다. 그러나 매 순간을 그저 참아야 하는 것의 연속이라면 참는 것만으로 끝이 나는 일이 사랑은 아니다. 사랑을 위한 고통을 인내할 필요는 있지만 고통만 참는 인내라면 거기에는 사랑이 있기 어렵다. 사랑하는 사람이 변화되기를 기다릴 수 있고 사랑을 위해 더 좋은 것을 선택하는 여유와 폭이 생기는 것이 사랑의 그릇이 커지는 대기만성의 사랑이다.

대기만성의 사랑은 끝이 좋은 사랑이다. 아마도 사랑은 그 겉은 달콤하게 코팅이 되어 있지만 그 껍질은 단단하고 거친 것 같다. 코팅에만 길들여지면 껍질 속까지 가는 인내와 노력을 하지 않는 게 으름쟁이가 된다. 사랑의 껍질을 벗기면 그 속은 매우 평화와 감사와 기쁨이 기다리고 있다. 이러한 평화가 하늘 나라의 평화이고 기쁨이다. 끝까지 사랑하는 사람의 곁에서 그 사랑까지 갈 수 있는 사람이 진정으로 대기만성의 사랑을 하는 사람이다.

사랑의 종류

결혼과 사랑

　자만심으로 누군가를 사랑하면 그 사람은 자기 자신만 사랑하는 나르시시즘에 빠지는 사랑을 하는 사람이다. 모든 사람이 자신이 사랑할 수 있는 사람으로 여기거나 아무나 다 사랑해도 괜찮다는 생각은 의외로 결혼한 사람들에게 나타나기 쉽다. 결혼만 목적이던 사람이 결혼을 하면 마치 목적을 달성한 성취감이 생기고 결혼한 배우자에게 더 이상 관심이 없어질 수 있다.

　결혼이 성취감이라 느끼는 사람은 그 성취감을 남에게 드러내려고 할지 모른다. 이 마음을 통제하지 못하면 모든 사람을 사랑할 수 있다는 것으로 더 큰 성취감에 도전할 수도 있다. 이때는 자신의 자랑거리를 드러내며 자신이 대단하다는 것을 계속 보여주어야 하기 때문에 쉴 새 없이 분주하고 마음속은 산만하다.

자신이 잘 나고 성공적인 삶이고 또 예쁘다는 것을 드러내려는 것이 목적이 되면 결혼의 의미는 더 이상 필요하지 않게 되는 것이다. 사랑을 단지 나 잘났다는 것을 표현하려는 도구로 밖에는 쓰지 않았기 때문에 여기서 사랑의 감정이 나오는 것처럼 느낀다고 해도 그것을 사랑이라고 말하기가 어렵다.

사랑을 하는데 마음의 고통이 많이 따른다는 것은 그 사랑에 거짓이 있었다는 말이 아닐까 생각한다. 두 남녀가 서로 사랑하는데 왠지 모르게 서로에게 고통이 생긴다면 그때는 서로의 사랑에 겉으로 사랑이라고 하지만 무언가 거짓이 있을 수도 있는 것을 생각해봐야 한다. 사실대로 말하면 이 거짓이라는 것들은 너에게만 있는 너의 탓도 아니고 나에게만 있는 나의 탓도 아니다. 그것이 무엇인지 알지 못하는 사람의 무지의 탓일 것 같다.

세상에서 자신이 제일 잘나고 높다고 생각하는 사람이 사랑을 한다면 항상 그곳에는 분쟁이 있게 된다. 자신이 제일 높은 사람이라면 당연히 다른 사람은 자신보다 낮은 사람이 되야 하기 때문이다. 자신보다 낮은 사람이라고 생각하고 무시하려는 사람이 사랑하는 사람을 높이면서 그 사람의 의견을 받아들일 수 없다.

사랑의 종류

사랑하는 사람들 사이에 서로가 옳고 그르다고 주장을 할 때 그 옳고 그르다는 것은 무엇인가? 사랑하는 사람들 사이에 서로 동의를 한 것을 지키면 옳은 것이 되고 그것을 거슬러서 지키지 않으면 두 사람의 사랑이 그른 것이 된다. 사랑이 옳다고 하고 그르다고 하는 것은 순전히 사랑하는 두 사람의 사랑의 기준에서 일어나는 문제다.

예를 들어 남녀가 만나서 반갑다는 표현을 할 때 그 나라마다의 풍습과 습관이 다 다르다. 남녀가 서로 포옹을 하며 인사를 나누는 풍습이 전혀 없는 나라의 사람들이 그렇지 않은 사람과 인사를 나누어야 할 때 사랑하는 사람이 없는 경우라면 개인적으로 자신의 풍습을 고수하던지 아니면 다른 나라의 사람에 맞추어 포옹의 인사를 하는 것은 어느 정도 자유로울 수 있다. 그러나 그것을 이해하지 못하는 아내가 보는 앞에서 남편이 다른 여자와 자유로이 포옹을 하며 인사를 하고 키스까지 한다고 하면 어떤 일이 벌어질까?

이것을 옳고 그른 것으로 따져서 남편이 잘못했다고 해야 할까? 아니면 그러한 남편을 이해하지 못하는 아내에게 잘못이 있다고 해야 할까? 잘한 것이라고도 잘못한 것이라고도 할 수 없다. 또 누가 옳은 일을 했다고도 그른 일을 했다고도 말할 수 없다. 이것은 사랑하는 두 사람이 이럴 경우에 어떻게 하자는 합의를 했는가에 의해 잘잘못이 판가름나는 일이다.

부부가 서로 다른 이성과 몸을 접촉하며 인사를 나누는 일을 하지 말자고 합의를 하였다면 그 약속을 이행하기 위해 그러한 기회를 거절하거나 스스로 피해야 할 것이다. 그러나 사랑의 기준이 없는 부부가 결혼할 때 합의를 한 것은 따로 있고 자신의 잘남을 과시하려고 포옹을 하는 인사가 옳다는 것도 끝끝내 옳다고 주장할 것이다.

사랑하는 것과 자신을 높게 평가하는 생각은 그 방향이 다른 길이다. 사랑이 진실하면 내가 좋아하기도 하지만 네가 좋은 것이기도 해야 한다. 그런데 사랑하는 사람들이 옳다고 생각하는 것은 의무감만 있고 권리가 없어도 안 되고 권리만 주장하고 의무감이 없어도 안 된다. 내가 너를 행복하게 해주기 위해 마땅히 해야 하는 것을 행위로 나타내야 하는 것이 의무감이라면 사랑의 권리는 내가 싫어하는 것을 상대방이 피해주기를 원하는 것이다.

내가 좋아하는 것은 무조건 모두 다 네가 해주어야 한다고 생각하면서 결혼하는 사람이 있다면 그 사람은 사랑을 착각하는 것이다. 왜냐하면 좋아하는 것이 수시로 변하기 때문에 가변적인 것을 따라가며 좋아하는 것은 쉽게 쾌락으로 갈 수 있기 때문이다. 행복해진다는 말은 좋아하는 것을 넘어서서 사랑하는 사람에게 마음을 함께 담는 행위여야 된다.

좋아하는 것은 시간과 공간과 환경의 영향을 받는 것이라서 좋아하는 사람이라고 단정을 지으면 수시로 마음이 변하게 된다. 너를 행복하게 해주는 행동을 하는 것은 좋아하는 것을 해주는 것과 비슷하지만 다른 차이가 있다. 좋아하는 것이 기분에 따라 변하더라도 그 사람의 마음을 행복하게 하는 일은 그 기준이 그 사람의 행복이기 때문에 그 마음을 지키는 일은 변하지 않게 된다. 사랑하는 사람의 마음을 알려면 스스로 잘났다고 하기보다 자신을 낮추는 겸손함이 있어야 가능한 일이다. 자신을 객관적인 눈으로 보는 것이 결혼과 사랑의 진정한 의미이다.

보따리 사랑
'응 그래' 사랑법
혁명의 사랑
가위 사랑
정반합 사랑법
기억해서 행하는 사랑
거듭나는 사랑
자가 면역 사랑
부메랑 사랑
매 순간의 사랑
존중하는 마음
볼모형 사랑
상대성 사랑법
사랑의 약속
맞춤형 사랑
가지치기 사랑
독점 계약의 사랑
로켓 사랑
낭만적 사랑
변증법 사랑

참사랑의 해법

PART 3

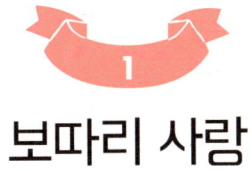

보따리 사랑

　　보따리 사랑은 사랑을 한 가지만이 아닌 종합 세트로 하는 사랑이다. 보따리 사랑이란 사랑하는 사람에게 나에 관한 모든 것을 다 담아 몽땅 주는 사랑이다. 주는 사람은 자신의 가장 좋은 것을 준다고 생각하지만 그 안에는 그렇지 못한 것도 함께 섞여 있는 채 그저 사랑이라는 이름으로 모두 넘겨 주는 것이다. 건강 상태도 정신 상태도 그대로 다 주니까 나의 모든 역사를 다 보따리에 담아서 주는 것이다.

　　우리가 흔히 들을 수 있는 표현으로 나를 사랑하는 당신에게 다 바칩니다 말하는 의미 속에는 나를 다 주는데 보따리에 바리바리 담아 주니까 나도 모르는 흠까지 그 속에 다 담아주는 것이다. 그 사랑의 보따리 속에는 나의 성격도 나의 습관들도 또 나도 모르게 내 안에 들어있던 기억들까지도 다 사랑하는 사람의 몫이 되는 복불복의 사랑이다.

마치 선물을 받을 때 선물 꾸러미 속에 무엇이 들어 있는지 알지 못하는 것처럼 보따리 사랑은 사랑으로 다가오는 사람을 처음에는 자신의 기대치로 밖에는 생각하지 못하게 한다. 사랑이 점점 어려워질 수 있는 것은 자신 스스로가 갖는 사랑에 대한 기대치만을 계속 믿고 있기 때문이다.

사랑하는 사람이 자신의 것을 모두 다 준다는 말은 매우 달콤하고 세상을 다 갖는 것처럼 행복해지는 말이다. 그러나 다 바쳐서 주는 것 속에 무엇이 들어있는지 채 알지 못하고 살면서 두고두고 사랑의 보따리를 펼칠 때마다 고생거리만 나오면 어떻게 해야 할까? 사랑의 보따리를 잘못 받아서 평생을 원수처럼 산다고도 말하는 사람도 있을 것이다. 그러나 보따리가 보기엔 볼품이 없어도 그 속에서 끊임없이 보석처럼 아름다운 사랑을 꺼내는 사람도 있다.

내가 자라던 어린 시절에는 보따리를 싸는 보자기가 있었다. 무엇을 보관하거나 누구에게 소중한 선물을 할 때면 꽁꽁 쌓아 놓아 소중하게 전해 주기 위해 보관하는 것이었다. 지금은 가방도 있고 포장용 박스도 흔하지만 그런 것이 없던 시절에는 보자기의 천이 고급천인지 색상은 화려한지에 따라 그 속에 들어있는 물건의 고급스러움을 그저 짐작할 수 있었다.

보따리는 무슨 마음을 담아 소중하게 보이기 위해서도 쓰지만 그렇지 않을 때도 있다. 보따리의 겉과는 다르게 속에 담는 것이 창피해서 남을 속이는데 쓰려고 무엇인가를 숨길 때도 사용할 수 있다. 사랑을 담는 마음으로 사랑하는 사람에게 자신의 마음을 담을 때 보따리 속에 자신의 소중한 마음만 담을 수도 있지만 숨기고 싶은 것도 담아 주려는 사람도 있을 것 같다.

사랑하는 사람에게 자신도 무엇이 들어있는지 모르는 자신의 보따리를 주고 또 자신도 사랑하는 사람의 모든 것을 보따리째 받는다. 나는 모르는데 받는 사람만 아는 사랑의 보따리를 무조건 사랑하니까 주어야 하고 또 사랑하니까 받는 것이다. '나를 사랑하면 나를 둘러싼 모든 것을 다 이해하고 받아 주겠지.' 사랑을 편하게 생각하지만 사람들은 그 사랑의 보따리 속을 너무도 꼬치꼬치 따지며 사랑을 평가하려고 하는 지도 모르겠다.

연애만 하려는 것은 재미에 따라 주는 것도 받는 것도 마음대로 할 수 있다. 재미없으면 그만 두면 된다. 그런데 결혼과 사랑은 주고받고 하는 것을 마음대로 할 수 없는 것이다. 내가 받은 사랑이

다니까 보따리로 사랑을 받을 때 그 사람을 내가 책임지는 사람인 가를 스스로 확인하는 것이 중요해 진다. 아무나 준다고 고맙게 다 받으려고 하면 그 사람의 몸은 몇 개를 가지고 있어야 할 지 모를 것 이다. 그래서 머리가 여럿이 달려있는 괴물의 모습을 한 그림이 있는 것은 아마도 그런 어리석음이 가득한 마음을 나타내는 은유의 모습 인 것 같다는 생각이 든다.

사랑을 주는 것이라고 말하는 것은 그 사람이 내 사랑을 받을 때의 일이다. 누군가에게 받을 때 보따리째 받는 것이 정말 사랑일 거란 생각이 든다. 사랑을 아무리 받으려고 해도 주지 않으면 소용이 없는 일인데 좋은 것을 주든지 아니면 좀 불편한 것을 주든지 사랑을 주는 것이 고맙기 때문이다. 사랑을 아무리 주고 싶어도 받아 주지 않으면 아무리 값진 마음과 행동을 준다 해도 아무도 가지질 못하니 헛된 짓이 된다.

사랑을 받았는데 사랑하는 사람 사이에 가로놓여 방해하는 것들이 사랑의 종합 세트안에 들어있으면 그것들은 둘이 함께 사랑이 되도록 노력해야 할 사랑의 또다른 값진 선물이다. 나의 노력이 들어 있지 않은 것은 그만큼 마음이 덜 가게 되는 것처럼 사랑도 자신이 실천한 것 만큼만 나의 사랑이 된다.

사랑을 실천할 수 있는 연습이 필요하다. 사랑은 자신의 감각을 조절해야만 하는 연습의 산물이다. 사랑은 자신의 감각에서 나오는 사랑의 감정만으로 뚝딱하고 만들어지는 것이 아니기 때문이다. 시간이 지나면 좋은 자극만이 아닌 좋지 않은 자극도 함께 들어올 수 있다. 이럴 경우 사람들은 이것은 사랑이 아니다 판단을 하지만 시간이 더 지나면 그것이 사랑일 수도 있다는 것을 깨닫기도 한다.

사랑할 때 사랑하는 감정과 그 감정이 지나면 일상처럼 굳어지는 감정으로 되는 그 감정의 뒷면까지를 포함해서 감각의 좋고 나쁜 것을 구분할 수 있어야 진정한 사랑에 도달할 수 있다. 서로에게 있는 나쁜 감정의 비율을 작게 하면서 사랑으로 가는 비중을 크게 하는 과정이 사랑의 보따리 속에 사랑만 간직할 수 있는 일이다.

나의 사랑하는 사람이 이럴 때는 이렇게 반응을 하고 저럴 때는 저렇게 반응을 하는 것을 미리 예측할 수 있으면 이러한 연습만큼 사랑의 보따리는 사랑으로 커질 것 같다. 나의 사랑의 보따리가 너에게 행복을 주는 것인지 고통이 되는 것인지를 알 수 있고 그것을 조금 덜어서 줄 수 있도록 조절을 할 수 있다. 너에게 고통이 덜 되게 힘든 보따리를 가볍게 만들고, 행복은 더하도록 행복의 보따리를 더 해 줄 수 있으면 보따리 사랑이 더욱 아름답게 쌓일 것 같다.

사랑의 해법

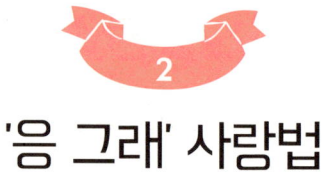

'응 그래' 사랑법

진정으로 나를 사랑하는 사람의 말을 들어 주는 사랑을 하면 지금 현재 사랑이 나올 수 있다. 서로 사랑하는 사람에게 '응, 그래.'라는 말이 항상 나올 수 있으면 그 사람은 현재 자신의 옆에 있는 사람에게 진짜 사랑을 하는 것이다. 이 한마디의 말이 왜 사랑의 척도가 될 수 있을까? '응, 그래.'의 말 속에 '너를 믿는다.'라는 뜻이 들어있어서 마음으로 너를 따른다를 표현하는 말이다. 믿는다는 것은 하나를 믿는다는 것이기 때문이다.

비로소 사랑이라고 말할 수 있다. '응, 그래.' 하지 않고 매번 '아니야, 아니라고.' 말하는 사람이 사랑을 표현한다고 말하지 못할 것 같다. 나의 참사랑인지를 확인도 하지 않고 맹목적인 복종을 하는 것을 의미하는 것은 아니다. 복종과 지배의 관계는 사랑이 없어서 나오는 것이기 때문에 인간이 할 수 있는 가장 저급의 행위가 된다. 지배당하면서 순종을 하는 것은 사랑이 될 수 없고 상대방에게 이용당하며 남을 악해지게 하는 기회를 주는 악한 행위가 된다.

사랑은 표현을 하는 것이라고 말할 때 개인적인 의견으로는 '사랑해' 하는 말보다는 사랑하는 사람에게 서슴지 않고 나올 수 있는 '응, 그래.' 말하는 것이 더 사랑한다는 표현 일 수 있다는 생각을 한다. 사랑하는 사람이라면 말하는 사람의 말을 다 받는다는 표시와 그 말에 긍정의 마음이라는 표시를 다시금 사랑하는 사람에게 돌려주는 매우 짧은 시간과 간단한 그 한 단어는 사랑하는 마음의 여유를 보여주는 것이다.

사랑하는 모습을 찾아 보기 어려운 사람의 특징도 무엇에 쫓기는 삶을 사는 사람이다. 제아무리 사랑하는 마음이 있다고 주장을 하더라도 시간에 쫓기고 물질에 쫓기고 더구나 일까지 쫓기는 사람이라면 사랑하는 마음도 쫓기게 되니까 그 마음도 금세 사라져서 담고 있지 못할 수도 있을 것이다.

말은 긍정이 아니면 부정으로 나눌 수 있는데 긍정은 간단하고 명료하다. 그러나 부정의 표시는 복잡하고 애매하기 때문에 긍정인지 부정인지 잘 모를 때가 있다. 사랑하는 사람 사이에 부정의 표시는 사랑을 부정하는 결과를 낳는다. 그 사람을 생각하는 마음이 존중이냐 아니면 그 사람을 생각하는 마음이 무시하는 것이냐가 그 짧은 한마디의 대답에서 나타나게 된다.

왜 굳이 '응 그래' 사랑을 해야 하는가? 모르는 사람은 조심하니까 부정보다는 긍정의 말이 나가려 한다. 사랑하는 사람과의 사이는 이미 서로가 서로의 장단점을 너무나 잘 알고 익숙해져 있기 때문에 장점보다는 단점을 더 약점으로 잡는 것이 쉬워질 수 있다. 나를 모르는 사람은 긍정하고 나를 알고 사랑하는 사람은 부정하는 것은 이치에 안 맞는 말이 된다.

사랑하는 사람에게 부정하는 말보다는 그 사랑하는 사람을 존중하고 긍정으로 받아주는 '응 그래'는 지금 현재를 잡는 말이고 또 하나가 되는 사랑의 언어이다.

현재를 사랑으로 사는 사람은 내가 원하는 또는 내가 옳다고 생각하는 이유를 주장하기 보다는 내가 사랑하는 사람이 원하고 옳다고 생각하는 것을 들어주고 존중이 먼저 나와야 한다. 비록 내가 더 옳을 수 있어도 사랑하는 사람을 위해 나의 주장을 하지 않고 받아주는 마음이 지금 있어야 현재 사랑이 가능하다. 내가 억울해도 져 줄 수 있고 낮아질 수 있는 마음이 언제 있는가에 따라 뒤늦은 후회만 할지 아니면 현명하게 현재를 사랑으로 이어갈 것인지가 정해 진다.

사랑은 자신에게만 좋은 것은 나중으로 미루고 사랑하는 사람에게 좋은 것을 먼저 행하는 것을 말한다. 이런 사랑은 기꺼이 자신이 즐겨 할 수도 있기 때문에 유혹을 즐겨서 하는 것과 구분하기가 쉽지 않을 수도 있다. 그러나 고난이 오면 이 둘의 지속력은 완전히 차이가 나게 된다.

지금 여기서 바로바로 행동이 끝까지 사랑하는 사람을 지킬 수 있으면 사랑이지만 그렇지 못한 것은 단지 유혹일 뿐이다. 현재 행동으로 나오는 사랑은 노력하는 사랑이다. 지금 하는 사랑이 어느 한 순간으로 그치고 마는 것은 지금의 사랑이 감각으로만 이루어지고 있는 것을 알게 해 준다. 감각이란 만족과 불만족만 있다. 지금 현재를 위한 사랑은 너를 위하는 마음에 순발력이 필요한 고도의 사랑법이다.

현재 사랑은 고개를 넘어가듯 내 잘못만 기억하고 사랑하는 사람의 과오를 기억하지 않고 끊어 버려 주는 사랑이다. 고개를 넘으면 그 고개 뒤가 더 이상 보이지 않는다. 이처럼 현재 사랑은 사랑하는 사람이 현재 내 옆에 그대로 있지만 그 사람을 새로운 사람으로 보려는 사고의 전이로 내 사고가 계속 앞으로 가며 새롭게 변하는 사랑이다.

현재 여기서 사랑이 나오기 위해 얼마나 많은 시간과 노력을 했는가로 현재 나오는 사랑은 그 사랑의 가치가 결정된다. 현재 나오기만 한다고 다 사랑이 아니고 또 이제껏 나온 사랑이라고 해도 그 사랑이 정말 사랑일지도 알 수 없다. 다만 내 곁에 있는 사랑하는 사람이 원하는 것을 현재 사랑으로 나올 수 있는 노력으로만 사랑은 항상 현재 시점에 자리잡을 수 있게 된다.

모든 사람은 자신이 '지금 당장' 하는 사랑에는 사실 감각만 좇는 마음이 가득할 수 있다. 아이였을 때 '지금 당장'에 익숙해져 왔다. 아이들은 조금만 더 기다려 달라는 어른들의 말을 이해하지 못한 채 무엇이나 보이는 것마다 '지금 당장' 해주고, 또 사주어야 자신을 사랑하는 줄 알고 있다.

순간에 사랑하기를 거절하면 그 사랑은 인색한 사랑이 되고 순간에 다시 더 이상 사랑할 기회가 없어진다. 나중에 사랑을 한다는 것은 이미 때가 늦은 것이다. 이것은 생각하는 것과 행동하는 것이 함께 있어야 순간은 사랑으로 선택되어 질 수 있다.

현재 사랑은 하나의 사랑이다. 과거와 현재가 함께 나오면 과거의 습관이 이긴다. 오래되고 몸에 배인 것이 새로워지려는 지금 순간의 것보다 더 빠르고 강하게 나오려 할 때 둘 중의 어느 하나가 현재의 사랑이 된다. 과거의 습관일지 현재의 사랑일지의 양 갈래

길에서 하나만 선택해야 하는 지금 여기서의 사랑은 매우 촉각을 다투는 긴장감의 사랑이다.

사랑의 해법

혁명의 사랑

　혁명의 사랑이란 사랑하는 사람 사이에 더 이상의 사랑이 고갈되었을 때 사랑을 회복하기 위해 할 수 있는 극단의 사랑법이다. 사랑하는 사람의 사이가 갈 데까지 갔을 때 할 수 있는 것은 이제까지 해 왔던 모든 사랑에서 나오던 행동들을 모두 중단하는 충격 요법이다. 좋은 점도 있고 나쁜 점도 있을지라도 좋은 점도 포기하고 나쁜 점을 완전히 다 바꾸기 위해 거꾸로 하는 일이다.

　혁명은 모든 것을 다 바꾸는 일이고 일부분만 좋은 방향으로 바꾸는 부분 수정은 발달이라고 한다. 사랑하는 사람과의 사이에서도 사랑할 수 있는 어느 정도의 여지가 있을 때는 참고 견디며 서로 사랑하는 마음과 행동으로 더욱 사랑으로 발전시킬 수도 있지만 사랑이 아닌 것이 계속 발달할 때는 그런 것을 중단시켜야만 한다.

혁명의 사랑은 사랑을 위해 외부 환경이나 사람에 대한 결단을 하며 자신이 먼저 변화하며 모두를 바꾸는 방법이다. 사랑을 막는 모든 환경과 사람의 태도를 예전과 다르게 모두 다 확 바꾸는 강한 사랑이다. 천일의 앤처럼 왕위를 내려놓고 사랑을 선택하는 일이나 두 사람의 사이의 사랑을 가르고 방해하는 사람이 있다면 그 사람이 심지어 친인척이라 해도 그 관계를 끊든가 서로의 교류를 차단하는 것이다. 이것은 오랜 전통이나 관습에 따라 친인척의 관계를 무조건 유지해야 하는 것을 뒤집는 혁명을 하는 것이다.

사랑하는 사람이 서로 자신의 마음을 정확하게 말로 표현하는 능력이 얼마동안 지속하는가에 따라 두 사람의 사랑이 어떤 사랑인지 드러나게 된다. 부부 모두에게 표현의 능력에 문제가 있을 때는 나는 참지 말고 혁명의 사랑을 하라고 조언을 하곤 한다. 사랑을 하면 어떻게 해서라도 사랑을 표현하지만 표현으로도 나오지 않는 것은 이미 사랑이 아닐 수도 있기 때문이다.

혁명이란 두 사람 모두가 다 변해야 하는 것이다. 좋고 나쁜 것을 따져서 좋은 것만 취하고 그것을 더 좋게 할 수 있다면 혁명의 사랑까지 할 필요가 없다. 왜냐하면 나쁜 것은 그대로 커지고 아무리 좋은 것이 더 좋아져도 나쁜 것이 그 더 좋아진 상황에 더 나쁜 게 될 수도 있다.

어떤 부부의 예를 들면 평소에는 매우 아내에게 자상하게 대하는데 반찬 투정으로 밥상 앞에서만 화를 내는 사람이 있다면 이때 어떤 방법이 있겠는가? 이럴 때는 어떤 것이 어떻게 변화해야 할 것인가? 나는 과감하게 남편의 자상함에 매이기 보다는 남편의 자상함도 포기하고 밥 해주는 일을 거부하는 혁명을 하기를 권유하곤 한다. 나쁜 것이 없어져야 좋은 것이 더 커질 수 있기 때문에 자상함을 받는 것까지 모두 포기하는 것이 혁명이다. 물론 모든 행동이 새롭게 사랑으로만 표현될 수 있게 변할 때까지 사랑의 마음이 있어야 하는 것이 전제되어야 한다.

혁명의 사랑과 비슷하게 극단의 선택을 하지만 사랑을 파괴하기 위해 쓰여지는 경우도 있을 수 있다. 불륜의 관계라는 악한 행동을 하는 사람들이 자신이 살아오고 지켜야 하는 가정을 파괴하며 뒤집어 놓는 것은 쾌락을 위한 것이기 때문에 그 결과는 전혀 다르다. 사랑을 위한 혁명의 사랑은 사랑이 남지만 쾌락을 쫓기 위해 사랑을 버린 무모한 혁명은 사랑 대신 나쁜 죄가 남는다.

혁명의 사랑을 하기 위한 다른 하나는 자신의 몸이나 자신의 처지가 바뀌는 방법이 있다. 자신의 식습관을 바꾸거나 몸의 건강 상태를 완전히 다르게 보이도록 하는 것도 혁명의 사랑법이 될 수 있다. 사람의 외모가 달라지는 혁명도 그 사람의 변화를 가시적으로 보여줄 수 있는 방법이 될 수 있지만 외모만 바뀌는 것으로 사람의 마음이 바뀌는 것은 그 효과가 나오는 시간이 매우 짧다.

언제 사랑을 위한 혁명을 해야 하는가? 가장 적당한 시기를 말하라고 하면 사랑하는 사람 사이의 언어가 더 이상 사랑이 표현되지 않아서 소통이 안 될 때인 것 같다. 언어는 배의 키와 같은 것이다. 그 사람의 행동이나 생각이 말로 드러나기 때문이다. 말로 굳어지고 생각이 바뀌어서 행동이 완전히 돌아섰으면 혁명으로도 사랑을 되살리기는 어렵다. 그래서 가장 최적의 시기는 말로 나오는 표현이 달라지기 시작할 때를 인식할 수 있다면 빠를수록 더 효과가 좋을 수 있다. 거친 말이라도 나오는 것은 또 다른 무언가의 표현으로 받아주어야 하기 때문이다.

많은 사람들이 혁명의 시기를 잘 알지 못하고 시간을 지나가 버리게 된다. 사랑의 말과 사랑이 아닌 말을 구분할 수 있어야 사랑을 위한 혁명을 할 수 있다. 사실 사랑의 말을 하지 않는 사람조차도 자신이 그러한 말을 하고 있다는 것을 의식하지 못할 수도 있다. 거꾸로 사랑이 아닌 말을 하면서 사랑과 멀어지는 마음과 행동을 할 수 있기 때문이다.

가장 과격함을 표현하는 혁명과 가장 부드러움을 나타내는 사랑을 어떻게 함께 쓸 수 있을까? 극과 극이 서로 통하려면 어느 하나가 끝까지 가야만 반전을 할 수 있다. 궁지에 몰려 달아나던 쥐가 막다른 곳에 다다르면 달려든다는 말이 있듯이 인간도 하다하다 안 되면 변할 수 밖에 없다. 사랑의 마음이 변한다면 그때는 내가 변하는 수밖에 없다. 변한 내가 너를 변화시키는 것을 혁명의 사랑이라고 하려 한다.

혁명은 살기 좋고 편하고 넉넉해서 넘치는 사랑이 있을 때 하는 것이 아니다. 타협도 기다림도 더이상 기대할 수 없을 만큼 사랑이 혼자로 남아진 상황에서 자신을 변화하는 것이 혁명의 사랑법이다. 내가 용감하게 180도로 확 변하지 않으면 너를 변하게 할 수 있는 사랑은 없다.

네 몸을 내 몸같이 사랑할 때 가능한 사랑이 혁명의 사랑법이다. 내 사랑을 내 스스로 되돌려 찾기 위한 것을 기억할 수 있다면 내가 사랑하는 사랑에 대한 나의 사랑을 끝까지 포기하지 말아야 할 것 같다. 삶을 그대로 유지하려는 노력이 혁명의 사랑이다. 이것은 사랑을 포기하고 삶 그 자체만을 유지하려는 생활형 사랑과는 완전히 다른 것이다.

가위 사랑

　가위 사랑법은 거꾸로 행동하는 사랑법이다. 가위질을 하기 위해 가위를 잡은 손가락들을 닫으면 가위는 더 이상 앞으로 가질 않는다. 계속 가위를 앞으로 가게 하기 위해서는 가위를 잡은 손가락들을 열어야 가위질이 된다. 사랑하는 사람들이지만 어떨 때는 끓는 것 같은 감정을 이성으로 식혀서 거꾸로 사랑을 할 줄 알아야 한다. 또 너무 냉정한 이성적으로 사고만 하려 들 때는 거꾸로 따뜻한 감정으로 사랑해야 한다.

　부부가 되어 오랜 시간을 함께 살다 보면 상대방을 위해주는 마음이 커지면 커질수록 자신을 위로 받고 싶은 마음도 커지게 된다. 내가 위로만 받기 위해 격해진 감정을 상대방에게 그대로 화풀이를 할 수만은 없을 때가 있다. 상대방이 격한 감정을 내게 보여준다고 나 또한 감정으로 나올 수 없기도 하다. 가위의 두 날이 서로 앞으로 가기 위해서는 나가려고 닫는 가윗날을 거꾸로 열어야 가위가 앞으로 작동하게 된다. 내가 위로 받기를 원할 때 거꾸로 너를 위로 해주기 위해 나는 뒤로 물러나고 내가 화가 나지만 너의 화를 받아 주기 위해 나의 화를 잠시 멈추는 거꾸로 사랑이 필요하다.

자기 중심적인 사고로 자기가 원하는 것을 하려는 것이 모든 사람에게 있는 기본의 마음인 것 같다. 그런데 사랑은 그렇게 자기 중심으로는 자신에게 사랑이 돌아오지 않는다. 내가 원하는 대로 무엇인가를 하고 싶을 때는 반대로 내 원하는 것 대신에 사랑하는 사람이 원하는 것을 내가 해야 할 때일지도 모른다. 이렇게 생각할 수 있으면 그 사람은 가위 사랑을 이해한 것이다.

초보자의 사랑을 한 대표는 아마도 최초의 여자로 탄생된 이브였을 것 같다. 여자는 어떤 역할을 하는 것인지에 대한 아무런 설명도 없이 탄생한 이브는 하느님께서 단지 아담을 도와주는 조력자의 역할을 하라는 것밖에는 몰랐었다. 그리고 한 일은 맛있는 것을 이것저것 따다가 아담의 입에 먹여주는 일에 충실하였다. 그러던 중에 하느님이 건드리지 말라고까지 한 과일도 겁 없이 따다가 아담에게 주며 남자의 조력자가 아닌 충실한 여종처럼 살았던 것이다.

이브처럼 산 것은 우리나라의 과거에도 많이 있었다. 거의 전부의 여자들이 이브처럼 종으로 살았다고 해도 과언이 아닐까 싶다. 칠거지악이라는 것은 여자들이 남자가 하는 일에 전혀 거절하거나 반항할 수도 없었고 남자의 심기에 어긋나면 집에서 쫓겨나기까지 하였었다. 그 이유는 여자가 그렇게 사는 것이 남자를 사랑하는 순리라고 생각했기 때문이다.

　　여자의 권리가 그리 넉넉지 못한 것은 비단 우리나라만이 아니라 어느 나라에서도 그랬을 것 같다. 호적 등록에도 여자는 빠지고 선거에는 자격도 없었던 것을 보면 옛날의 서양의 문화에도 이처럼 남존여비 사상의 흔적이 있었던 것 같다. 이 제도하에서는 여자에 대한 사랑까지는 거의 생각도 못 했을지도 모른다. 제도적으로 권리가 보장이 된 지금도 여자에 대한 존중 사상은 모두 갖추어 졌다고 할 수 있을 지 의문이 든다.

　　이브와 우리나라 전통의 여자들은 그렇게 산 결과가 어떻게 되었는가? 아담은 이브에게 등을 돌렸다. 자신을 위해 따 준 과일을 잘 받아서 자기의 손으로 먹고나서 하느님과의 약속을 어긴 것이 이브 탓이라고 자신의 죄까지 뒤집어 씌운다. 이것은 우리나라의 옛날 여자들과 다를 바가 없다. 아무런 말도 할 수 없었던 여자들의 삶이란 거의 남자들이 마음대로 사는 사랑을 받아들여야 하는 가위의 손가락이 그저 닫혀지고 마는 사랑이 였을 것만 같다.

사랑의 해법

가위 사랑은 사랑처럼 보이는 것이 아니라 사랑의 모습이 아닌 것처럼 보이는 것이 진정한 사랑일 수 있다는 것을 말해준다. 사랑을 무조건 하는 것이 사랑이라는 법을 그만 둘 때 사랑이 이어질 수 있는 사랑법이다. 가위가 역할을 하기 위해서는 잘라야 하는데 가위가 정작 자르기 위해서는 종이를 자르지 않을 때처럼 가위를 열어서 가위가 종이에 다가가면 종이 스스로가 잘리게 하는 것이다.

가위 사랑이란 내가 사랑을 하는 것에 중점을 두는 것보다 상대방이 자신을 사랑하도록 인도하고 그래서 스스로 사랑을 할 수 있게 만드는 사랑이다. 사랑은 스스로 사랑하는 힘이 없으면 한번 닫히면 더 이상 갈 수 없는 가위처럼 더 이상의 사랑을 하지 않는 게으른 사랑으로 변하게 된다. 내가 무조건 사랑을 하는 것만으로는 사랑은 더 이상 계속 이어지지 않는다는 것이 가위질의 논리에서 얻을 수 있는 사랑법이다.

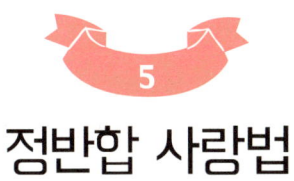

정반합 사랑법

참사랑이 되기 위해 옳고 그름의 길을 끊임없는 왔다갔다 반복하는 사랑법이 바를 정(正)과 반대의 반(半)이 합쳐진 합(合)의 정반합 사랑법이다. 사람이 가진 욕구나 충동은 한번 시동이 걸리면 그것이 선이건 악이건을 따지지 않고 자신이 좋고 나쁜 것에만 기준을 두고 하던 대로 계속하려고 한다. 이러한 충동성은 죽어도 계속하려고 온갖 이유를 거짓과 함께 붙인다. 여기에 제동을 걸 수 있는 이유가 사랑 때문이었다면 그 사랑은 자신이 하려는 것을 포기하는 것이 되는데 이런 사랑이 정반합 사랑이다.

정반합 사랑은 결혼으로만 이루어질 수 있는 사랑이다. 사랑만 하려 한다면 결혼을 할 수도 없고 할 필요도 없을 것이다. 결혼에는 사랑도 있지만 사랑을 위해 마땅히 해야 될 극기도 있기 때문이다. 자신 안에 존재하지만 자신도 모르는 나쁜 습관은 결혼해야만 비로소 나타나게 된다. 결혼으로 짝이 된다는 것은 서로가 세상에서 제일 가까운 사이이기 때문에 자연히 함께 지내다 보면 서로에 대해 모두 보게 된다.

혼자서 마음대로 하려는 욕구처럼 사랑도 그렇게 하려던 것을 정반합의 정이라고 한다. 정이라는 것은 자신이 세월을 살면서 몸에 익숙해졌던 모든 충동적인 행위를 말한다. 이러한 것들이 아무리 악습이라 해도 혼자서 세상을 살 때는 그것을 나쁘다고 할 사람이 없다. 살아오면서 그러한 악습들이 내게 익숙해질 때마다 그것이 그럴 수 밖에 없어서 옳다는 이유를 달았기 때문에 나에게만은 옳다고 입력이 된 것이다.

정반합의 정이 반으로 드러나는 것은 분명히 내가 사랑하고 또 나를 사랑하는 사람에 의해서이다. 또 그들이 결혼을 하고 나면 본격적으로 나쁜 것이 반으로 드러나게 된다. 사랑하는 사람에게 비추어 나의 정이였던 것이 반으로 나타나면 이 정과 반이라는 양극화 현상으로 갈라 진다. 옳음은 둘 중의 한 사람이 져서 자신의 악습을 포기하거나 그렇지 않으면 이기는 사람이 없이 끝없는 평행선을 만드는 원인이 될 수 있다.

정반합 사랑은 유혹을 이기는 강한 사랑법이다. 일상의 생활에서 부딪칠 수 있는 유혹이란 이전에 자신이 정이라고 즉 당연하다고 생각하던 충동적인 행위가 저절로 나오는 것들이 대부분이다. 이때 반을 함께 떠올려서 정이 반이 될 수 있다는 것을 생각할 수 있으면 합이 된 것이다. 사랑하는 사람을 생각해서 자신의 충동의 행동이 유혹이라는 것을 아는 것, 그리고 정과 반을 큰 그림으로 보는 합으로 유혹을 이겨내야 하는 사랑이 정반합 사랑이다.

정반합의 사랑은 매우 고난도의 사랑이다. 자신이 옳은 것인지 사랑하는 사람이 옳은지를 늘 염두에 두고 어느 하나를 옳은 것으로 하는 합을 해야 하는데 합을 했다고 해도 그 옳음이라는 합의 상태는 영원히 존재하지 않는 것이 사랑일지도 모른다. 사랑하는 남녀 두 사람이 합으로 가기가 어렵기 때문에 가정이라는 단체가 있어야 합의 이유가 커진다. 사랑하는 너를 위하는데 그 너가 나의 아내이고 또 그 너가 내 아이의 엄마라면 내가 변하는 이유가 더 강해질 것이다. 또 나의 아이를 위해 나의 행동을 더 이상 하지 않는 이유는 더 커질 수 있다. 사랑하는 사람을 위해 그냥 지는 것이 옳은 것이고 사랑이다.

정반합의 사랑을 생각하게 하는 만화영화가 있는데 그 제목은 슈렉이다. 슈렉의 짝이 되는 피오나는 밤이면 오거(못생긴 괴물)로 변하고, 낮이면 아름다운 공주로 변하곤 한다. 만화에서는 마법에 걸려 피오나는 슈렉처럼 오거의 모습을 갖는다. 굳이 민낯을 선택하듯 못난 모습을 갖는 피오나는 무엇을 생각했을 지 궁금함을 갖게 하는 영화였다.

겉으로 보이는 아름다움이 사랑일지 아니면 사랑은 겉모양이 아닌 가정을 꾸미는 것이 소박함이 참사랑일지는 그 누구도 어느 것이라고 말할 수는 없을지 모른다. 아름다움은 옳고 사랑이라고 한다면 아름답지 않은 것은 그른 것이고 사랑이 아니어야 하는데 그것이 진실이라고 증명할 방법은 영원히 없다.

영화 속의 주인공 피오나는 정과 반의 합을 찾을때 왕궁에서 왕비로 화려하게 겉을 꾸미는 삶 대신 자연의 숲에서 못생긴 외모로 사는 것이 사랑이라 생각하며 그렇게 살아가기로 결심을 한다.

자신에게 있는 것을 그대로 받아들이는 것이 세상에서 가장 아름다운 일이다. 이 세상에서 인간이 할 수 있는 가장 아름다운 일은 지금의 내가 가진 것과 사랑하고 있는 나의 사랑하는 사람이 가지고 있는 좋은 것도 나쁜 것을 모두 세상에서 가장 소중한 것으로 받아들이는 합과 거기서 좋은 것을 지켜 나가는 일이 사랑일 것 같다.

아름다운 것을 아름답다고 말하는 것도 중요하지만 아름다운 것은 언젠간 그 아름다움이 사라지는 날이 오게 되어 있다. 모든 변화를 받아들여서 그 아름답지 못한 것까지 진정한 아름다움으로 승화시킬 수 있는 것이 사랑의 또 다른 말이 아닐까 싶다.

아무리 사랑하는 사람 앞이라 해도 자신이 옳다는 것을 증명해서 이기는 모습은 보기 좋을 수도 있는 정이라고 할 수도 있을 것이다. 그러나 그 사랑하는 사람 앞에서 겉으로 보이기에 초라해 질 수 있는 져 주는 모습은 진짜로 지는 것이면 비참할 수도 있지만 사랑을 위해 옳음이라고 우기고 싶은 그릇된 마음을 포기하는 더 큰 사랑은 정반합의 변화로만 가능한 진정한 사랑의 마음이다.

진정한 아름다움은 겉으로 보이지 않는 사랑의 평화를 주는 것을 받아들여서 오래도록 사랑을 간직할 수 있는 것이다. 겉으로 볼 수 없는 진정한 아름다움이 영원한 사랑이 될 수 있는데 고단한 질풍노도의 환경을 평화로 변하게 하는 사랑의 훈련으로 사랑이 변하지 않는 힘을 가질 수 있어야만 지킬 수 있다.

사랑의 해법

기억해서 행하는 사람

　우리가 무엇을 기억해서 행하고 있는가를 안다는 말은 내 삶의 주인이 메모리가 아니라 내가 내 메모리를 움직이게도 하고 멈추게도 하는 메모리의 주인으로 살고 있는 것을 의미하는 것이다.

　인간의 모든 행동은 기억해서 행하는 것이라고 해도 과언이 아니다. 그런데 그 행동을 하게 하는 메모리가 어떤 메모리인가에 따라 사람의 삶의 품격이 달라진다. 가장 저급의 삶은 자신의 행동이 무슨 기억에서 나오는지 모르고 행동만 하는 사람이다. 그 다음 급은 자신의 메모리가 마음먹은 대로 행동이 안 나오게 하는 것을 아는 사람이다. 최고의 품격이 있는 사람은 자신의 메모리와 싸워서 자신이 그 메모리를 통제까지 할 수 있고 머리로 행동을 하는 사람이다.

기억을 가지고 행동할 수 있으면 그 사람의 정체성이 밖으로 나타난다. 원하지 않는 기억인데도 그 기억으로 옳지 않은 행동이 계속 나온다면 그 사람은 자아 정체성에 혼돈을 하고 있다고 볼 수 있다. 반면에 자신이 가지고 있는 기억을 이겨서 사랑이 나올 수 있게 한다면 이전의 기억을 사랑으로 바꾸는 것을 기억하고 또 행하는 것이 참사랑의 방법이다.

나의 말을 누군가가 기억했다가 행한다면 그 사람은 나의 말을 들어준 것이다. 나의 말을 들어주는 사람이라고 다 나를 사랑하는 사람이라는 것은 아니다. 참사랑을 하고 있는 사람이 어떤 사람이라는 정의는 이럴 것 같다. 사랑하는 사람의 말을 듣고 기억했다가 그 사람이 나의 사랑임을 확인할 수 있을 때 그 사랑하는 사람을 위해 행함으로 사랑하는 사람이다.

비극은 서로의 말을 들어주는 사람이 서로 맞지 않을 때 생긴다. 나는 너의 말을 들어주는데 너는 나의 말을 기억하지 않고 도리어 다른 사람의 말을 들은 대로 행하면 서로가 사랑하는 사람들이 아니고 그래서 비극이다. 서로의 말을 서로 들어 주고 그 들은 사람에게 들은 대로 행하는 남녀라면 이 사람들은 세상에서 가장 행복

사랑의 해법

한 사람이 될 것이다.

　　사람의 기억은 그리 오래가지 않는다. 사랑의 기억도 오래가지 않는다. 그렇다면 사랑은 기억만 하는 일이 아닌 것이 분명하다. 그렇다고 사랑의 기억이 오래도록 잊어버리지 않도록 노력하며 구구단 외우듯 한다면 그것이 영원히 사라지지 않는 사랑이 될 수 있을까? 그것은 단순한 기억이지 그 기억만으로는 사랑으로 되지 않는다.

　　사랑이 기억이라면 이세상의 사람들이 사랑을 한다고 기억만 하고 앉아 있을 것이고 행동으로 사랑을 하려고 애를 쓸 필요도 없이 미라처럼 꼼짝하지 않고 가만히 있을 것이다. 만일 자기 짝이 사랑을 한다며 아무것도 하지 않고 방안에 누워만 있다면 당장 '사랑은 무슨 얼어 죽을 사랑이냐!' 소리를 지를 것이 분명하다. 사랑이라면 뭐라도 좀 하고 움직여 사랑을 만들어야지 기억만 가지고 아무 짓도 안 하는 것을 사랑이라고 말할 수 없다.

　　처음 만났을 때 처음으로 사랑하려는 마음을 가지던 첫사랑의 마음을 계속 간직하기 위해서는 그 처음 만난 때를 기억하며 그 사랑을 행동으로 옮기는 사랑이 영원한 사랑일 것 같다. 처음에는 무엇이나 사랑을 위해 다 할 것만 같은 마음이었을 것이다. 그래서 늘 곁에서 사랑하는 사람을 보며 그 사랑을 기억하려고 결혼까지 한다. 그러나 언제나 볼 수 있어서 곁에 있다는 것은 사랑을 기억해서 행하는 것에 방해가 되기도 한다. 늘 있기 때문에 기억을 하지 않아도 된다는 편안함이 나태함으로 변하는 것이다.

　자신의 말과 행동이 사랑하는 사람을 위해서 하는 것이라면 그에 맞는 태도인지를 아는 것은 그리 어려운 일이 아닌 매우 쉬운 일이다. 자신이 하는 말과 행동이 나오기 일 초 전에 한 번만 생각해 보면 되는 일이다. '이 말이 또는 이 행동이 지금 이 사람이 좋아하는 것인가? 아니면 내가 좋아하거나 이전에 다른 사람에게 하던 짓인가?' 이러한 한 번의 생각을 하는 과정은 자신의 말과 행동을 사랑하는 사람을 위한 사랑에 맞는 말과 행동이 된다.

　참사랑을 하는 일은 살얼음을 걸어가듯 매우 세심한, 조심하는 배려가 있어야 한다. 사랑을 매우 쉽고 간단하게 생각할 때 대부분의 사람들은 사랑을 어렵게 만들 수 있다. 아직 신혼일때 며느리가 들으라고 방문 밖에서 시어머니가 '그러니까 그때 그 처자가 더 좋다고 했잖어.' 또 다른 부부는 예전의 애인과 로마에 갔을 때 찍은 사진을 시어머니가 아들 모습만 남기고 잘라 놓은 것을 보게 했는데 그 다음에 남편은 결혼하고 아내와 함께 로마 여행을 갔다는 것이다. 배려가 없는 행동들이 결혼 생활을 모두 악몽으로 만드는 것처럼 보였다.

　위의 사람들의 결혼 생활과 사랑은 어떠했을까? 시어머니가

사랑의 해법

구십이 넘어도 그 시어머니를 돌보지 않는 이유가 되고 남편은 방탕하여 성병에 걸리는 세월을 살았다고 한다. 또 다른 사람은 여자의 스트레스인지 결혼하고 이십여 년이 지나도 아이가 없다고 한다. 사실 매우 조그만 사건일 수도 있지만 참사랑을 실현하려던 결혼은 이미 파탄을 한 거나 다름이 없는 삶을 살게 한 것이다.

    기억을 가지고 사랑을 행할 수도 있는 반면에 기억이 현재의 사랑을 방해하기도 한다. 사랑을 기억해서 행할 때 내가 사랑하는 사람이 누구인가를 분명히 알고 그 사람이 좋아하는 것을 기억하면 사랑만 커질 것이다. 사랑을 키우기 위해서는 자신이 원하는 것이 아닌 사랑하는 사람을 위하는 일이 비록 내가 싫은 것이라도 사랑하는 사람을 기억해서 무언가를 행하는 노력이 있다면 그만큼의 사랑은 커가는 것이다. 그 사람이 내게 그 사랑을 다시 돌려 줄 나의 사랑이면 더욱 사랑이 저절로 나올 것이다.

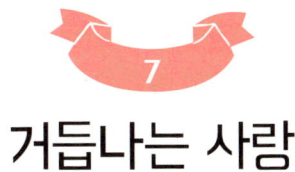

거듭나는 사랑

번데기처럼 거듭나는 사랑은 지금의 모습만을 보는 것이 아니라 앞으로 변화할 수 있는 모습까지 사랑하는 믿음의 사랑이다. 번데기에서 나비가 나오면 사실은 번데기와 나비는 같은 것인데 번데기의 모습을 먼저 볼지 아니면 나비의 모습을 먼저 보는지에 따라 내가 걸려 넘어질지 아니면 희망으로 사랑을 하게 될지가 정해질 것 같다. 겉으로 보이는 것 속에 감추어진 것을 모두 다 소중하게 여길 수 있으면 그 사랑이 거듭나는 참사랑이다.

번데기 사랑은 잠재적 사랑이면서 미래 지향적인 사랑이다. 또 사랑하는 사람을 일부분만 사랑하는 것이 아니라 그 사람의 모두를 사랑하는 사랑이다. 사랑하는 사람들이 서로에게 보여지는 단점을 어떻게 개선하고 발전할 수 있을지를 도와주려는 마음이 사랑하는 마음일 것 같다. 단지 그 사람의 장점으로 내가 이득이 될 수 있기를 바라는 마음만 있다면 그 마음이 언젠가 나의 단점으로 드러나게 될 것이다.

이론적으로는 사랑하는 모습이 아름다워야 하는데 실지로 누군가를 사랑하는 사람의 모습은 그리 아름답지가 않다. 자신보다 사랑하는 사람을 더 사랑하는 사람은 더욱이 그러하다. 사랑하는 사람을 위해 자신을 낮추고 희생을 해야 하는데 이러한 일상의 삶 속에서 사랑하는 사람을 먼저 생각하는 사람의 모습은 그리 아름다움으로만 꾸미고 가만히 있을 수는 없는 일이기 때문이다.

사랑해서 살다 보면 반드시 사랑하는 사람이 서로의 걸림돌이 되는 때가 있고 또 그 걸림돌로 새로움을 만들기도 한다. 사랑하는 사람에게서 미처 모르고 지내던 사랑스러운 면을 발견한다는 것은 그런 모습이 보이지 않을 정도로 걸림돌이 있었다는 말과도 같다. 곁에 있어서 그저 그렇게만 보이던 사람인데 어느 날 매력적인 모습이나 애틋한 마음을 찾을 때는 번데기와 나비처럼 매우 달라 보인다고 말하는 것과 같을 것이다. 그때 사랑하는 사람에게서 발견하는 새로운 모습은 자신만 잘난 줄 알고 살았다는 말과도 같다. 스스로가 겸손해지는 자신의 모습을 갖는 것이라면 자신도 새롭게 거듭

참사랑의 해법

나는 사랑을 하는 것이다.

　결혼하고 이십여 년을 살아온 어느 친구의 이야기가 생각이 난다. 그 친구의 남편은 유난히 화려한 것을 좋아했다고 한다. 짧은 미니스커트를 입은 여자의 뒤를 돌아보거나 차를 운전하면서도 지나가는 여자를 보며 다닐 정도였다고 했다. 세월이 흘러 중년을 넘긴 친구의 얼굴을 보며 어느 저녁 그 남편이 '당신도 탐나는 여자야!' 말했다고 한다. 사랑이 화려함에 있지 않다는 것을 말하는 소리로 듣기에는 세월이 너무 오래 걸린다는 생각이 들었다.

　남편이 결혼할 때 자신에게 절대로 살찌면 안된다고 말했기 때문에 자신은 마음대로 먹을 수가 없다고 말하는 새댁을 본적이 있었다. 그 시절에 아이스크림을 좋아하던 나는 '겉으로 보이기 위해 먹지 못하고 평생을 살아야 하는가?' 하는 생각에 그 사람을 조금 의아하게 보았던 기억이 난다. 그리고 이제 중년이 넘는 나이가 된 그녀를 우연히 만났을 때 사랑을 위해 굶었던 얼굴이 왜 그리 사납게 보이는지 내 눈에는 아름답지 않아 보였다.

　사랑의 감정으로만 사는 것과 달리 결혼은 아내가 되기도 해야 하고 엄마가 되어야 하는 역할이 함께 있다. 아내가 되기 위해 굶고 날씬해야 하는 것까지는 어떻게 하겠지만 집안의 일과 아이를 돌보고 키우기 위해 하는 가사 노동을 굶어서 성질이 매우 날카로운 상태로 하는데 어떻게 사랑이 나오겠는가? 배가 고프면 굶주린 사자가 죽어라 달려서 먹이를 먹는 맹수 같은 사나움이 나오는 것은 자연의 법칙일 수 있다. 사랑은 보이는 겉과 보이지 않는 마음속이 이렇게 다를 수 있다.

화려하게 화장을 한 얼굴보다는 꾸미지 않고 조금은 촌스러워도 보이는 가식이 없는 얼굴이 오히려 남편을 또 아이들을 사랑하고 있는 여자의 모습일 수 있다는 생각이 든다. 남자도 멀끔한 의복을 차려입는 것이 아니더라도 허름해 보이는 옷차림의 모습이 오히려 자신에게 사랑하는 여자만 사랑하고 가족을 사랑하는 남자의 모습일 것 같다.

겉과 속이 모두 볼품없이 보이는 것이 자신을 낮추어서 한 사람을 사랑으로 높이며 사는 모습이 근접할 것 같다. 누구에게나 다 잘 보이기 위해 자신을 겉치레하는 나비의 모습만으로는 누군가를 사랑하는 사람이라고 보이기가 어려울 수 있다. 번데기처럼 초라함에서 나오는 사랑의 모습으로 세월을 참고 지나야 진정한 사랑의 아름다움으로 드러나는 것이 거듭나는 번데기의 사랑이다.

사랑하는 사람과 넘어서야만 하는 걸림돌을 만나면 둘이 함께 꿋꿋하게 넘어서는 사랑은 거듭나려는 용감한 사랑이다. 살다 보면 인생길은 이런저런 위기와 어려움에 직면하게 마련인데 이것을 지혜롭게 잘 넘어서면 두 사람의 사랑은 인생을 거듭나며 사는 것이다. 마치 전쟁터의 전우처럼 사랑과 삶의 지혜로 용감한 사랑을 하는 것이다.

　호주의 이민 생활을 삼십 년 가까이 하다 보니 도박으로 일확천금을 벌려고 하는 남편을 둔 아내는 어린아이 둘과 함께 그 남편의 도박이라는 걸림돌을 넘어가는 사람도 있는가 하면 어떤 사람은 술을 먹는 것이 중독이라서 그것이 사랑의 걸림돌이 되었다. 또 어떤 부부는 남편이 돈만 있으면 다 써 버리고 집도 팔기도 하였다는 것이다. 이렇게 걸림돌에 걸린 아내들의 말은 한결같이 남편의 얼굴만 보면 가슴이 답답하고 속이 터질 것 같다는 것이다.

　사랑하는 사람들의 사랑이 거듭나기 위해서는 수없이 많은 종류의 걸림돌들을 지나야 하는 것처럼 보인다. 걸림돌 자체만 보면 사랑과는 전혀 관계가 없어 보이기도 한다. 사랑하는 사람이라서 그런 모든 일들이 걸림돌이 되어 서로 미움이 생기는 것은 걸림돌이 사랑을 보이지 않게 하기 때문이 아닐까 싶다. 거듭나려는 희망을 갖기만 한다면 누구라도 걸림돌을 치우는 용기 있는 사랑을 시작할 수 있을 것 같다.

사랑의 해법

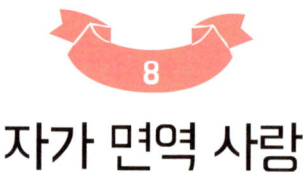

자가 면역 사랑

　　자가 면역 사랑은 서로가 서로를 쉼 없이 돌보는 사랑법이다. 자가 면역 시스템은 우리 몸 안에 존재한다. 병균이 들어오면 병이 드는 세포가 있고 그 병드는 세포를 살리려고 하는 세포도 있다고 한다. 균의 정도에 따라 병이 되기도 하고 병이 낫기도 하는데 우리들은 그것을 자각하지 못하기 때문에 자기 스스로 알아서 하는 자가 면역 시스템이라 부르는 것 같다.

　　병이 들게도 하고 낫게도 하는 몸의 세포들도 서로 견제하여 밸런스를 맞추는 것처럼 외부에서 몸의 병을 낫게 하기 위해 쓰는 약도 그 양이나 강도의 조절에 따라 우리의 몸에 명약이 되기도 하고 독약이 되기도 한다. 서로 매우 다른 둘의 성분이 서로의 밸런스를 맞추면 더없는 한 쌍이 되고 그 밸런스가 어긋나면 서로 상극이 되는 것은 남녀가 하는 사랑도 그럴 수 있다는 생각을 해본다.

우리의 몸과 정신은 이중의 구조로 이루어져 있다. 하나는 저절로 움직이는 신경과 근육이고 다른 하나는 사람이 의식적으로 움직여 주어야 하는 신경과 근육들이다. 우리의 정신도 몸의 구조처럼 해야 한다는 생각과 하기 싫은 생각이 서로 교차하는 이중의 구조를 가지고 있다. 몸과 정신은 어느 하나는 저절로 움직이는 것이라 아무런 생각도 수고도 없이 거저 작동하는 것이고 다른 하나는 억지로 하거나 하려는 것을 거꾸로 하려고 강제로 돌려야 하는 기능이다.

기호 식품이라고 하는 음식은 억지로 먹어야 한다는 생각이 없어도 저절로 먹고 또 먹기 시작하면 멈추기가 어렵다. 그런 음식을 먹고 몸에 병이 들면 이때는 강제로 움직이는 시스템이 작동을 해야 한다. 먹고 싶어하는 것은 못 먹게 하고 먹기 싫은 약은 먹어야 하는 역방향으로 몸과 정신의 밸런스를 되찾아야 한다.

몸의 밸런스를 잃으면 연쇄반응으로 정신의 밸런스도 깨지고 몸과 정신의 밸런스를 잃으면 그 다음은 자동으로 과속도가 붙어서 아예 모든 밸런스를 조절 자체의 기능을 상실하게 된다. 이런 이치로 우리가 외부의 모든 사람과 사물을 왜곡하게 되는 것도 몸의 정상적인 몸과 정신의 밸런스가 깨어진 결과이고 이 결과의 산물로 불평과 게으름이 서로 한 쌍이 되어 나오는 것 같다.

남녀의 사랑에도 이중의 구조가 있다. 자동으로 저절로 움직이는 기능은 이기심이라는 자기 마음대로의 정신에서 나오는 것이고 그러한 것을 억지로 너를 위한 것으로 돌리는 기능이 너를 위한 사랑으로 변하는 것이다. 이러한 양방향의 정신과 몸이 어느 한쪽으로 치우치면 그때 두 사람의 사랑도 밸런스가 기울어 질 수 있다.

사람의 머리가 발달한다는 것은 몸이 게을러지는 방도를 찾는 것이라 해도 과언이 아닐 것이다. 남녀의 사랑도 이렇게 머리를 굴리면 나오는 것들이 내가 좋은 것은 저절로 하면서 마음껏 즐기고 네가 좋아하는 것은 최소한 하려고 최대로 게을러지는 것을 찾는 것 같다.

면역의 밸런스는 서로가 서로를 잘 점검할 때 그 균형을 유지할 수 있다. 매우 치밀하고 빈틈이 없이 너의 상태를 서로 점검해 주는 자가 면역 세포처럼 사랑하는 사람의 상태가 어떤지 살피고 돌보아 주는 사랑이 자가 면역 사랑법이다.

너의 몸이 나의 몸이라서 너를 돌보는 것이 나를 보살피는 것이기 때문에 아무것도 어렵거나 힘들지 않아 보일 수도 있다. 그러나 의사에게 내 몸을 진찰 받을 때의 믿음처럼 사랑하는 사람 사이의 믿음은 나의 모든 약점을 내어 놓게할 수 있고 그래서 서로의 자가 면역 사랑의 기능을 발휘할 수 있게 한다.

사랑하는 사람과 결혼을 하려면 사랑하는 사람을 만나기에 앞서 자신의 모자란 부분을 먼저 고쳐야 하는 것이 정석이지만 그럴 사람이 이 세상에는 존재하지 않는다고 감히 말하려 한다. 종교적인 차원으로 우리 인간의 원죄를 거론하지 않아도 사람이라면 스스로 자신의 악한 습관을 알고 있다. 다만 악습은 고치지 않으려고 하는 습관까지 더 덧붙이는 것이 진실같이 보인다.

악한 병균을 내 몸에서 몰아내듯 사랑을 좀먹고 있는 악습이 떨어져 나가야 하는 교정통이 사랑의 아픔이 될 수 있다는 생각이 든다. 사랑은 용감한 자의 것이라는 말이 있지만 프로포즈만 용감하게 했다고 사랑이 다 이루어지는 것이 아닌 것 같다. 나의 부족함을 고치려는 조금의 고통이 커다란 사랑의 즐거움으로 변하는 과정인 줄 알고 감사히 받을 수 있는 사람이여야 참사랑이 무언지 아는 용기 있는 사람이다.

사랑이 고통이라고 흔히 사람들이 말할 때 사랑하고 싶었는데 안 만나 주어서 헤어진 것이 고통이라고들 하지만 사실은 그와 다르다. 안 만나서 사랑도 아닌 것이 증명이 되었는데, 그것을 사랑이라 하는 것도 모자라 고통까지 가지려고 하는 것은 단지 자신이 고치지 않으려는 약점에 대한 보상으로 괴로움을 잡는 것일 수도 있다. 자신의 참사랑을 막는 악한 습관을 빨리 알고 스스로 약점을 고치는 것이 사랑할 수 있는 능력을 가질 수 있을 것이다.

　　자가 면역 사랑은 삶 그 자체이고 역동적인 힘이다. 백혈구가 적혈구없이 혼자서 면역 기능을 할 수 없듯이 혼자만의 사랑은 가동이 안된다. 브레이크 없는 자동차가 엑셀러레이터로 달리기만 할 수는 없는 것처럼 말이다. 자가 면역 사랑은 사랑을 실천으로 행동하는 역동적인 사랑의 형태라서 시간을 다투는 가시적인 사랑이다. 자가 면역 사랑으로 두 사람이 하나의 쌍이 되면 하나로 같아진다. 자가 면역 사랑은 둘이 같은 한 쌍이 된 배가 되는 사랑법이다.

부메랑 사랑

부메랑 사랑은 내 마음을 길게 늘려서 사랑하는 사람을 기다려주는 사랑법이다. 결혼을 하고 영원히 사랑만을 하겠다는 사람의 관계는 서로 싫은 점이 있다는 감정만으로 서로의 관계를 쉽게 끊어 버리는 것이 아니다. 시간과 공간이 서로를 기다려 주며 사랑의 마음으로 돌아오게 하는 부메랑 같은 사랑이 부부 사랑이다.

사랑의 포용력을 늘려주는 부메랑 사랑은 고무줄처럼 신축성을 가지는 사랑법이다. 사랑하는 남녀의 사이는 서로를 포용하는 폭이 한없이 넓다가도 어느 사이에 고무줄이 줄어들어서 언제 늘어났는지 모르게 사랑의 사이가 좁혀지기도 한다. 아마도 영혼으로 사랑을 약속한 사람끼리 조금 더 기회를 주며 부메랑처럼 사랑으로 돌아서곤 했을 것이다.

사랑하는 시간동안 그만큼의 용서의 시간이 함께 있었다는 말은 수없이 부메랑 사랑을 해 왔다는 것이다. 부메랑은 고무줄처럼 끊어지지 않고 늘어나 주는 용서의 끈처럼 원래의 사랑으로 돌아오게 한다. 사랑의 끈이 가지는 고무줄 같은 완충작용은 용서로 늘어나 주는 사랑은 부메랑이 돌아오는 것같이 사랑에까지 닿도록 해줄 것이다.

고무줄이 아무리 신축성이 좋아도 한쪽 방향으로 무작정 잡아당기면 더 이상 버티기 어렵다. 사랑하는 사람을 용서하는 일도 이와 같이 잘못을 비는 사람이 자신의 방식대로 아무리 사과를 하여도 용서를 받을 수 없는 이유이다. 용서를 할 사람이 용서를 할 때까지 용서를 청해야 하는 것이다. 자신의 잘못에 용서를 받으려고 노력하는 것은 상대방과 함께 고무줄의 강도를 조절해야 부메랑이 쉽게 돌아올 수 있을 것이다.

용서의 사랑이 어려운 이유는 용서해야 할 것이 어떤 종류의 문제인가가 중요한 것이 아니다. 어떠한 문제라 하더라도 그런 것에서 잘못을 뉘우치고 돌아올 때는 더 이상 지난 것들의 사건이 문제되지 않고 또 문제 삼을 필요는 없기 때문이다. 잘못을 한 사람에 대한 용서는 과오를 용서하는 것보다 그러한 잘못 속에 사랑하는 사람의 마음을 상하게 했던 마음을 용서받아야 하는 것이기 때문이다.

부메랑이 사랑하는 사람에게 진심의 마음으로 달려갈 때는 고무줄의 늘어난 강도처럼 달려가는 정도를 기억해야 할 것 같다. 용서를 빌기 위한 부메랑은 용서하는 사람이 얼마나 어려울지를 배려하는 일이다. 사랑하는 사람이 용서할 수 있도록 세심한 주의를 기울여야 부메랑이 사랑으로 돌아 올 수 있는 것이다.

부메랑 사랑이 도리어 사랑을 해칠 수도 있다. 돌아오는 부메랑의 속도와 방향에 따라 기다리는 사람을 더욱 아프게도 할 수 있기 때문이다. 고무줄이 늘어났다가 제자리로 돌아올 때 그 줄이 몸에 잘못 닿으면 아픈 것처럼 사랑을 위해 용서를 하려는 사람의 마음을 깊이 생각해야만 부메랑은 사랑은 참사랑이 될 수 있다.

부메랑 사랑은 자신이 옳다는 것을 포기하고 사랑하는 사람에게 돌아오는 사랑이다. 사랑이면 그 자리를 지키고 그대로 있어야 하지 왜 부메랑처럼 돌아와야 하고 또 그것을 참사랑이라고 하는 걸까? 그것은 아마도 사람에게 있는 사랑의 능력에 어딘가 무지함이 숨어 있기 때문일 것 같다. 아마도 사랑은 이러한 자신의 무지함을 깨닫고 거기에서 돌아설 때에만 사랑이 있는 것 같다.

사람이 쉽게 할 수 있는 것은 단지 감각의 사랑이다. 이 사랑이 변함없는 사랑인 영혼의 경지까지 가려면 얼마만큼의 시간이 필요하겠는가? 사람이 가지는 한계는 몸으로 사랑을 해서 마음과 영혼으로 돌아오는 사랑을 하려면 수없는 실수를 저지르는 숙명을 가지고 이 세상에 태어났을지도 모른다는 생각을 해본다. 육을 통해서 영혼의 사랑을 깨달아야 하는 사랑의 숙제를 빨리 실천으로 옮기기 위해 실수를 오고 가는 부메랑 사랑은 사랑으로 가는 연습의 사랑일 지도 모른다.

부메랑 사랑은 육신의 집착을 넘어 정신의 사랑으로 돌아오는 사랑이다. 어느 오랜 친구의 남편이 자신의 시어머니에게 너무 지나칠 만큼 집착하는 사람이었다. 그 시어머니가 오랜 병고로 돌아가신 지 얼마 되지 않아 친구의 남편은 자신의 아내를 보며 이제야 자신의 아내가 보이더라고 말했다는 것이다. 유학하는 아이들과 외국에 홀로 와 있는 그 친구에게 아무 연락도 없이 갑자기 와서 눈물을 흘리며 이런 말을 하는 남편은 마음 둘 곳이 아내밖에 없다는 것을 알고 돌아오는 부메랑이었을 것 같다.

자신의 몸과 영혼이 어디로 돌아가야 하는 지를 알고 사랑의 부메랑으로 찾아오지만 너무나 늦게 돌아오는 사랑도 있을 것 같다. 예전에 자신이 간호원이었던 어떤 사람의 경험을 들은 적이 있었다. 그는 연고자가 없는 사람의 임종을 여러 번 지켜보았다고 했다.

의학적으로는 이미 숨이 끊어져야 하는 상태인 데도 죽지를 못하고 있는 어느 노숙자에게 이렇게 말을 했다고 한다. '할아버지, 할머니가 보고 싶으세요?' 그러자 그 노숙자 할아버지는 눈물을 흘렸단다. 수소문을 해서 할머니를 찾아왔고 그 할머니가 '이제 용서해 줄 테니 편히 가세요.' 말하자 몇 분 후에 할아버지는 세상을 떠났다고 하였다.

사랑이 부메랑처럼 돌아오려면 몸만으로 하는 사랑이 아닌 마음과 영혼 모두가 돌아가야 할 사람이 누구인지 영혼의 목소리에 귀를 기울여야 한다. 부메랑으로 돌아오는 영혼의 사랑은 보이지 않는 마음을 자신이 할 수 있는 모든 행동으로 사랑하는 사람에게 행하는 것이다. 우리에게 사랑을 실천할 수 있는 육신이 있다는 것이 얼마나 큰 행복이라는 것을 깨달을 수 있으면 부메랑 사랑은 이 세상을 살 수 있는 희망의 사랑일 것 같다.

매 순간의 사랑

　순간순간을 사랑하려면 그 사랑은 쉴 사이도 없이 부지런한 사랑을 해야 한다. 조금 전보다 더 나아지고 달라지려면 '지금'이라는 시제를 구분할 수 있어야만 가능해진다. 현재라는 시간을 매우 미세한 시간으로 쪼갤 수 있어야 매 순간으로 사랑을 할 수 있는데 이는 정신을 바짝 차려야 하는 일 중의 하나다.

　초시계를 앞에 놓고 지금이라는 현재를 잡으려고 하면 도저히 현재 지금의 매 순간을 뚝 잘라 이것이 현재라고 말할 수가 없다. 이렇게 잡을 수도 없고 구분도 못하는 현재는 시계 바늘이 도는 것처럼 쉼 없이 흘러가는데 우리는 그 가버리는 시간에 얼마큼의 사랑을 하고 있다고 말할 수 있는가? 단지 우리는 이렇게 정의할 수밖에 없을 것 같다. 어떤 한순간에 사랑의 마음을 가지고 그 순간은 사랑을 했다고 말하는 것이 더 정확한 표현일 것 같다.

사랑할 기회를 놓치지 말아야 하는 것도 중요하지만 지나가는 시간에 내가 사랑하려고 사랑할 거리를 만드는 것이 더욱 중요한 일이다. 기회는 밖에서 오는 것이지만 만드는 것은 내 마음속에서 나오는 것이기 때문이다. 쇠의 뿔이 불에 달구어지면 때를 맞추어 빼야 하는 것처럼 한정된 시간과 한정된 공간을 사는 사람이 사랑을 하는 방법도 그 순간 사랑의 행동 하나를 할 수 있는 것이다.

아이들의 성장도 때를 맞추어 변화해야 하는 시기가 있는 것 같다. 행여라도 아이에게 네가 언제 애기처럼 울고, 또 떼쓰고 했던 과거의 이야기를 하면 아이들은 당장 내가 언제 그랬냐는 표정을 짓는다. '그건 옛날의 나'라고도 말하고 '난 이제 그렇게 안 해요.' '나 이제는 그때와는 전혀 달라요.'라 말한다. 언제 그랬는지 모르게 완전히 달라진 모습에서만 과거와 현재의 시제가 갈라진 것을 확실히 할 수 있다.

남녀의 사랑이 제대로 된 사랑으로 성장하고 달라지는 전환점은 언제 알 수 있을까? 대부분의 사람들이 제대로 사랑을 하는 시기는 아마도 처음 만났을 때 짧은 몇 개월이 아닐까 싶다. 그런데 살

사랑의 해법

다가 변했는지 원래의 모습을 드러냈는지 모르는 모습으로 사는 경우도 많은 것 같다. 사랑하는 사람들의 현재의 시제는 서로 사랑하는 사람으로 처음 만나던 때의 마음과 행동으로 돌아갈 수 있는 것이라는 생각을 해 본다. 현재에도 그 사랑을 똑같이 할 수 있으면 순간을 사랑하는 사람이다.

매 순간으로 현재에도 사랑을 계속하는 사랑과 전혀 다른 사랑은 매 순간 사랑으로 과거의 처음 사랑의 시작만 끝없이 이어가는 치매의 사랑이다. 이 둘의 차이는 사랑의 행동을 사랑하는 사람에게 변함없이 지속하는 것과 그 시절 그 사람을 머릿속의 기억으로만 재연하는 것이 확연히 다른 차이이다. 진짜 참사랑은 여기에 있는 사랑을 계속 나오도록 노력하는 것이다. 가짜 사랑인 치매 사랑은 여기 현재 있기를 바라는 마음으로 과거를 공상하며 없는 것을 있다고 끝까지 우기는 것이다.

처음의 사랑을 기억해서 지금도 행동으로 나오려면 저절로 나오기는 어렵다. 감정도 달라질 수 있고 나이도 달라졌는데 변함없는 마음을 가지고 지금의 시제로 나올 수 있는 것은 내가 달라진 것으로 나올 수 있어야 하기 때문이다. 지금 이 순간의 사랑으로 어떻게 변할 것도 생각해야 하지만 그것을 언제 시작하는가도 매우 중요하다. 내가 달라져서 나오는 사랑을 할 때 모든 마음을 다해서 달라지지 않고 조금만 변하려고 하면 지금의 매 순간을 사랑하는 것은 때를 봐서 대충 사랑을 하는 것이다.

　순간의 사랑을 선택하는 사람은 계속적으로 순간의 사랑을 선택하려고 하지만 반대로 순간의 사랑을 선택하지 못하는 사람은 인생의 모든 시간에서 순간마다 사랑을 거절하는 선택을 할 수밖에 없다. 최소한으로 사랑을 선택하면서 자신의 안전성을 지키려고 하기 때문인데 자신의 안전성만큼 사랑은 거절되기 때문이다.

　사실 하루의 모든 시간을 초 단위로 나누고 매 순간을 모두 사랑만 하며 살 수는 없다. 몸이 불편할 때 짜증이 나올 수도 있고, 자신의 감정이 사랑의 감정으로 변하지 못해 자신도 통제 못하는 환경의 스트레스로 언행이 감정적으로도 나올 수 있는 것이 현실이다. 그 모든 시간을 다 사랑했다고 말하는 것은 불가능할 수 있다.

　매 시간을 사랑하려고 노력하려면 가능한 짧은 시간으로 구분해서 자신의 모습과 언행을 살펴볼 수 있으면 그러한 자신의 모습과 행동이 사랑으로 나왔는지 아닌지를 살펴 볼 수 있다. 짧은 순간이라도 과거의 나를 잡을지 아니면 현재의 나를 잡을지를 결정하는 것이 순간의 사랑을 하는 일이다. 지금 오고 있는 순간순간을 사랑을 할 수 있다면 그것이 사랑하는 능력이 있는 사람이다.

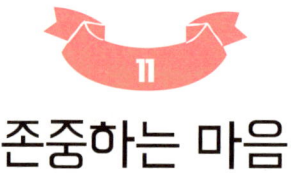

존중하는 마음

사랑은 어떠어떠해야 하는 것 중의 하나는 사랑하는 사람에게 존중하는 마음이 있어야 한다는 것이다. 누군가를 사랑하고 존중하는 것은 쉽게 할 수 있지만 그 사람의 무엇을 사랑하고 존중해야 하는지를 정확히 아는 것은 어려운 일이다. 왜 그 사람에 대한 사랑이나 존중이 자신의 마음속에 들어왔는지 스스로 들여다본 적이 없기 때문이다.

거울을 봐야 내가 어떻게 하고 있는 것인지 알 수 있듯이 거울처럼 너를 볼 수 있을 때 내가 너를 사랑하는지 알 수 있게 되는 것 같다. 사랑하는 마음을 가지고 그 사람을 존중하는 마음이 생긴다면 그것은 사랑하는 사람을 귀하게 여기려는 마음에서부터 나오는 것이다.

　존중의 마음은 어떻게 생길까? 무엇보다 나와 상관이 있는 사람이어야 하고 그래서 가까워지고 싶어야 존중의 마음이 생길 수 있다. 여기에 무엇인가 나에게 좋은 것을 얻을 수 있다는 기대가 생기면 의도적으로 더 가까워지기 위해 악착같이 존중의 자세를 취하려 할 것이다. 이익을 따지는 사회생활에서는 누군가 나에게 이익이 될 것 같으면 존중의 태도가 자연히 나오게 되고 이익이 없는 사람이면 곧바로 무시의 태도가 나오는 것을 쉽게 볼 수 있다.

　사랑하는 사람 사이의 존중하려는 마음도 아마 이런 자세에서 시작할 수 있다고 생각해도 과언은 아닐 것 같다. 그러나 사랑하는 남녀가 서로 존중한다는 것과 그 밖의 사람들이 서로 존중하는 관계는 서로 다른 점이 있다. 진짜 사랑인지 아닌지를 시험 받을 때 사랑하는 남녀 사이의 존중의 척도로 그 사랑의 진가가 결정되는 것 같다. 사랑하는 사람이 간혹 나에게 이익이 되지 않아도 함께하는 가족이기 때문에 존중의 마음이 변치 않는다면 그 존중은 사랑을 지킬 수 있다.

　결혼을 하고 나면 남자와 여자의 존중의 척도가 변하는 것처럼 보일 때가 종종 있곤 한다. 남자의 직업의 성공 여부가 변하고 여자의 몸매와 미모가 변해 보이는 것들이 존중의 척도를 변하게 하는 것일까? 그렇다면 스스로에게 질문을 반드시 던져 보아야 할 것이다. '내가 저 남자의 돈 버는 기술만을 사랑했을까?' '내가 저 여자의 외모만 사랑했을까?' 그런 좋은 점들은 나에게 무슨 이익을 주는 것이었을까 그 시절의 생각을 뒤돌아보면 좋을 것 같다.

육아에 시달리는 삼사십 대에는 가사일과 노동의 직업까지 겹치면 대부분의 아내들은 후덕스럽게 살이 찐 모습들을 보게 된다. 그들의 남편은 만나는 사람들에게 자신의 아내가 결혼하기 전에는 날씬했다고 말하는 것을 꽤 여러 사람에게서 듣게 된다. 더욱이 날씬한 다른 집의 아내들을 볼 때마다 자신의 아내를 비교하는 것은 날씬한 모습이 더 보기 좋다는 암시를 아무렇지도 않게 하는 것이다.

아내들이 '그 인간이 나를 무시하니까….'로 자신의 남편을 말하는 것은 비단 몸매 뿐만이 아니다. 존경을 받기는 커녕 모든 일에 무시를 받고 있다면 그곳에 사랑이 있었다고 믿기가 어려운 것이 당연할 것 같다. 사랑에 존중이 빠지면 그 사랑은 아마 동정심 같은 것만 남지 않을까 싶다. 사랑하는 사람에게 불쌍하고 가여운 마음을 갖는 것은 높은 사람이 낮은 사람에게 대하는 태도이다. 존경해야 할 곳에 윗사람의 지배 심리가 자리 잡는다면 사랑은 어디로 갔을까?

사랑하는 사람을 높이는 존경과 무엇이 없어서 낮게 보려는 동정심은 자신의 내면을 바라볼 수 있는 능력이 없는 사람에게는 그 구분이 그리 쉽지만은 않을 수도 있다. 무시하는 태도를 웃음으로 가리거나 예의 바른 것처럼 가장을 하면 겉모습만 볼 수 있는 사람에게는 오히려 무시 받는 것이 존중 받는 것으로 착각하는 경우가 될 수 있기 때문이다.

동정심의 결과는 그동안 해준 것을 받으려는 보상의 심리로 끝난다. 무엇을 어떻게 해 준 것만 기억하기 때문에 더 이상 받을 것이 없으면 그 관계는 매우 짧은 시간밖에는 유지할 수 없게 된다. 그러나 사랑하는 사람을 존중한다는 것은 지금까지 내게 필요한 사랑을 계속하고 있는 현재 진행을 이어 갈 수 있는 마음을 나타낸다.

이익사회에서의 인간 관계는 동정심을 주면 존경이 돌아오는 것이 보편적인 관례이다. 대가를 받기 위해 필요할 때만 존경을 표하면 되는 제한을 두기 때문에 동정심은 조건적이다. 무제한으로 존경이 나올 때 사랑을 가능하게 한다.

사랑을 한다는 말을 두 가지로 구분한다면 아마도 하고 싶은 사랑과 해 주는 사랑일 것 같다. 이 두 가지의 'I want to love you.'와 'I give you my love.'라는 말은 사랑한다는 말로 들릴지 모르지만 조금의 차이가 있을 것 같다. 내가 사랑하고 싶은 마음과 내가 사랑을 해 줄게라며 인심 쓰듯이 말하는 것은 사랑을 동정심으로 무엇을 주는 것이 사랑을 준다는 말일 수도 있다.

　내가 원해서 하는 사랑은 능동의 사랑이다. 그리고 무엇인가를 주는 것이 사랑을 주는 것이라는 말은 듣기에는 아름다울 수 있지만 다시 생각해 볼 문제인 것 같다. 누구에게 주는 것이 사랑이든, 웃음이든, 돈이든, 초콜릿을 주겠다고 말하는 것은 이미 그 사람이 필요한 것이 무엇인지 알고 있다는 말이 된다. 돈이 없는데 돈을 주면 고마울 수도 있다. '너에게 내 사랑이 필요하지?' 그래서 내 사랑을 준다는 말을 한다면 그 사랑을 받은 다음에는 분명 대가성의 일이 기다리고 있을 것이 분명하다.

　내가 너에게 '너를 사랑하고 싶어.'라 말할 때, 네가 나에게 '너를 사랑하고 싶어.'라 내게 말하면 그 사랑은 서로가 원하는 사랑이 합쳐서 하나의 공감대를 형성하는 사랑을 하게 되는 것이다. 이때 너를 사랑하고 싶다는 이세상에서 가장 너를 존경하는 표현이 된다.

참사랑의 해법

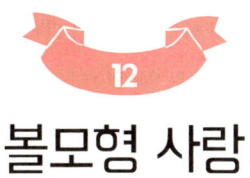

볼모형 사랑

　　볼모형 사랑이란 자신에게 주어진 사랑의 한계를 분명하게 알아서 영원히 사랑할 수밖에 없는 필연의 사랑법이다. 볼모의 뜻은 어느 나라가 정복을 당한 나라의 왕자나 공주를 정복한 나라로 강제로 잡아서 그 나라에서 제한된 삶을 사는 것을 말한다.

　　볼모로 잡힌 상태로 사랑을 한다면 어떤 사랑을 할 수 있을까? 하고 싶은 대로 할 수 없는 볼모의 상태이니 살아도 살아 있는 것이 아닐 수도 있는 몸으로 무슨 사랑을 할 수 있겠느냐고 할 수도 있다. 그러나 목숨이 담보로 잡힌 사람에게 사랑이 허락된다면 그 사랑하는 사람은 세상에 오직 내 곁에 존재하는 자신의 유일한 사랑일 것이다. 자기 마음대로 하는 것이 허용되지 않는 것이 감옥생활과 비슷할 수도 있을 것이다. 거기선 자신에게 주어진 사랑할 수 있는 사람만이 오직 하나 소중하게 여겨질 수 있기 때문에 오히려 무한의 사랑을 할 수 있다.

사랑하는 남녀 사이가 서로에게 볼모가 되는 사랑을 할 수 있을까? 사랑하는 남녀의 사이에 볼모가 되는 것을 결혼하는 것이라고 표현하고 싶다. 서로가 자신의 주제를 잘 알고 서로에게 자신의 이성에 대한 반경을 모두 줄이겠다는 의미로 볼모라면 사랑과 결혼은 자신의 짝만을 이성으로 알겠다는 한계를 두는 말이 된다. 이 한계 안에서 서로 사랑하는 사람만 있게 될 것이라 사랑의 청정 지역처럼 아무 분심거리도 없이 두사람은 사랑만 무한으로 할 수 있을 것 같다.

외부의 것을 차단하는 것이 도리어 사랑의 자유를 무제한으로 주는 것이어야 볼모의 사랑이다. 그런데 사랑하는 한 사람이 도리어 자신의 자유가 구속되는 것이라고 한다면 거기에 사랑이 있다는 것이 어렵다. 똑같이 사랑하는 남녀가 결혼을 하는데 어떤 사람은 결혼을 족쇄를 차는 것으로 비유하며 모든 자유가 없어진다고 말한다. 그 없어지는 자유가 서로 사랑할 수 있는 자유도 없다면 거기에는 서로 사랑한다거나 결혼하는 의미가 전혀 없을 것 같다.

사랑하는 사람에게 결혼의 제도는 서로를 평생 볼모로 만드는 일은 사실이다. 어쩌면 이 세상을 사는 일 자체도 우리에게 모든 것이 한정되어진 볼모의 삶을 사는지도 모른다는 생각을 해 본다. 하고 싶다고 모두 다 할 수 없는 이 세상의 모든 환경과 그 안에서의 사람들의 능력의 한계도 세상에 모든 것을 할 수 없다는 것을 말해주는 것처럼 보일 때가 있기 때문이다.

제한된 인생 그 자체가 볼모라면 제한된 환경을 무제한으로 만들 능력이 사람에게는 없다. 다만 그 제한 안에서 전혀 제한을 갖지 않고 무제한의 사랑을 할 수 있는 일은 사랑하는 사람이 서로가 더 이상의 사랑하는 사람을 만들지 않으려는 제한을 둘 때 그 사랑은 둘만의 무한대의 사랑을 할 수 있는 것이다.

누군가의 볼모가 되고 또 내가 기꺼이 볼모로 사랑하는 일은 그럼에도 불구하고의 사랑법이다. 볼모의 담보력이 클수록 그 안에서의 사랑은 더욱 막강한 힘을 갖게 되는 것은 당연하다. 볼모형 사랑에 담보는 서로가 사랑할 수 밖에 없게 하는 힘이다. 전쟁으로 볼모로 되는 담보의 나라가 별 볼일이 없는 소국이냐 아니면 어마어마한 대국의 볼모인지에 따라 볼모의 가치는 커지는 것과 같다.

사랑하는 사람 사이의 볼모의 담보가 내 목숨에 달린 영혼으로 약속하는 결혼이라면 큰 담보일 것이다. 그것도 모자라서 아내와 남편에 자녀까지 있다면 그 사랑의 담보력은 어마어마한 것이다. 그것이 서로를 더욱 넉넉하게 해주는 자유이고 그 안에서 아이들은 무한한 사랑이 볼모의 힘에서 나오는 것을 알게 될 것이다.

내 짝을 내가 찾는 것이라고 하는 것과 태어날 때 이미 하늘에서 내 짝이 정해진 것이라고 생각하는 것에 따라 볼모가 되는 담보의 형태가 매우 달라진다. 자신이 마음에 드는 상품을 고르듯 자신의 짝을 찾았다면 결혼을 했어도 쉽게 이런 말을 할 수 있을 것 같다. '손해보는 것 같다.' '잘못 골랐다.' '속았다.'는 말은 내 마음대로 내 짝을 찾아도 괴롭다는 말일 수 있다. 그러나 내 마음대로가 아닌 내 짝이 필연이라면 나의 볼모는 하늘과 같은 큰 담보력의 힘을 갖을 것이다.

볼모의 사랑은 자신이 어쩔 수 없는 볼모라는 사실을 미리 깨달을 수 있는 현명한 사람들의 사랑법이다. 자신의 사랑이 곁에 있는 단 한 사람밖에 없다는 것을 건강을 잃고 난 다음이나 재산을 모두 탕진한 다음이나 그것도 아니면 사랑하는 사람이 더 이상 옆에 없을 때나 깨달을 수 있다는 것은 이미 때가 늦어버린 사랑만 하는 사람들인 것이다.

내가 내 짝을 사랑하지 못하는 것이 나의 실수라면 내 사랑 안에서 나의 잘못을 찾아야 하는 숙제가 남는다. 그럼 내 짝인 줄을 어떻게 알 수 있을까? 지금 내가 함께 결혼을 해서 살고 있을 수 있는 이 사람이 나의 볼모이고 그래서 그것을 보고 하늘에서 정해 준 내 짝이라는 것은 지금 현재 누가 나의 짝인지 그 결과를 보고 알 수 있다.

결혼이란 이렇게 매우 신비로운 힘을 갖는다. 결혼으로 서로가 서로에게 볼모가 되지만 그 볼모의 처지 안에서는 서로가 무제한의 사랑을 할 수 있는 것은 신비로밖에는 설명이 어려울 것만 같다. 내가 스스로 사랑의 볼모가 기꺼이 되어주는 일은 그 안에 사랑하는 일만 있기 때문에 자유와 평화가 더 이상 이 세상에서 찾을 수 없을 것 같은 큰 참사랑임이 분명하다.

사랑의 해법

상대성 사랑법

　사랑이라는 말에 어울리는 것은 세상에 하나밖에 없는 절대성일까 아니면 무엇 때문에 변하는 상대성일까? 사랑은 원래 하나여야 하는 절대성이 맞다. 그 절대의 사랑을 몇 사람이 하는가에 따라 사랑이 절대성인지 상대성인지로 달라진다.

　사랑을 혼자서만 하면 완전한 절대성 사랑이다. 세상이 두 쪽이 난다고 해도 절대로 변하지 않는다. 짝사랑이나 상상 속의 혼자 사랑이 이런 절대성 사랑이다. 내가 마음이 변하면 그때서야 변할 수 있다. 그런데 남녀가 둘이 하는 사랑은 혼자서 하는 것이 아니다. 둘이 하는 사랑은 상대성 사랑이다. 둘이서 상대성 원리를 가지고 혼자서나 할 수 있는 절대의 사랑으로 가려는 사랑이 상대성 사랑 법이다.

상대성 사랑법은 자연법 사랑과 다르다. 사랑을 한다는 감정을 갖는 것은 감정일 뿐이다. 즉 자연법 사랑이다. 노력이 없어도 저절로 좋아하는 감정만 있으면 되는 것이다. 남녀가 만나기만 해도 자연히 그런 감정을 갖을 수 있는데 그것을 구분할 능력이 없으면 감정만 있으면 거저 사랑이 될 수 있는 세상에서 제일 쉬운 일이 된다. 이것은 사랑일 수 있지만 사랑이 아닐 수도 있다. 그 남녀가 어떤 남자이고 어떤 여자인지에 따라 사랑이 되기도 하고 동물 짝짓기의 자연법 사랑이 되기도 한다.

상대성 사랑법과 자연적 사랑법의 차이는 사고를 하느냐 사고가 없느냐로 구분할 수 있다. 자연법 사랑이란 사고가 발달하기 전의 아이가 하는 것과 같다. 내가 원하는 것을 주면 나를 사랑하는 줄로 알고 그것을 더 받기 원해서 사랑을 주는 것이 그것이다. 마치 애완동물을 길들이듯 하는 그런 자연 발생적인 사랑이다.

내가 누군가를 좋아하는 것 같다는 감정과 누군가 나를 좋아하는 것 같다는 신기루와 같은 애매한 감정만 있어도 혼자서 절대적인 사랑을 만들기 때문에 자연법 사랑은 사람의 정신이 필요하지 않고 정신이 죽고 육체도 죽음으로 이끄는데 그 시작이 자기 만족만을 구하려 하기 때문이다.

　몸에서 저절로 발생하는 감정만으로 사랑이 되는 자연법 사랑을 사랑이라고 한다면 그 사랑은 역공을 받게 된다. 아무런 밑천도 들지 않고 내가 하고 싶은 대로 쉽게 사랑을 해 놓고 그 사랑에 어떻게 사람들은 다 속았다고 후회를 한다고 할 수 있는가? 거기에는 너를 알려는 노력과 나아가서 너를 위해 내가 변하는 각고의 노력인 상대성 사랑법이 전혀 없었기 때문에 사랑이 아닌 것이다.

　상대성 사랑은 내가 사랑하는 사람과 같이 변하는 사랑법이다. 사랑을 하기 위해 자신이 소유하는 물질이 공유되어야 하고 사랑하는 사람과 마음도 통해야 한다. 사랑하는 사람과 함께 할 때 자신을 사랑하는 사람의 입장에서 바라볼 수 있으면 내가 네 입장이 되어볼 수 있고 또 네가 나의 입장이 되어볼 수 있는 사랑, 즉 상대성 사랑을 할 수 있다.

　상대성 사랑법은 자연법 사랑을 역으로 가는 것이다. 예를 들어 술을 많이 먹어서 건강이 나빠진 남편에게 술을 끊도록 무엇을 어떻게 하려는 방법 중의 하나로 술을 먹지 못하는 아내가 술을 먹어서 남편이 아내를 걱정하게 하는 것은 상대성 사랑법이다. 아내가 술 마시는 것을 보고 거기서 자신의 모습을 아는 것은 상대성이고 마음까지 알게 되면 상대성 사랑이다.

상대성 사랑은 사랑안에서 자유의 형태가 완전히 바뀌는 매우 고차원의 사랑법이다. 내가 먼저 상대적으로 너를 위해 변하는 사랑을 하는 것이 사랑이라는 감정만이 아니라 사랑하는 사람을 위해 자기 자신을 냉철한 사고로 옳고 그름을 볼 수 있기 때문에 두 사람이 서로의 사랑을 올바르게 만들어가는 사랑법이다.

　　상대성 사랑법은 선 사고 후 행동의 사랑이다. 자연히 나오는 감정으로 사랑을 한다면 선 행동 후 사고로 행동만 먼저 앞서는 실수가 많은 결과를 남길 수 있다. 상대방의 행동에 대해 시간을 갖고 잠시 사고할 수 있으면 상대방의 행동에서 자신의 문제를 찾을 수 있다. 흔히 남자들이 이기적이라고 말하는 경우를 상대성 사고로 살펴보면 여자들이 남자들에게 이타적인 사랑을 한 결과일 수도 있다. 상대성 사랑은 사랑하는 사람에 대한 선 사고를 통해 나에게서 나오는 행동을 미리 살펴 볼 수 있는 사랑이다.

　　불변의 절대적 사랑을 하고픈 마음은 사람이라면 누구나 가지고 있다. 그러나 사람은 처음부터 불변의 마음을 가지고 있지 못한 존재이다. 일 잘하는 벌만 모아서 그룹을 만들어 보면 그 그룹 중에 팔십 퍼센트가 놀면서 일하지 않는 벌이 나온다고 한다. 이것은 벌뿐만이 아니라 사람들에게도 나오는 현상이다. 부부가 서로를 변하게 만드는 정도에 따라 한 사람이 불변의 사랑을 하려고 하면 다른 한 사람은 불변의 사랑에서 게을러지려고 하는 것은 사람들이 자연

사랑의 해법

히 상대성의 법을 따르는 것처럼 보인다.

　　상대성으로 흘러가는 사랑을 해결하려면 시소의 원리처럼 두 사람이 서로 사랑하는 일을 교대로 해야 한다. 네가 나의 입장이 되어 보고 내가 네의 입장이 되어 보면 거기서 너를 알게 되고 또 내가 사랑하는 법을 찾을 수 있다. 상대성 사랑법은 사람의 사고로만 할 수 있는 인성을 갖추는 사랑법이다.

　　사랑하는 두 사람의 사랑이 상대성 사랑법에서 절대성이 사랑으로 가려면 두 사람이 모두가 서로 상대방을 사랑한다고 할 때 내가 나를 사랑하는 것이 없어져야 그 두 사람의 사랑이 하나가 되는 절대의 사랑이 되는 것이다. 나는 나인데 나는 없고 내가 된 네가 다시 내가 되는 사랑이다. 결혼으로 사랑하는 두 사람만이 할 수 있는 신비의 사랑이 바로 상대성 사랑이다.

사랑의 약속

약속이라는 말은 다발을 끈으로 묶는다는 뜻이다. 사랑의 약속이란 두 사람의 사랑을 꽁꽁 묶어 놓는 것을 말한다. 약속이 없이 혼자서 하는 말만으로는 사랑의 말이 아니다. 남녀가 서로 사랑하는 사이인지 아닌지를 구분하는 것은 서로 사랑한다고 말한 것을 지키기로 약속을 했을 때 비로소 두 사람은 사랑하는 사이가 되는 것이다.

사랑에는 반드시 약속이 필요하다. 그러나 두 사람의 사랑을 약속만 한다고 그것으로 사랑이 영원하다는 뜻은 결코 아니다. 사랑하는 사람들이 맥없이 빠져드는 함정도 사랑의 약속에서 시작할 수도 있다. 약속도 하고 서약까지 했으면 사랑이 변하지 않는 영원성을 가질 것이라고 사람들은 쉽게 안심하며 사랑이 변할 수 있는 것들에 방심하기가 쉽다. 그 방심의 결과로 사랑하면서도 괴로움이 생기는 것이다.

엄밀히 말하면 사랑은 약속할 필요도 없이 사랑 그 자체로 영원해야 하는 일이다. 굳이 서로가 사랑한다는 말로도 모자라서 엄지 검지로 약속도 하고 많은 사람을 증인으로 놓고 결혼의 서약까지 하는 것은 사실은 사랑이 영원하지 못하니까 그렇게 한다고 해도 과언이 아닐 것 같다. 그러나 그도 없으면 누가 누구와 사랑하는 사이인지 당사자도 모르기 때문에 사랑의 약속을 하는 것이다.

사랑의 약속은 변치 말고 지키기 위해서 하는 것이지 약속 그 자체로 끝나는 일이 아니다. 무엇을 약속했는지 기억해야 하고 그 약속을 지키려면 무엇을 해야 하고 무엇을 하지 말아야 하는지도 매 순간 판단해야 한다. 사랑의 약속은 나의 생각과 행동의 반경을 좁히고 자제해야만 약속을 지킬 수 있는 구속의 도구이다.

사랑은 한순간에 눈으로 뽕 하고 느낀다고 다 된 것이 아니고 오래도록 지속해야 사랑인 것이다. 사랑을 지키기 위해 만들어진 결혼은 죽을 때까지 함께 살면서 사랑을 약속한 것을 실천하며 삶으로 드러내겠다는 소중한 약속이다. 또 결혼은 죽을 때까지 서로 사랑하겠다는 약속이고 더 나아가서는 너만 사랑하겠다는 것을 약속하는 것이다.

　　사랑을 약속한다는 것은 누구와의 약속인지 또 사랑이 언제까지인지 더 나아가서는 그 사랑을 어떻게 실행하자는 약속인지를 정하고 그 범위 안에서 사랑이어야 한다. 이 모두를 포함하는 사랑의 약속은 사랑을 묶어서 서로 사랑을 약속한 사람 말고는 더 이상 사랑할 사람을 끝낸다는 말이 들어 있는 것이다.

　　사랑의 범위가 정해지면 어떻게 사랑할 것인가에 따른 행동이 얼마큼이 나올지도 정해진다. 자신의 사랑의 범위가 사랑하는 사람이 원하는 사랑의 범위와 차이가 나면 그때는 충돌이 생긴다. 사랑하는 사람 사이에 서로 사랑의 약속이 필요한 이유는 서로의 마찰을 없애고 사랑하는 사람과의 행동의 일치를 위해 사랑의 약속에 서로의 마음이 다 머물게 하려는 것이다.

　　사랑하는 사람끼리 약속이 너무 지키기 어렵거나 세월의 흐름에 따라 현실에 적응을 위해 업데이트를 해야 할 필요가 있으면 그 약속을 실행하는 방법은 개선할 수 있다. 예를 들어 결혼 초기에는 서로 반찬 투정을 하지 말자는 약속을 했는데 세월이 지나면서 입맛도 변할 수 있다면 밥하는 당번을 서로 바꾸어 아내와 남편의 역할을 바꿀 수도 있어야 한다. 사랑의 약속을 새롭게 갱신하지만 사랑의 마음은 더욱 굳건하게 하려는 것이다.

사랑의 해법

사랑의 약속은 사랑을 제대로 할 수 있기 위해 필요한 것이다. 사랑을 하는 사람들이 자신의 사랑을 굳게 지키기 위해 사랑의 감정을 돈독하게 하는 사랑의 약속은 감정을 약속하는 일도 중요하지만 더 세분화해서 자신들이 할 수 있는 사랑의 행동을 함께 나누는 일까지도 사랑의 약속으로 확실하게 하는 일이다.

사랑의 약속은 한계성을 가지고 있다. 보이지 않는 사랑을 가시화하는 사랑에 약속이란 매우 미약한 부분일 뿐 그 사랑을 모두 다 가시화할 수가 없기 때문이다. 더구나 약속이란 겉껍질에 불과한 것이다. 그래서 사랑의 약속이 행동으로 나오려면 매우 세심한 부분까지를 포함해야 하기 때문에 사랑하는 일은 끝이 없이 이어지게 된다.

사랑은 법적인 계약이 아니다. 그리고 사랑은 생존을 위한 쉐어도 아니다. 사랑은 내가 좋아서 하는 것이다. 그런데 좋을 때도 있고 싫을 때도 있기 때문에 내가 좋아서 하는 사랑을 싫을 때도 좋을 때를 기억해서 더 좋게 만들려고 노력하기 위해 필요한 것이 사랑의 약속이다.

약속을 보다 더 강하게 하기 위해 결혼으로 사랑의 서약과 법적인 조치를 하는 것은 사랑이 가장 약해질 때를 대비하는 일이다. 그러나 그 순서가 바뀌면 인생의 가장 큰 비극이 발생하게 된다. 결혼의 법적인 계약만을 지키기 위해 생존을 위한 사랑이 사랑의 약속을 대신한다면 거기에는 더 이상 사랑이 존재하기가 어려울 수도 있다.

　　사랑의 약속은 나를 위한 이유가 앞서면 하기 싫은데 억지로 하는 의무감으로 자리잡는다. 사랑하는 마음을 지키려는 사랑의 약속은 어디에서 시작되었을까? 나보다는 너를 생각하는 마음이었을 것이다. 너의 허물을 아무런 말없이 내가 너를 위해 채워주려는 사랑의 마음이 사랑을 약속하는 시작이었다면 마지막까지 그 마음을 꽁꽁 묶는 사랑의 약속은 마음 안에 간직해야 할 것이다.

사랑의 해법

맞춤형 사랑

　익숙해지는 것과 전문인이 되는 것은 다르다. 청소만 잘하면 청소 잘하는 전문인이 될 것이고 밥만 할 줄 알아서 밥만 잘 만들면 밥 잘하는 전문인이라 할 것이다. 이렇듯 어느 한 가지만 잘하는 것만으로 사랑하는 사람에게 딱 맞는 맞춤형 사랑을 한다고 할 수는 없다. 모든 것에서 두 사람이 맞추어지려면 하나씩 점차적으로 서로에게 맞추는 사랑을 시작하는 것이 결혼이다.

　사람이 서로 익숙해지면 타성이 붙으면 그때는 더 이상 가는 것이 쉽지만 어려운 것은 지루해질 수도 있다. 서로 맞추면서 사랑을 하라고 환경은 사랑하는 부부들을 가만히 놓아두지 않고 심심해지려고 할 때마다 흔들어서 변하는 위기를 주는 것처럼 생각이 든다.

몸이 원하는 대로 살면 마음은 아무런 노력이 필요 없는 노예가 된다. 그러나 몸을 사고에 맞추면 사고가 몸을 움직이는 혹독한 주인이 된다. 이는 몸이 나의 주인이 되어 몸의 감각이 원하는 대로 움직이는 감각적인 사람이 되고 그 사람이 하는 사랑은 자신의 감각에만 사랑하는 사람이 맞추어 주기를 원할 것이다.

사고로 몸을 움직이는 사람은 몸이 원하는 감각적인 충동을 스스로 자각하고 통제도 할 수 있는 이성을 가진 사람이다. 이 사람은 이성적인 사랑을 하기 위해 자신을 사랑하는 사람에게 맞출 수 있는 사고를 가질 것이다.

맞춤형 사랑은 연습형 사랑이다. 자신의 몸을 신기록을 내는데 맞추려고 훈련하는 운동 선수가 연습을 하듯 우리의 몸이 사랑하는 사람에게 맞추어 사랑이 나오도록 자신을 사랑하는 사람에게 맞추는 사랑이다.

어린 시절 피아노 레슨을 받으며 나의 손가락은 어디나 닿기만 하면 피아노 치는 연습을 하곤 하였다. 피아노가 없어도 손가락은 이미 피아노 건반에 맞추어져 있는 것처럼 수업을 듣는 중에도 밥을 먹는 중에도 손가락은 계속 피아노 치는 연습을 했던 기억이 난다.

내 몸이 피아노에 맞추어지듯 사랑하는 사람에게 맞추어지면 이 두 사람의 사랑은 둘이 하나로 맞추어진 사랑일 것이다. 천국은 젓가락이 길어서 자신의 음식을 스스로 먹지 못하고 사랑하는 사람끼리 서로 먹여 주어야 자신이 좋아하는 음식을 먹을 수 있다고 한다. 우리의 육신이 사랑하는 사람의 마음까지 읽을 수 있어서 몸이 하나로 움직이듯 한다면 천국까지 갈 수 있는 사랑일 것 같다.

육신이 없이는 사랑을 할 수 없다. 육신으로 영혼의 사랑까지도 할 수 있다는 말은 우리 인간의 사랑은 육신이 있을 때까지만 영혼까지 가는 사랑을 할 수 있는 제한된 시간안에 육체를 사랑에 맞게 연습해야 한다는 말이다.

나의 좋은 것이 네 좋은 것으로 바뀌면 너의 좋은 것이 내가 좋은 것으로 바뀐다. 이때 비로소 두 사람이 똑같이 닮은 맞춤형 사랑을 하는 것이다. 한 사람을 보면 또 다른 사람을 보는 것같이 서로 닮은 사랑은 두 사람이 하나가 된 사랑을 한 사람이다. 이 사랑이 고귀한 것은 그렇게 닮기 위해 자기 자신이 마음대로 하려는 것을 사랑하는 사람을 위해 포기했기 때문이다.

자기 자신이 좋아하는 것을 목적으로 두지 않으려고 자신이 보이지 않는 마음속에서 극기를 하며 새롭게 태어나면 이 세상에서 가장 값진 사랑이 된다. 나에게 딱 맞추어지고 너에게 딱 맞추어진 사랑은 나를 복제한 나와 닮은 사람을 만들어 두 사람이지만 한 사람처럼 되는 사랑이다. 이 사랑은 보이지 않는 마음으로 가능한 사랑이다.

맞춤형 사랑은 내 몸에 맞추어서 옷을 늘리고 줄이듯이 내가 사랑하는 사람을 위해 나를 늘려 줄 수도 있고 또 나를 줄여 줄 수도 있는 여유 있는 사랑법이다. 내가 너를 위해 나를 늘리고 줄인다는 말은 무슨 말인가? 사랑하는 사람을 위해 나의 시간을 내어주며 함께한다는 말일 것 같다. 말을 들어주고 또 들은 말을 행동으로 따라 주는 것이 너에게 나를 맞추어 가는 일일 것이다.

부창부수라는 말은 부부가 서로 닮아졌다는 뜻이다. 사람들이 결혼해서 어떻게 서로에게 맞추어서 사랑을 하고 살았는지는 두 사람의 말과 행동이 같고 심지어는 얼굴도 서로 비슷해진 것을 보고 알 수 있다. 그러나 나이는 많이 먹었어도 부부가 하는 행동과 말이 전혀 다른 사람들을 보면 아직도 조율이 안된 듯한 모습을 볼 때가 있다.

아무것도 맞추어진 것도 없이 서로 사랑한다는 말을 할 수 있을까? 사람을 사랑하겠다는 것은 서로의 목적이 같거나 끊임없이 생겨나는 서로의 목적을 같도록 노력하려는 의지가 있어야 사랑은 시작하고 비로소 사랑을 할 수 있게 된다.

너에게 맞추어진 사랑을 하는 사람은 이 세상의 것으로 판단하는 것을 넘어선 사랑을 하는 사람이다. 사랑이 고귀한 것은 그렇게 닮기 위해 자기 자신의 이기심을 버리고 사랑하는 사람에게 자신을 맞추었기 때문이다. 맞춤형 사랑은 서로의 마음이 새롭게 태어나게 했기 때문에 하나가 되는 아름다운 사랑법이다.

참사랑의 해법

가지치기 사랑

　남녀의 사랑은 나무를 전지하듯 해야 한다는 생각을 한다. 국화꽃을 전지하면 더 많은 국화꽃을 피우고 장미의 꽃을 잘라주면 꽃을 쉬지 않고 피우게 할 수 있다. 필요 없는 가지를 잘라내는 것만큼 새로움을 더하는 전지 사랑은 사랑하는 사람을 끊임없이 보살피는 사랑이다.

　사람에게는 필요한 것과 불필요한 것을 스스로 알아서 정리할 수 있는 능력이 있지만 그러한 것을 모두 다 스스로 알지 못하기 때문에 누군가 옆에서 정리하는 것을 도와주는 사람이 있어야 한다. 나무를 전지하는 일은 사랑하는 사람이 미처 볼 수 없고 깨닫지 못하는 부분을 부부가 서로 가장 가까이에서 서로를 전지해 주는 역할을 하는 것이다. 서로가 서로를 전지할 수 있는 사람이 사랑하는 부부 사이밖에는 없다는 것은 사랑하는 사람의 생명을 지키는 사람이기 때문이다.

전지를 한 나무에서는 더 많은 새순이 나오고 먹는 채소들도 잎을 잘라 먹을 수록 더 새로운 잎이 나오곤 한다. 가끔 게을러서 채소 잎을 따먹지 않고 놓아두면 벌레가 먼저 먹거나 잎이 누렇게 변해 버리기도 하고 더 방치해서 시간이 지나면 새잎은 더 이상 나오지 않고 꽃대가 나오면서 더 이상 채소로 먹을 수 없게 된다.

나무와 채소가 새로운 잎을 만들어내는 것과 필요 없는 부분들이 없어져 버리는 것이 어쩌면 사랑의 역할인 것처럼 보인다. 생명을 유지하기 위해 가장 필요한 것부터 지키는 priority love인 것 같다. 나무를 전지할 때 가지를 가로로 자르면 그 부분이 생장점이 되어 수많은 곁가지들이 수부룩하게 나와 나뭇가지로 숲을 이루게 된다. 그러나 작은 채소들의 생장점을 자르면 더이상 자랄 힘을 갖지 못해 싹이 나오지 못하고 죽는다.

전지를 하는 것도 기술이 있어야 한다. 과일 나무는 특히 과실이 잘 나오게 해야 하기 때문에 기술이 많은 사람이 직업으로 한다고 한다. 잘라야 할 나뭇가지는 놔두고 자르면 안 되는 가지를 자르면 과실을 맺어야 할 가지가 없어지니까 농사를 짓는 일이 헛일이 된다는 것이다. 사랑도 서로를 전지할 수 있는 안목과 능력이 있어야 한다는 생각을 해 보았다.

　부부들이 싸움을 하는 것을 나무의 전지가 필요한 것으로 비유해도 지나치지 않는다고 생각을 해 본다. 서로의 전지의 능력이 미숙하거나 사랑하는 사람에게 불필요한 것을 수정하게 하는 안목이 모자랄 수도 있고 또 아무리 능력과 안목이 있다고 해도 그 사랑하는 사람의 말을 믿고 들어주지 않는 사람의 고집은 사랑하는 사이라도 서로가 싸움으로 갈 수도 있는 필연성이라는 억지를 해본다.

　전지하는 사랑은 사랑하는 사람에 대한 끊임없이 나를 내어주는 사랑이다. 불필요한 것을 없애는 것만이 아니라 그 대신에 새로움을 내어 주는 것이다. 가을이면 내년에 열매를 맺는데 소용이 없는 가지들을 잘라버리는 전지를 한다. 영양분이 새로운 가지를 나오게 하는데 쓰이게 하기 위해 쓸데없이 나무만 크게 키우는 것을 막기 위해 열매를 맺었던 오래된 가지를 제거하는 것이다. 사랑하는 사람들 사이에서도 이렇게 사랑할 에너지를 쓸데없이 낭비하지 않게 하는 작업을 해야 할 거란 생각을 한다.

　사랑하는 사람들이 결혼하고 몇십 년이 지나도 항상 똑같은 감정과 행동이어야 하려면 검은 머리가 파뿌리처럼 변할 동안 머리카

락을 잘라 내야 머리숱이 보존되듯 사랑도 사랑하는 마음을 간직하기 위해 계속 자신도 모르게 자라나는 쓸데없는 감정을 정리해야 한다. 나무를 보존하는 비법은 나무를 잘 전지하듯 사랑도 서로가 서로의 말을 믿고 잘라 내는 전지 기술을 익혀야 할 것 같다.

　이곳 호주에서는 큰 나무를 마음대로 베어 낼 수도 없고 굵은 가지들도 허가를 받아야 전지를 할 수 있도록 법으로 명시되어 있다. 할 수 있는 일이란 나무들마다 잔가지를 전지하는 수 밖에 없다. 마당에는 없는 나무가 없을 정도로 온갖 나무들이 무성하게 나무를 많이 심어 놓는 것이 정원을 만드는 일은 아니란 것을 알게 되었다. 조금씩이라도 전지를 하고 마당에 햇볕이 들어오고 땅에는 풀들과 뱀딸기까지 번지기 시작하였다. 사랑하는 일도 그냥 그대로 놔둔다고 사랑이 무성한 것이 아니라는 것을 생각해 볼 수 있었다.

　전지를 하는 사람의 마음은 전지를 하는 것이 옳고 또 전지를 하지 않는 것이 그른 것이 아니다. 나무를 더 좋게 만들기 위한 하나의 방법일 뿐이다. 사랑하는 사람 사이에 상대방에게 전지를 권유하듯 행동을 수정하거나 버리라고 말할 수 있는 것은 그 사람이 틀렸다기 보다는 더 좋은 방법을 찾기 위한 것이다.

　사랑은 나무가 오래된 잎과 가지를 벗고 더 무성한 새로운 잎을 내듯이 사랑하는 사람 사이의 관계도 나날이 새롭게 할 필요가 있다는 것을 말하고 싶다. 그때마다 서로가 새로운 모습을 보여줄 수 있어서 서로에 대해 더 잘 알아갈 수 있으면 나무처럼 사랑의 마음도 사랑하는 사람에 맞추어 변화할 수 있을 것이다.

사랑의 변화를 위한 전지하는 사랑은 사실 아픔을 함께하는 것일 수도 있다. 기존에 있던 것을 잘라버리는 것은 그만큼 행동이 변화하기 위한 극기의 고통이 함께할 수도 있기 때문이다. 그러한 고통을 함께해서 서로가 사랑의 모습으로 다시 피어나는 사랑의 전지에 용기를 내보는 것은 어떨까 싶다.

사랑의 해법

독점 계약의 사랑

　누군가를 사랑할 때는 반드시 전제되어야 할 일이 있다. '내가 지금 몇 사람을 하수구에 찌꺼기처럼 걸러 두고 있는가?'이다. 두 사람 이상을 복수라고 하고 그룹이라고도 말한다. 즉 내가 현재 한 사람만을 사랑하고 있는지 그룹으로 사랑하고 있는지에 대한 확인을 하고 나야 나에게 맞는 사람을 만날 수가 있다.

　몸으로는 한 사람의 이성을 만나고 또 살지만 머릿속으로는 그룹으로 사랑을 생각하는 사람도 있을 수 있다. 그러나 몸으로 한사람과 사랑한다는 말은 생각하는 머리도 하나라는 것까지 포함하는 것이 정확한 사랑의 정의일 것이다. 사람의 몸에서 머리를 빼고 사람이 살 수 있는 방법이 없다면 머리도 몸이기 때문이다.

한 사람을 사랑한다는 말은 그 한 사람을 제외한 나머지 모든 사람들을 다 거절한다는 양심을 포함하는 것이다. 이 세상의 사람들이 얼마나 많은지를 표현하는 말이 백사장에 모래알처럼 있다고 한다. 그 사람들 중의 거의 절반은 여자이고 나머지는 남자이다. 그 많은 모래알 같은 사람의 절반 가운데 하나를 내 짝으로 하는 일은 어렵다면 어렵고 쉽다면 쉬운 일이다.

아이로니컬하게도 시대적 배경과 장소의 설정은 여러 여자를 아내로 맞이하는 것을 당연시 여기던 곳이라는 것이다. 교육과 도덕이 자리잡지 못한 무지의 사람을 계몽하기 위해서는 권선징악이라는 주제로 사랑을 선으로 이끌기 어렵던 시절의 이야기라고 해도 지금 우리가 살고 있는 여기에서도 얼마든지 적용이 되는 이야기다.

아무도 볼 수 없는 깜깜한 동굴에서 보석 하나만 선택하는 설정은 아마도 사람의 마음속을 비유하는 것처럼 보인다. 마음속에 사랑하는 사람을 하나보다 더 가지면 마음은 허물어지고 파괴되어 아무런 사랑도 남길 수 없게 된다는 것을 말하는 것 같다.

사랑은 남녀 둘이서 사랑하기에도 어려운 일인데 누군가가 그 둘의 마음을 좌우하는 일까지 있다면 거기에는 사랑이 남아있지 못

할 것이 당연한 일이다. 최초의 사람인 아담과 이브는 자신의 갈비뼈에서 나온 자신의 단 하나의 여자이고 남자였었다. 달랑 두 사람만 살고 있는 곳에서는 그 무엇에도 마음이 현혹될 수 없었을 것이다. 그런데 뱀이 나타나서 상황이 달라졌다. 말을 듣고 따르는 사람이 하나가 아닌 둘이었기 때문이다. 아담의 말만 들어야 했던 이브는 뱀의 말을 들었던 것이다. 사랑하는 사람이 하나가 아니라 둘이면 나머지 또 다른 하나는 거부하는 마음이 생기기 때문에 사랑이 여러 갈래로 갈라지는 것이다. 이것을 다른 말로 사랑이 죽은 것이라 말한다.

아라비안나이트에 나오는 동굴의 찬란한 보물들은 아마도 지금의 현실에서 수많은 세상의 사람들이 자신들의 미모와 몸매에 온갖 치장을 하고 밖을 자유로이 다니는 사람들에겐 언제 어디에서나 눈에 보이는 것에 마음도 쉽게 이성인 사람을 따라 갈 수 있다. 마치 휘황찬란한 보석처럼 보일 수도 있다는 생각을 해본다. 아무런 마음의 방어가 없다면 마치 유혹의 바다에 놓일 수도 있는 것이다.

남녀 둘이서만 서로 보고 듣기만 해도 서로가 다른 점을 모두 받아들이기가 어려운데 시시때때로 많은 사람을 보고 또 그들에게 말을 들을 때면 동굴의 보물처럼 만나는 사람들에게 쉽게 마음이 흔들릴지도 모르는 일이다. 결혼을 사랑하는 사람 사이의 사랑을 보호하기 위해 사회법으로 명시하는 것은 아마도 사랑하는 사람은 서

참사랑의 해법

로가 서로를 독점한다는 독점 계약에 동의하는 것이라는 생각을 한다. 결혼이 사랑으로 하나 되도록 사랑하는 사람을 서로 독점하는 사이라면 그 사랑 안에서 평화만 있을 것 같다.

사랑의 해법

로켓 사랑

로켓 사랑은 변신하는 사랑이다. 사랑하는 남녀가 무중력의 자유로움을 향해 중력이라는 거대한 힘을 넘어서는 사랑이다. 로켓이 중력을 넘고 나면 궤도 진입에 썼던 막대한 연료와 두꺼운 외부 몸체를 벗어버린다. 사랑하는 두 사람이 서로 사랑의 마음이 하나 되면 그 사랑의 힘으로 이 세상에서 겪는 모든 어려움도 넘어설 수 있는 것이 로켓과 같은 사랑법이다.

로켓 사랑법의 가장 큰 매력은 아마도 로켓이 가지는 이중의 힘이다. 중력의 상태와 무중력의 상태를 모두 갈 수 있는 힘이 있는 것이 로켓의 특성이다. 사랑하는 남녀의 사랑이 왜 이처럼 로켓 사이언스와 같아야 하는 것일까? 사랑이 로맨스로만 이어갈 수 있는 무중력으로 가려면 누구나 헤쳐 나가야하는 삶의 환경에 맞서는 중력의 힘이 있어야 하기 때문이다.

거대한 로켓이 하늘로 거꾸로 올라가려면 무거운 로켓의 몸체가 아래로 떨어지려는 중력에 맞설 수 있어야만 가능하다. 가진 힘을 다해서 로켓을 밀고 나가기 위해서는 땅을 박차고 올라가는 힘이 곧 무중력으로 나가는 힘이 되는 것이다. 사랑하는 사람 사이는 그냥 사랑만 하면 되는 무중력 상태가 아니다. 중력처럼 외부에서 오는 방해들은 쉼 없이 밀쳐 내며 사랑으로 가야 하는 것이다.

로켓이 중력을 무사히 벗어나서 무중력 상태까지 가면 로켓의 구조를 지키던 겉구조를 걷어내고 무중력이라는 새로운 환경을 맞는다. 이러한 무중력 상태의 사랑에서는 외부에 대한 스트레스가 없이 마음 놓고 로맨틱한 사랑을 할 수 있게 되는 때이다.

서로가 진심으로 사랑할 수 있으려면 사랑을 가로막는 환경을 완전히 이겨 내고 두 사람의 사랑의 마음이 하나가 될 때이다. 언제 어떻게 무중력의 사랑을 하게 될까? 환경들이 사랑을 가로막을 때 얼마나 많은 사랑의 대화로 그러한 환경들을 거침없이 이겨 내는 가에 따라 그 시간은 빨리도 오고 더디게도 올 것 같다.

사랑의 해법

사랑하는 남녀들은 서로 만나기만 하면 그것으로 사랑이 이미 다 이루어진 것처럼 생각할 수 있다. 자신들의 사랑이 험한 외부의 환경을 견딜 수 있는 로켓 겉구조도 있어야 하지만 그 겉구조 속에 사랑의 마음을 간직하는 속의 구조도 있어야 한다. 남녀의 사랑이 로켓 본체의 구조처럼 사랑하는 사람을 위해 나의 구조를 변형시킬 수 있는 용기와 지혜를 가져야 가능한 사랑이 로켓 사랑이라는 생각을 해본다.

대기권을 나서기 전까지 중력을 이겨야 하는 것은 마치 자신들이 그동안 살아온 익숙한 환경들일 것이다. 둘의 사랑에 방해가 될 수 있는 것들은 생각보다 많고 강할 수 있다. 가족의 풍습도 생활해 온 습관들 그리고 주변에 둘러싸여진 인간관계들은 강한 중력으로 두 사람의 사랑을 막는 것으로 돌변할 수 있기 때문이다.

로켓에 충분한 연료가 있으면 그 힘으로 로켓은 그 역할을 할 수 있게 된다. 로켓 연료처럼 사랑하는 두 남녀가 필요한 사랑의 에너지는 무엇일까? 사랑을 이어 갈 수 있는 사랑의 대화가 그 사랑을 지키는 힘이다. 사랑은 사랑의 말을 하는 사람과 그 말을 듣는 사람이 정확한 의미가 무엇인지 두 사람이 똑같이 이해할 수 있어야 사랑의 말이 오고 갈 수 있고 두사람의 사랑이 쉼 없이 이어질 수 있다.

대부분의 사람들은 불행하게도 중력 안에서의 사랑에만 머무르고 있을지도 모른다는 생각이 든다. 어떨 때는 이 중력에서의 사랑조차 시작도 하지 못하는 것은 아닌가 싶어 보일 때도 있다. 마치 로미오와 줄리엣이 자신들이 자라온 환경을 넘어서지 못해서 두 사람만의 사랑으로 새로운 환경을 만들지도 못한 것처럼 말이다.

중력조차도 뚫고 나가지 못하는 로켓은 아마도 이제까지 살아왔던 중력을 모두 다 로켓에 싣고 가려 했기 때문은 아니었을까 싶다. 현재까지 오기 위해 살면서 겪었던 모든 힘든 것들이 다 떨쳐져야 사랑을 싣고 새로운 삶을 향할 수 있는 로켓 사랑을 준비할 것 같다.

사랑은 변하는 것이다, 또는 사랑은 변하지 않는 것이다고 논쟁을 하면 누구나 변하지 않는 것이 사랑이라고 말할지 모른다. 그러나 사랑이 변하지 않기 위해서는 반드시 내가 변해서 사랑으로 가야 한다. 사랑으로 두 사람이 가까워진다는 것은 그만큼 나를 변화하는 힘이 커졌다는 것이다.

낭만적 사랑

　낭만적 사랑은 여유가 있는 사랑법이다. 무엇이 여유가 있는가에 따라 낭만적인 사랑의 수준이 달라진다. 돈이 여유 있어서 하는 사랑도 낭만의 사랑이 될 수 있고 시간의 여유가 있어서 하는 사랑도 낭만의 사랑이 될 수 있다. 가장 수준이 높은 사랑은 마음이 여유를 가질 수 있는 가난한 마음의 사랑일 것 같다. 낭만의 사랑은 어떻게 얻는 것일까?

　사랑을 하는 조건으로 돈도 있어야 하고 시간도 있어야 한다고들 말한다. 돈과 시간이 여유 있다고 사랑이 낭만적이라면 돈과 시간이 여유가 없이는 낭만의 사랑이 없는가? 오히려 무엇을 할 수 있는 조건이 다 주어졌을 때 더 하지 않으려는 싫증을 느끼기도 한다. 흔히 하는 말이 살만큼 여유가 생겼는데 사랑하는 일이 마음대로 잘 안된다는 사람도 있다. 그럼 어떻게 생각하는 것이 문제이지 주어지는 환경만으로 노력 없이 낭만의 사랑이 되는 것은 아니다.

낭만적 사랑은 개척으로 만들어지는 것이다. 마치 농부가 씨를 뿌리고 또 그 뿌린 씨가 싹이 나오게 하기 위해 물과 비료를 주고 싹이 나오면 싹에게 달라붙는 잡풀과 병충들을 제거해야 하는 일을 쉼 없이 해야 비로소 꽃도 피우고 열매도 맺게 할 수 있다. 농사를 짓는 것처럼 낭만적 사랑은 낭만이라는 결실을 맺을 수 있도록 쉼 없이 가꾸는 힘든 노동과 함께하는 일이다.

공짜는 금세 사라지는데 공짜의 사랑이란 어떠하겠는가? 사랑하는 마음의 여유도 없이 공짜였으니 남는 것도 없는 것이 당연한 일이다. 자신의 마음을 노력하지 않는 것에 낭비해 버린 사람은 사랑을 공짜로 생기는 것으로 착각하는 사람이다. 마치 농사를 짓는 아무런 노력이 없었는데 사랑의 결실이 풍성하다고 생각하는 것은 거짓이다.

사람 안에 사랑하는 마음의 열의는 누구에게나 있다. 사랑은 성적인 본능으로 삶의 힘이라고 프로이트가 말한다. 그렇다면 사느라고 바쁘고 쫓겨서 사랑하는 여유가 없었다는 말은 새빨간 거짓말

사랑의 해법

이 된다. 사느라고 바쁘고 쫓긴다는 말은 삶의 힘이 강하다는 말이고 사랑하는 힘도 강한 것이어야 진실이다.

　사랑의 힘이 강한 사람이 그것을 현실의 삶에서 낭만의 사랑으로 나타내지 않는다면 그 사람은 사랑의 능력을 좀벌레처럼 갉아먹고 있는 것이다. 그래서 낭만의 사랑을 개척해가는 힘을 가질 수가 없는 것이다. 사랑을 여유로움으로 드러내는 낭만의 사랑은 어디 특별한 사람과 특별한 장소여야 하는 것이 아닌 삶의 현장에서 나의 사랑하는 사람에게 최선의 노력을 보여주는 사랑이다.

　사람이 하는 사랑의 결실은 자신이 사랑하는 사람에게 하는 행위로 나타난다. 낭만의 사랑을 하고 있는지 전혀 사랑하려는 여유도 없이 자신의 기분으로만 언행이 나오는지를 보면 그 사람이 어떤 사랑을 어떻게 하는지 알 수 있다.

　사랑하는 여유를 뺏긴다는 말은 지금 내가 해야 하는 사랑이 거짓으로 가고 있다는 말과도 같다. 거짓의 사랑에는 낭만이 자리잡을 수가 없다. 두 남녀가 서로 사랑하는데 왠지 모르게 서로에게 고통이 생긴다면 그때는 서로의 사랑에 무언가 말과 행동에 거짓이 자신들도 모르게 숨어 있을 지도 모른다고 생각하면 어떨까 싶다.

　사랑하는 사람과 낭만의 사랑을 실천하지 못하는 사람은 분명 사랑이라는 허울만 쓰고 사는 것이다. 그러나 마음의 여유를 갖는 부부는 서로 사랑 안에 머무르며 서로의 시간을 가장 값지게 쓰는 사람이다. 누구라도 사랑을 한다고 말하려면 서로가 사랑을 위한 마음의 여유를 가질 수 있는 낭만의 사랑을 하는 것이어야 할 것 같다.

사랑의 해법

변증법 사랑

　변화할 수는 있는데 어떻게 변할 수 있는지는 어떻게 바뀌어지는가에 따라 다른데 이 변화의 방법과 상황이 사랑에서도 나타날 수 있다. 사랑하는 두 남녀가 서로의 사랑을 이전과는 전혀 다르게 성숙하게 사랑하는 것을 변증법의 사랑이라 하고 싶다. 부부가 서로 나이를 들어가면서 서로의 사랑이 더욱 돈독해지는 모습은 각박한 역경의 세월을 지나는 것과는 전혀 다르게 아름다운 사랑을 한다면 이 사랑은 변증법 사랑이다.

　쇼펜하우어는 모든 만물은 각자마다 고유의 의지를 가지고 있다고 주장하였고 헤겔은 그러한 의지는 환경에 따라 다 바뀔 수 있다고 하였다. 쇼펜하우어의 첫 강의에 헤겔은 이런 질문을 던진다. 만약 마차가 지나가는 넓은 길 한가운데에 황소 한 마리가 길을 막고 누워 있으면 어떻게 하느냐는 물음을 준 것이다. 마차는 달리려는 의지가 있고 소는 누워 있으려는 의지가 있으니 각각 이 둘의 의지는 어떻게 하겠냐는 것이었다.

이 질문의 답은 이러하다. 만약 한길가에 누워 있는 소가 아무런 가치가 없고 그것을 치우기에는 역부족이면 마차는 그 소를 밟고 지나갈 것이다. 그러나 그 소가 매우 값지고 소중한 것이라면 소가 다치지 않도록 마차가 길을 돌아갈 것이라는 것이다. 이러한 변증법적인 사고가 사랑에 필요한 것은 내 옆에 하나뿐인 나의 사랑이 나에게 어떤 존재인가를 생각해 보면 어떨까 싶은 마음이다.

사랑하는 사람이 세상에서 제일 소중한 사람이라는 것을 항상 깨닫는 사랑은 이 변증법적인 사고로만 할 수 있을 것 같다. 아내와 남편으로 살아가다 보면 너무 친근함이 도리어 아무렇게 해도 되는 당연한 사람으로 생각할 수도 있다. 이때 무엇을 생각할 수 있는가에 따라 사랑하는 사람이 소중하게도 되고 하찮은 사람이라서 무시할 수도 있게 되는 것이다.

변증법의 사랑은 부지런한 사랑법이다. 시간을 쪼개어야 가능하기 때문이다. 부부가 과거밖에 생각할 줄 모르니 과거의 행동과 사고밖에는 못한다. 또 현재의 일에만 몰두하다 보면 행동과 사고에 변화가 전혀 없어질 수도 있다. 그렇다고 일어나지도 않은 미래만 생각하는 사람도 자신의 상상과 현실이 전혀 달라서 생기는 갭에 불만만 가지게 되니까 사랑은 퇴색하게 된다.

변증의 사랑을 하는 부부는 그동안 지나온 시간 속에서 실수들을 돌아보며 사랑에 미흡함도 반성하며 현실에 다시 새로운 사랑을 사니까 미래의 사랑으로 희망을 갖을 수 있다. 시간을 과거와 현재와 미래 모두를 종합적으로 살기 위해 시간을 구분할 줄 아는 사람이 사랑을 반성하고 또 사랑을 새롭게 하는 노력을 향상하며 충실하게 살 줄 아는 사람이다.

변증법 사랑은 다시 사랑을 시작하며 실패에서 교훈을 얻는 사랑이다. 교훈을 얻고 나서 새로운 행동이 나올 용기를 가져야 할 때 사랑의 힘이 필요하다. 용기를 주고 또 그 용기를 받아서 둘이서 함께 새로워지는 사랑을 하는 것은 시험을 다시 치기 위해 새로 받는 시험지에 정답을 쓸 때와 같을 것 같다. 예전의 기억과는 다르게 두뇌 속의 오답의 기억을 씻고 사랑으로 새로 나는 사랑은 완전히 새로워진 삶을 만들 수 있을 것이다.

변증법 사랑은 사랑의 깊이를 말해 주는 사랑이다. 자신의 사고의 깊이만큼 사랑의 깊이도 생길 수 있다. 사랑으로 자기 자신이 새로 태어난 사람의 사고의 깊이는 아집으로 자신만을 고집하는 사람의 깊이와는 전혀 다르다. 기억할 것을 기억하고 사랑할 것을 사랑하면 되는 것은 사고로 가능하다. 창고 안을 정리하듯 자신의 사랑의 감정을 찾아 깨끗이 정리할 수 있는 능력이 있는 사랑이다.

나와 너의 모자람이 있는 것에도 불구하고 너에게 감사해야 할 것을 찾는 그럼에도 불구하고의 사랑이다. 그냥 넉넉하고 편안한 상태에서 주고 싶어서 주는 것도 아니고 줄 수 없을 것 같을 때 나의 고집을 버리고 나 하고 싶은 대로가 아닌 네가 원하는 것을 생각해서 나올 수 있는 나를 변화하는 사랑이다. 내가 변하고 그래서 네가 변화되어 두 사람의 사랑을 모두 변화하게 하는 변증법의 사랑은 모든 사람이 희망하는 사랑일 것 같다.

자유의지의 한계
사랑은 타이밍이다
거울 세포
용서와 희망
사랑의 대화
사랑도 수준이 있다
내 것만 내 사랑이다
잘못 봐서 사고의 형성이 달라진다
사랑의 능력
사춘기의 성적 호기심
그림 하일드 신드롬
사랑의 조건과 유혹의 조건은 같다
순간순간의 사랑
사랑의 역습
의존과 거절
타산지석과 역지사지의 사랑
폭넓은 사랑
사랑의 전쟁터
사랑의 좁은 길
유혹의 시작

사랑의 매듭 푸는 사고

PART 4

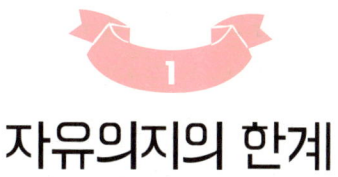

자유의지의 한계

 언제까지 자유의지를 쓸 수 있는가? 사람의 목숨이 살아서 있을 때까지 자유의지를 쓸 수 있다. 그렇다면 먹고 싶은 것을 마음껏 먹을 수 있는 자유의지는 언제까지일까? 배가 불러서 더 이상 아무것도 못 먹는 시점까지일 것이다. 혼자서 자기 마음대로 하고 싶은 것을 다 할 수 있는 자유의지는 언제까지일까? 혼자가 아닌 사랑하는 사람을 만날 때부터 더 이상 혼자서 마음대로 하는 자유의지는 없어진다. 이렇듯 자유의지는 한계가 있고 그 한계 안에서 찾는 자유가 자유의지이다.

 몸이 원하는 자유의지의 시작은 먹는 것이고 그 끝은 아마도 잠자는 욕구에서 오는 성적인 쾌락일 것이다. 사람 몸이 원하는 쾌락의 삼대 욕구가 먹고 자고 성적인 욕구라면 사람의 몸을 가지고 태어나서 온 인생을 삼대 기본 욕구만을 위해 사람에게만 주어진 정신 능력인 자유의지를 다 써버린다면 사람은 짐승의 욕구를 만족하다가 죽고 마는 한낱 짐승에 지나지 않을 수도 있다.

자유의지로 우리는 무엇을 할 수 있을까? 짐승에서 사람으로의 변신을 하기 위해 쓰여지는 자유의지는 짐승의 욕구만을 만족하기 위해 할 수 있는 데까지 다하려는 것과는 정반대의 의지임이 분명하다. 그렇다고 사람의 자유의지가 금욕만 하고 극기만 하며 육신의 욕구를 차단하기만 하는 삶도 아닌 것은 분명하다.

사람만이 가질 수 있는 정신 능력은 아마도 너를 사랑하기 위해 나의 삼대 기본 욕구를 절제할 수 있는 사고를 가질 수 있는 능력일 것이다. 동물들도 어미가 새끼를 사랑한다. 그러나 사람은 동물의 사랑을 뛰어넘는 사랑을 할 수 있는 사고를 가지고 있다. 남녀가 서로 육신을 가지고 영혼까지 하나가 되는 사랑을 할 수 있는 능력이란 사고할 수 있는데 있다. 동물과 같은 육신을 가지고 하느님처럼 영의 사랑을 할 수 있는 존재는 이 세상에 사람밖에는 없다.

사람이 사랑을 하지 않는다고 해서 그것이 잘못은 아니다. 왜냐하면 사랑하고 하지 않는 것도 자유의지에서 나오는 것이기 때문

사랑의 매듭 푸는 사고

이다. 그러나 하나의 예외는 있다. 사랑을 하기로 약속을 했으면 그 약속한 사랑을 이행해야 하는 것이 사람과 동물의 차이점이라서 사람만 결혼을 약속하는 유일한 동물이다.

자유의지란 자신이 했던 모든 행위에 대한 결과를 자신의 탓으로 받아들이는 것을 포함하고 있다. 행위의 시작에는 그 행위의 결과가 숨어 있다. 농부가 자유롭게 농작물을 심고 싶은 대로 심고 가꾸고 싶은 대로 농사를 지을 수 있는 자유의지는 그만큼 자신이 한 것만 거두어들일 수 있는 것을 의미하는 말이다.

결혼의 신비는 온전히 너만을 향하는 의지로 두 사람의 자유의지들이 하나의 자유의지가 되는 것인데 온전히 하나가 될 수 있는 의지는 이 세상에 사람에게 있는 자유의지로만 가능하다. 나의 모든 자유의지가 너의 모든 자유의지로 되려면 영혼이 하나되는 결혼을 통해 자신과의 끊임없는 단련으로 이루어진다. 한순간이라도 정신을 차리지 않으면 사랑의 자유의지는 순식간에 자신을 위한 무한대의 자유의지로 돌아가게 된다. 이때를 위해 결혼은 필수적으로 자유의지를 구속하는 힘을 포함하는 것이다.

사람은 스스로 자신의 자유의지가 어디로 가는지를 알 수 있다. 다만 '나는 아니겠지.' '이렇게 해도 괜찮을 거야! 죄가 아니야.'라는 이유를 붙여 결과를 자기 마음대로 할 수 있다고 자만하며 자유의지를 남용하는 것이 문제가 된다. 자유의지를 잘못 쓰거나 오용하는 사람들의 특징은 열등감을 극복하지 못하는 사람들일 수 있다. 자유로이 이유를 갖는 것이 자유의지인 줄로 착각하며 끝끝내 옳지 않은 것을 옳다고 고집한다.

열등감을 극복할 때 진정으로 자유의지를 쓸 수 있다. 그 열등감을 느끼게 한 일이나 사건이나 사람 관계의 결과에 대해 자신의 탓으로 하면 그때는 열등감 대신에 다시는 그런 일을 겪지 않으려고 재도전의 기회를 갖기 위해 노력하는 자신으로 바꿀 수 있다. 자유의지를 도리어 죄를 인식하기 위해 쓴다면 자신을 솔직해지도록 노력할 수 있을 것이다.

모든 일의 잘못된 결과를 외부의 탓을 하면 외부에서 주어졌던 열등감은 영원히 그대로 자신의 것으로 남아 있게 된다. 시간도 지나고 상황도 바뀐 지금 외부를 변화시킬 수 있는 방법이 없기 때문에 그 열등감은 벗어날 수 없어서 현재에 그대로 자리를 잡는 것이다. 영원히 현재 시간을 열등감으로 살려면 자유의지를 모두 외부의 탓으로 하고 시간을 멈추어 과거에 살면 된다.

자유의지가 무엇인지 모르고 외부 탓을 하는데 쓰면 어디에라도 누구에게라도 자신의 감정을 풀려고 카타르시스를 하는 마음에 자유의지를 쓰게 된다. 아무리 자유의지라 해도 남을 해치는데 쓰면 죄가 된다. 남을 괴롭히면서 즐거워하면 스스로 우월감을 갖고 자신의 열등을 보상받는 것처럼 착각하는 것이다.

자유의지로 자신의 감정을 통제하려면 사고를 훈련하는 과정이 있어야 가능하다. 나 혼자만 감정을 다스리려면 사회와는 거리를 두고 고립된 채 살아야 할지도 모른다. 자유의지에 따르는 감정을 객관화할 수 있는 사고는 사랑의 의지가 있어야 가능해진다. 좋은 것도 둘이 같아야 하고, 싫은 것도 둘이 같아야 하려면 자신의 자유의지를 상대방의 자유의지로 빗대어 생각할 수 있어야 자신의 감정이 조절될 수 있다.

사랑하는 부부가 사랑하기 위해서는 서로가 가지고 있는 자유의지까지 서로의 사랑을 위해 쓰는 일이라서 가장 고급의 사랑법이다. 사랑에는 자유의지가 필요하지만 자유의지만으로는 사랑에 도달할 수 없다. 잠시 사랑의 감정을 가질 수는 있지만 그 사람의 감정만으로는 더 이상 이어질 수 없는 것이다. 사랑이 기쁨이라고 하는 이유는 자기만 좋아서 하는 자유가 넘치는 방종의 사랑이 아니라 너와 함께 자유의지가 사랑을 보다 굳건하게 할 수 있기 때문이다.

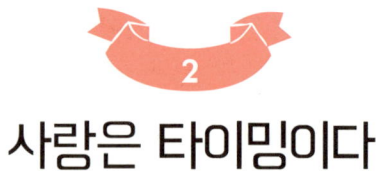

사랑은 타이밍이다

　사랑이 타이밍이라 할 때 전제되는 것은 사랑을 몇 사람이 하는 것인가에 있다. 자기 혼자서만 사랑해도 좋다는 사람은 굳이 사랑에 타이밍이 필요하지 않다. 사랑하고 싶거나 쉬고 싶은 것을 아무 때라도 마음대로 하면 되니까 누구와 타이밍을 맞추어야 할 필요가 없다. 만약 여럿이 그룹으로 사랑한다고 가정해도 내가 안 하면 다른 사람이 있을 테니까 타이밍이 없어도 된다. 그러나 단 둘이 사랑을 하려면 나밖에 너를 사랑할 사람이 없으니 사랑은 촉각을 다투는 타이밍이여야 한다.

　함께 사랑을 할 때는 그 사랑할 타이밍이 두 사람에게는 매우 중요한 시간이다. 사랑의 타이밍이 서로 맞으면 서로의 사랑은 쉽게 확인이 되고 둘 사이의 사랑의 거리는 점점 가까워진다. 그러나 사랑의 타이밍이 서로 맞지 않는 것은 사실 사랑하는 사람이 있는데도 혼자서 사랑하는 것과 별 차이가 없어서 서로의 거리가 상대적으로 더 멀다.

사랑하는 사람이라는 말을 하는 것은 두 사람의 타이밍이 서로 맞는 사람이라 할 수 있다. 타이밍이 맞는다는 말은 서로의 마음이 맞는다는 말과도 같다. 마음이 맞으면 함께 있고 싶고 함께 있는 것이 즐겁다. 한 사람은 좋은데 다른 한 사람이 싫으면 이 두 사람은 서로 함께 있지 못한다. 두 사람이 함께 있고 싶고 서로가 사랑하는 사람이 되려면 서로 타이밍이 맞아야 가능하다.

사랑의 적기성이 있다. 사랑할 수 있는 시간이 있다는 것이다. 사실 적기성은 아이들이 교육을 할 때 그 수준에 따라 학습을 하는 적당한 시간들이 있다는 것을 말할 때 쓰이는 용어이다. 더하기를 공부할 때가 있어야 곱하기를 공부할 수 있다는 말로도 할 수 있다. 사랑의 정의를 타이밍으로 할 수 있는 것은 내 옆에서 때를 알아서 어떻게 사랑해야 할 적절한 사랑의 적기성을 맞추며 일생의 시간을 사는 사람이라는 정의를 할 수 있을 것이다.

사랑이 타이밍이고 적기성이 있다는 것은 두 사람의 사랑이 계속 사랑으로 이어가는 노력으로 이루어진다는 말과도 같다. 사랑이 위기를 겪는다는 것은 사랑의 마음이 식었다 더워지거나, 감정이 온유했다가 격해지기도 하고 두 사람의 사이가 멀리 떨어지기도 하고 곁에 있기도 하는 안정되지 않고 기복이 심한 수많은 경우들이 삶의 현장에서 일어날 수 있다. 이럴 때 때를 맞추어 사랑의 마음이 생길 수 있는 것이 사랑의 적기성이다.

사랑에 골든 타임이 있다는 말을 하려면 사랑은 내가 자발적으로 하는 것이어야 한다. 그때그때 사랑하지 않아서 때를 놓치는 사랑도 분명 있다. 사랑을 할 때는 너무 서둘러도 안 되지만 너무 기다리게 하며 늦장을 부려도 사랑의 타이밍을 놓치게 된다. 타이밍을 놓치는 사람은 사랑을 하는 것에 인색한 사람이거나 미련해서 사랑하는 것을 너무 망설이기만 하며 버티는 사람이다.

사랑을 하고 싶었지만 할 수가 없었다는 말은 거짓이다. 사랑하고 싶지 않았다는 것이 진실이다. 사랑은 능력으로 하지만 그 보다도 먼저 마음으로 하는 것이다. 마음이 있는지 없는지를 알 수 있는 것이 바로 사랑의 타이밍이다. 마음이 있다면 사랑은 할 수 있는 것이다. 사랑하는 마음이 있으면 사랑을 하게 되어 있다.

사랑의 적기를 놓치고 뒤늦게 후회의 삶을 사는 사람들의 특징은 게으르고 자만심만 강하다는 것이다. 그래서 자기 자신을 알지 못하는 것이 특징인 사람은 당연히 세상에서 가장 어리석은 사람이다. 자신의 말과 행동에 대한 실수를 인정할 수 있는 정직함은 지나간 시간은 타이밍을 놓쳤지만 다가오는 시간은 지난 실수를 교훈 삼아 사랑의 타이밍을 잘 챙길 수 있는 사람이다.

어떤 사람이 사랑을 잘할 수 있느냐는 질문을 받을 때가 종종 있다. 나는 자신 있게 말할 수 있는 한 가지가 있다. 뒤끝이 깨끗한 사람일 것 같다. 뒤끝이 깨끗하다는 말은 새로이 시작을 빨리 할 수 있다는 말이기 때문이다. 거꾸로 말하면 사랑을 잘 못하는 사람은 이런저런 것을 모두 다 질질 끌고 다니며 모든 인간관계에 타이밍도 없이 계속 관계를 복잡하게 만드는 사람이다. 이런 사람은 사랑에 타이밍이 있는지조차도 의식하지 못하고 사는 사람이다.

현재에 사랑을 하는 사람은 현재라는 타이밍에 자신이 할 수 있는 것을 다 하고 미래를 사랑으로 이끌어 가는 사람이다. 이렇게 타이밍을 맞추며 사랑하는 사람은 지금 하는 사랑이 부족할 수 있다고 생각하는 사람이어야 한다. 부족할지도 모른다고 생각해야 '더' 노력하겠다는 마음이 생기는 법이다. 반면에 할 것을 다 했고 더 나가 잘했다고 까지 하면 그 다음은 쉬고 싶고 더 안 해도 된다고 생각하게 된다. 현재는 프레전트(Present)로 신이 준 최고의 선물이라고 말하는 것은 현재라는 타이밍을 잘 쓸 수 있다는 것을 의미하는 것이다.

거울 세포

부부는 서로 모습도 닮아 가고 하는 행동도 닮아 간다고들 한다. 왜 부부가 서로 닮아가는 걸까? 이를 증명하는 과학적인 근거를 밝혀냈는데 그 이름은 거울 세포이다. 우리의 두뇌의 한 부분에 거울 세포가 존재한다는 것이다. 그 세포는 눈으로 본 것을 아무런 생각 없이 그대로 몸이 따라한다. 부부가 금실이 좋으면 서로 하는 행동을 거울을 보듯 서로 따라하기 때문에 두 사람의 행동도 같아지고 모습도 같아지는 것이다.

거울 세포가 작동을 하는 데는 조건이 있다. 서로 신뢰를 하는 사이여야 안심하고 그 사람을 따라하는 것이기 때문이다. 거울 세포는 사랑하는 사람의 사이를 그대로 보여주는 증거가 되는 것 같다. 부부가 서로를 신뢰하면 서로 사랑하는 것이다. 그런데 어떤 부부는 하는 행동이 같은데 어떤 부부는 하는 행동들이 모르는 사람들처럼 다르게 보이는 경우도 있다.

서로 행동이 같으면 두 사람 사이에 거울 세포가 같다는 것이 보여지겠는데 영 다른 모습을 하고 있으면 두 사람의 거울 세포가 서로 다른 것을 보고 있다는 말이 될 수도 있다. 서로 닮지 않으려면 각자가 친구들을 만나기를 즐기고 혼자서 게임들을 하고 있으면 아마도 두 사람의 생활 속의 모습이 전혀 다를 수 있을 것이 분명하다.

보는 것을 따라하는 세포라면 서로의 말도 모방을 할 수 있을 것 같다. 부부가 하는 말의 표현이나 말투가 비슷한 것을 발견하는 일은 그리 어렵지 않다. 아마도 서로 좋은 말을 하는 부부는 서로 믿을 뿐만 아니라 존중하는 마음도 있을 것 같은 생각이 든다. 아무리 한 사람이 좋은 말로 사랑을 표현한다고 해도 다른 한 사람이 상대방을 무시하거나 경청하는 자세가 없으면 그 사랑스러운 말을 따라 하지 않기 때문이다.

거울 세포는 마음을 전달하는 세포일 것 같다. 말이 없이 행동만 보아도 따라 할 수 있는 사이라면 거기에는 하나 되는 마음이 있기 때문이다. 행동은 그 사람의 마음을 표현하는 것인데 말없이 행동만이라도 함께 나온다면 그 부부는 서로를 아끼는 마음이 많은 사랑하는 부부임이 틀림없다. 가장 사이가 좋은 부부는 말이 없어도 서로 통하는 사이라는 말이 있듯이 서로가 서로를 따라 하고 싶은 마음이 가장 아름다운 사랑의 표현일 것 같다.

거울 세포의 존재는 우리에게 어떻게 보아야 하고 또 본 것을 우리의 몸으로 어떻게 나와야 할지를 생각해 보게 하는 것 같다. 누구를 신뢰해서 그의 말과 행동을 따라해야 할 것인지 또 누구를 거절하며 따라하지 말아야 할 것인지에 대한 구분을 먼저 짓지 않으면 아무런 생각도 하지 않았는데 자신의 몸짓과 언어가 그 누군가를 따라하고 있다면 그것은 매우 위험한 일이 될 수도 있다.

선이 들어가면 선이 나오고 악이 들어가면 악이 나온다. 내 마음에 있는 선도 들어갔으니까 나올 수 있고 내 마음에 있는 악도 밖으로부터 들어갔으니 언제라도 나올 수 있는 것이다. 이 둘이 서로 구분이 없이 들어갔으면 나오는 것도 무엇이 나오는지 모르고 아무거나 나올 것이다. 자신만 그것을 모르니까 스스로는 선한 사람이라고 생각하면서 무엇이나 자신의 안에서 나오는 모든 행동들이 다 선하고 옳다고 주장할 수도 있다.

남녀가 사랑을 할 때 서로 사랑만 하면 얼마나 좋은 일일까? 그런데 자신은 사랑이라고 하는데 상대방이 사랑이 아니라고 할 때가 있다. 분명히 사랑은 이렇게 하는 것인데 그렇게 행동하지 않으면서 사랑한다고 말하면 사랑과 사랑이 아닌 것이 뒤섞여 버린다. 사랑이 사랑이 아닌 것이 되고, 사랑이 아닌 것이 사랑이 될 수는 없는 일이다. 어디에서 사랑이라고 생각하는 행동이 거울 세포로 자동 입력이 되었는지 찾아보면 두 사람만 정의하는 사랑의 행동을 찾을 수 있을 것이다.

사람의 양심으로는 사랑하던 기억만 날 뿐 자신의 몸이 왜 사랑에 반대되는 행동으로 변화했는지 모르는 사람이 있을 수 있다. 비단 사랑 뿐만이 아니라 자신의 생각하던 것과는 다르게 행동하고 있는 경우를 발견하면 매우 당황스러울 수 있다. 정신이 깨어 있어야 하고 말이 나오기 전과 행동을 하기 전에 조금의 시간을 두고 자신이 할 말과 행동이 무엇인지 미리 머릿속에서 확인하면 그때 비로소 자신의 정신으로만 말과 행동을 하는 것이다.

거울 세포의 존재는 자신도 그렇고 사랑하는 사람도 그렇고 사랑하는 두 사람 사이의 행동들이 하나도 변하지 않았다고 안심하면 안 된다는 말을 하는 것 같다. 사랑하는 두 사람이 서로의 사랑이 변하지 않을 거라고 믿는 만큼 그 사랑이 자신들도 모르게 말과 행동들이 변해 갈 수 있다는 것을 사랑하는 사람의 눈으로 다시 살펴 봐 주는 것이다. 사이가 가까울수록 더 조심해야 한다는 것이 거울 세포가 마음대로 알아서 여기저기에서 모방을 하기 때문이다.

사랑의 해법

자극이 오면 모두 반응을 하는 사람과 외부에서 오는 자극에 대해 구분해서 반응을 하는 사람은 자극에 잠깐이라도 여유의 시간을 두고 대응을 하기 위해 분석을 하는 사람이다. 성급하게 외부에 반응을 하는 사람들은 쉽게 거울 세포의 영향을 받을 수 있다.

환경이 바뀌면 그에 따른 욕구가 바뀌고 생활이 윤택해지면 욕구의 상승이 생기는데 머리로 그러한 환경이 주는 욕구를 구별할 수 없으면 자연히 발생하는 몸의 욕구를 거울 세포가 마음대로 몸을 움직이는 반응을 하니까 행동이 자신도 모르게 변화하는 것이다.

사랑도 이처럼 생활환경이 변화하면 사랑의 행동도 좋게도 나쁘게도 변할 수 있다. 주어지는 자극에 대응하는 것이 거울 세포가 아닌 두뇌로 인식하는 사고의 능력으로 사랑한다면 거울 세포로 사랑하는 사람끼리 서로 닮아도 가고 한편에서는 자기 마음대로 변하는 것도 미리 막을 수 있는 사고로 사랑을 키울 수 있을 것이다.

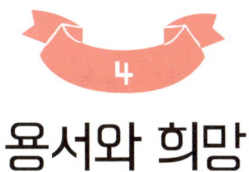

용서와 희망

　그 누구도 사랑을 완전하게 다 이행할 수는 없다. 예상치 못하게 아이가 생기고 직장이 바뀔 수도 있고 수없이 많은 사랑의 의무가 더해지게 된다. 그것들을 미리 알 수도 없고 알아도 행동과 함께 경험으로 직접 겪지 않으면 내가 어떻게 할지에 대한 확신을 가질 수가 없다. 그래서 사랑은 앞으로 일어날 사랑해야 할 모든 변수까지 포함할 수 있는 마음이 사랑하는 것이다.

　육아나 돈 버는 일이나 또는 노후의 대책과 같이 예상하지 못한 일들이 벌어질 때 지금 하고 있는 사랑에 조금 더 넘어서는 한계까지 포용할 수 있어야 한다. 사랑하는 마음을 일어날 수 있는 모든 상황에 적용한다는 말은 사랑하는 사람이 몰라서 하는 실수들을 사랑하기 위해 용서할 마음의 여유가 먼저 있어서 미리 사랑한다는 말이다. 고무줄이 늘어나듯 수용의 폭을 넓힐 수 있는 마음만큼만 사랑이 되는 것이다.

이와 반대로 고정 관념을 갖고 변화를 따르지 않으려는 것은 한정성이다. 사랑이 의무가 되고 인색한 사랑으로 변하는 것은 사랑을 무엇만 하면 되는 것으로 고정시키고, 얼마큼만 하면 되는 제한을 두기 때문에 생기는 일이다. 사랑이 고정되고 제한을 둔다는 것은 더 이상 움직임이 없는 죽음을 말한다. 사랑의 마음이 끊임없이 움직인다는 것은 자신이 살아있는 희망의 말을 하는 것이다.

지금 사랑의 관계가 좋으면 그 좋은 것을 서로 유지하려고 노력하고 지금 사랑하는데 조금 어려움이 있으면 그것을 예전의 좋은 관계로 되돌리려고 하는 노력이 사랑하는 마음을 계속 살리는 노력이다.

지금만 좋은 것은 사랑이 아니라 유혹일 수도 있다. 사랑도 이런 유혹에서 시작할 수 있지만 유혹은 매우 짧은 순간에 사라지는 것이고 사랑은 그 유혹을 넘어서는 것이다. 좋은 것이 있을 때까지 유혹은 제 역할을 한다. 좋은 것이 사라지거나 더 좋은 것이 생기면 그 유혹은 사랑의 마음을 짓밟으며 고통과 아픔을 주고 떠나는 역할을 한다.

이때 사랑인지 아닌지를 가려낼 수 있는 갈림길이 시작되는데 더 이상 나에게 희망의 기다림을 갖지 않는 사람은 나를 사랑하는 사람이 아닌 나의 허영심을 드러내는 유혹이다. 그러나 실망과 아픔을 용서로 포용하며 희망으로 사랑을 위해 앞으로 가는 사람이 나를 사랑하는 사람이다.

사랑은 지금을 이어가는 연속의 시간이다. 그만이라고 멈추는 유혹의 끝을 볼 수 있어야 어디에 자신의 사랑의 의지를 다져야 할지 알게 된다. 사랑의 출발점에는 유혹만 있고 사랑은 숨어 있다. 그 사랑의 길 종착지에 가면 유혹은 사라지고 사랑이 어떤 모습인지 나타나서 알 수 있게 된다. 그 끝까지 가도 유혹만 붙잡고 있는 사람이 있고 끝에 가서야 비로소 사랑을 깨닫는 사람이 있다.

가장 행복한 사람은 처음부터 유혹을 조심하며 사랑을 키우는 사람이다. 그러나 어떻게 처음부터 그 누구나 걸려 넘어질 수 밖에 없는 유혹의 길을 알 수 있을까? 과거에 왜 빨리 몰랐던 것을 후회하는 것은 필요하지만 그 몰랐던 것만 아는 것은 지금도 사랑을 알지 못하는 사람이다. 누군가 그렇게 했기 때문이고, 또 아무도 빨리 가르쳐 주지 않은 것을 탓하며 저주하기에 바쁘다면 지금도 자신만 옳다고 하는 것이다. 현명한 사람이란 행복을 위해 마치 오뚝이처럼 빨리 용서로 사랑하는 사람의 실수를 없애고 또 자신에게도 충분히 있을 수 있는 잘못도 스스로 깨달을 수 있는 사람이다.

사랑의 해법

유혹은 현재를 영원히 끝으로 만드는 것이고, 사랑은 지금 이 시간을 항상 처음으로 만든다. 무엇인가에 대해 아는 그 순간이 처음이 된다면 사랑도 내 사랑이라는 것을 아는 순간이 사랑의 처음이 되는 것이다. 이 처음을 매 순간 시작할 수 있게 만드는 것이 희망이다. 자신의 주제가 특별하지 않다는 것을 깨닫는 사람 즉, 소박하고 가난한 마음을 가진 사람이어야 사랑하는 사람이 보이고 나의 주제로 계속 돌아와서 겸손함으로 자신을 용서와 희망의 사랑으로 바꾸는 사람이다.

사랑의 매듭 푸는 사고

사랑의 대화

두 사람 사이에 무언가 오고갈 때 그 오고가고 하는 것이 말이면 대화라 한다. 사랑의 대화는 두 사람 사이에 오고 가는 말에 사랑이 담겨 있는 것이다. 두 사람 사이에 오고 가는 말만 있다고 사랑이 아니고 사랑이 있는 말인지 없는 말인지가 사랑을 구분하게 되는 것이다. 번역이 필요한 외국어도 아니고 서로 무슨 뜻인지 아는 자국어로 대화하면서 왜 사랑의 말은 한참 여러모로 궁리해야 사랑의 의미가 번역되는 것일까?

사랑의 커뮤니케이션을 하기 위해서는 사랑의 마음이 있어야 한다. 이 대화에 사랑을 한다는 것인지에 대해 예스 아니면 노의 분명한 구분이 먼저 있어야 한다. 아무리 자신의 의견을 잘 전달한다 해도 사랑이 없으면 사랑의 대화는 어려워진다. 사랑하는 사람 사이에 사랑을 표현할 것이라는 생각이 있으면 사랑의 말이 나올 것이 분명하기 때문이다. 사랑을 예스 할 마음이 있어야 사랑을 키워가는 대화가 가능할 수 있다.

　　사랑의 마음을 담고 말하는 것과 사랑처럼 보이게 하는 대화를 구분하는 것은 초보자에게는 매우 어려울 수 있다. 거짓으로 사랑인 것처럼 보이게 말하는 것이 사랑의 마음을 담아서 하는 말보다 쉬운 것은 가볍게 하는 장난의 말이라서 아무렇게 다 말할 수 있기 때문이다. 분명히 알 수 있는 것은 사랑하고 있지 않는 말은 오래가지 못하고 시간이 지나면 거짓임을 드러나게 된다는 것이다.

　　사랑은 기다려 봐야 알 수 있다. 내가 사랑이라고 생각한 그대로 현실에 사랑으로 드러나는지를 기다리는 시간이 필요한 것이다. 싹이 나서부터 그 열매를 기다려야 하는 것처럼 사랑은 열매가 맺을 때까지 있어 봐야 비로소 증명이 되는 것이다. 사랑도 싹만으로 오래 있으면 썩어 없어진다. 싹과 열매가 같다는 것은 싹이 사랑이면 그 열매도 사랑이기 때문이다. 사랑으로 지금 보여지고 시간을 기다려 그 보여지는 사랑이 영원히 계속 지속된다면 그것이 사랑이 되는 것이다.

사랑의 매듭 푸는 사고

사랑의 대화는 그들의 사랑이 거짓이 아닌 참사랑으로 향해 가는 것을 알게 해 준다. 사랑하는 사람 사이에 주고 받는 말은 크게 나누어 보면 사랑의 말과 사랑의 대화로 구분할 수 있다. 사랑의 말은 '사랑해'로 말하는 고백의 말이다. 이 말은 혼자서 할 수 있지만 사랑의 대화는 혼자가 아닌 둘이서 주고 받는 일상의 말에 사랑의 마음을 주고 받는 것이다. '사랑해 여보.'라 사랑을 말하는데 '우리는 서로 소통이 안돼!' 말하는 사람이 있다면 그것은 사랑의 말은 있어도 사랑의 마음이 이어지는 대화는 결여된 것이다.

사랑의 마음을 담고 말하는 일상의 수없이 많은 말들은 순간의 감정이나 상황에 따라 변화할 수도 있다. 삶의 환경이 변하고 육체의 건강 상태도 변할 때 사랑인지가 드러날 수 있다는 말은 더욱 사랑의 마음줄을 잡고 마음이 변하지 않으려는 노력이 있어야 사랑이 남을 수 있다는 증거이다. 사랑은 사랑인지 아닌지 매 순간 시험을 받을 수 있기 때문에 사랑의 마음을 지킬 수 있어야 사랑의 대화를 할 수 있다.

사랑의 말과 사랑의 대화에 변함없이 사랑을 표현하기 위해서는 말의 억양이나 말의 톤이나 말하려는 단어를 선택하는 시간이 사랑을 담는 시간이 있어야 할 것 같다. 잘 모르는 사람과의 대화에서는 이러한 시간을 갖곤 한다. 그러나 서로가 잘 아는 사이가 되면 쉽게 자신의 감정을 걸러내는 시간이 없어지게 된다. 곧바로 격한 감정을 그대로 가지고 대화를 하거나 대화의 내용만 표현하고 그 안에 사랑의 마음은 잊어버리는 경우가 많다.

　사랑의 대화는 사랑의 마음을 감싸는 보호막이다. 열악한 환경에 마음이 약해지면 사랑으로 강한 마음을 갖게 하고 자만심에서 가난한 마음으로 변하게 할 수 있는 것은 오직 사랑의 대화로 가능하다. 사랑의 마음이 상하지 않도록 사랑의 대화를 부드럽게 할 수 있어야 그때 사랑은 보호받게 된다.

　언어인 말은 그 사람의 솔직함의 척도이다. 솔직함이 아무런 생각도 없이 그대로 나오는 것일까 아니면 공을 들여 수양한 시간과 노력의 산물일까? 있는 그대로 보다는 공들여 다듬는 수고로 더 깊은 솔직한 사랑의 대화를 이어갈 수 있다.

　자신의 감정이 솔직하게 드러나야 하고 또 두 사람이 서로 일치할 수 있는 것이 사랑의 말이다. 더 정확하게 말하면 일말의 오차도 없을 때까지 계속 일치하려고 서로가 서로에게 맞추어 가려 할 때 그 말들은 사랑을 하는 언어가 된다.

　사랑의 대화도 말하는 사람의 태도와 내용만을 강조한다면 중독이 될 수 있다. 사랑의 말을 해도 대화의 내용이 돈이 오고 가는 것으로 대화의 즐거움이 중독이 되었다면 돈이 없어졌을 때 남는 것이 무엇인지에 따라 사랑의 대화였는지 판가름할 수 있다.

언어의 중독성은 이미 남자의 언어와 여자의 언어로 길들여져 있었다. 사랑의 처음에는 남자와 여자의 언어가 서로 영원히 소통할 수 없는 것처럼 보이기도 한다. 남자와 여자의 언어가 다르지만 같은 공통점은 서로 말을 할 수 있는 사람이라는 것이다. 사람의 말은 사람이면 누구나 다 통할 수 있는 사람의 감정과 사고로 같아지는 것이다. 그러나 사랑하는 사람이 서로 말이 통하려면 사랑의 감정과 사랑하는 사고를 같이 할 수 있는 언어가 발달해야 한다.

사랑은 사랑의 대화에서 시작하고 그 사랑의 대화가 지속하는 동안만 사랑은 살아있다. 아무리 사랑의 말이라 해도 기분이 좋은 감정의 시간은 짧고 대화의 내용도 한정된다. 사랑하는 사람의 관계에서 대화는 두 사람의 속마음이 사랑으로 드러나게 될수록 그 대화의 폭이 넓어지고 사랑이 깊어 간다. 어리석은 사람들은 대화의 내용만을 수집하지만 그 내용들 자체는 사랑이 아니다. 자신의 마음을 열고 서로 같아질 수 있는 대화가 사랑을 가능하게 한다.

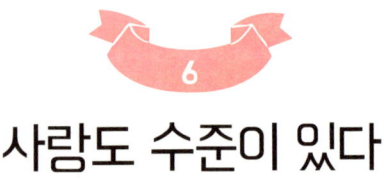

사랑도 수준이 있다

　자신 안에서 얼마나 많은 사랑이 나오게 노력하는가에 따라 그 사람의 사랑의 수준이 매겨진다. 사랑은 우연하게 거저 주어지는 것이 없다. 사람들이 하는 모든 일이 다 다른 성과를 내는 것처럼 사랑하는 일도 사람마다 다 다른 수준이 나온다. 모든 일과 같이 사랑도 언제 누구에게 어떤 노력을 얼마큼 하는가에 따라 그 사랑의 모습이 밖으로 드러난다.

　사람을 사랑하면 온전히 다 사랑하고 그 사람이 사랑하는 사람이 아니면 사랑이 다 아닌 것이 진실일 것이 마땅한 일이다. 그런데 어떤 사람은 자신이 할 수 있는 모두를 다해서 사랑하고 어떤 사람

사랑의 매듭 푸는 사고

은 자신이 할 수 있는 힘과 노력의 불과 몇 할밖에는 사랑하지 않는 사람이 있다. 그럼 그 남은 자신의 사랑을 어디다 어떻게 쓰는지 궁금해진다.

왜 사랑하는데 수준이 생기는 것일까? 삶의 현장에서 어려움을 극복하듯 사랑도 열심히 했다고 누구나 말을 하는데도 불구하고 사랑하는 사람들 사이에 마치 사랑하는 것이 차이가 나듯 보이는 것은 왜일까? 사랑은 주는 것이고 또 받는 것이라고 하는데 사랑할 수 있는 마음과 행동이 모두 다 나오지 않는 것일까?

사랑이 수준이 있다는 것은 사랑하는 일에는 노력보다 더 중요한 무엇이 있기 때문이다. 무슨 일을 하려면 얼마나 준비를 했느냐가 바로 그 일의 결과와 직결되는 경우가 많다. 즉 사랑은 계획으로 준비하는 것이 있었느냐 없었느냐 또 얼마나 준비를 했느냐에 따라 그 사랑의 수준이 달라지는 것이다. 사랑을 운이 좋아야 한다고들 말하는 사람들이 있지만 그런 행운은 그 순간일 뿐 지나가면 또 다른 순간이 온다.

사랑에 미리 계획이 없으면 무엇이 다가올지 모르는 미래의 사랑은 비극으로 갈 확률이 매우 높아질 수 있다. 로미오와 줄리엣이 비극인 이유 중의 하나도 서로가 어떻게 하자는 계획을 함께 하지 않고 한 사람이 즉흥적으로 행동을 했기 때문에 사랑하는 사람이 죽은 척하는 것을 죽은 줄 알고 나머지 한 사람은 진짜 죽음을 택하는 어처구니없는 일이 벌어진 것이다.

사랑의 계획은 재산 증식의 계획과도 다르고 자녀 출산의 계획과도 다르다. 생활의 계획처럼 사랑하는 사람에게 향하는 사랑의 계획은 한두 번으로 되는 일이 아니라 끝이 없이 이어지는 일생 동안의 장기 계획이다. 그리고 그 계획은 나 혼자서만 하는 일이 아닌 사랑하는 사람과 함께해야 사랑이 이루어지는 일이다.

애증이 사랑일 수 있다고들 말하는 사람들이 있다. 애증이라는 미움이 사랑일 수는 없다. 그것은 때늦은 일이고 사후의 약방문과 같다. 지난 것을 후회한다는 것도 반성적인 사고를 하는 것이라서 자신의 머리에서 자발적으로 나오고 후회는 사랑보다 강한 힘을 갖는다. 사랑을 후회하기 전에 미리 계획하면 얼마나 좋을까? 때가 지나 후회를 하며 지난 일을 뒤늦게 계획한들 쉬지 않고 다가오는 미래의 시간만 더 죽이는 일이 된다.

준비하고 계획한다는 말은 지금까지 일어나지 않은 것을 내 머릿속에서 미리 바꾸는 연습을 하는 것이다. 사랑을 준비한다는 말도 이제껏 하지 않았던 말과 행동을 지금부터 하려고 머릿속의 사고도 자신의 성향을 바꿀 계획을 하는 일이다. 계획을 한다는 말은 사고를 한다는 말이고 사랑이 계획하는 것이라는 말은 앞으로 오는 시간에 무엇을 할까 사랑에 대해 준비한다는 말이다.

　　변하지 않으면 다가오는 한순간도 사랑을 하며 살 수 없다. 나는 이제 늙고 또 습관이 굳어졌고 사랑을 하려고 변하는 것을 못 한다고 말하는 사람들이 있다. 사람의 몸은 나날이 변하는데 자신만 그렇게 못 하겠다고 해서 그 변화가 멈추는 것이 아니다. 우리의 몸은 나날이 늙고 병들고 죽어가는 자동적인 변화를 받아들이고 그에 맞는 노력도 계속되야 그 사람의 인생에 사랑이 존재하게 될 것이다.

　　자신의 몸을 사랑해야 그 사랑으로 몸을 변화할 수 있다는 것은 자신의 노력으로 자동적인 변화를 인위적인 변화를 할 수 있다는 말이다. 바꾸는 계획이 필요한 것은 사랑도 마찬가지이다. 사랑은 정신이 하는 이런 일을 몸이 이행하는 것인데 정신이 깨어 있지 않으면 사랑하는 일보다 사랑을 막는 일이 더 강하게 다가오기 때문이다. 사랑하는 사람에게 사랑하는 변화가 없으면 몸은 굳어지고 사랑의 마음도 더 이상 나오기 어렵게 된다.

　　모든 것은 자동으로 변해 간다. 자동의 변화는 사람의 삶이 죽음으로 가는 과정이라고 할 수 있다. 기계는 녹이 스는데 그 녹이 더디게 하려는 방법만 있을 뿐 언젠간 녹이 슬게 된다. 다이아몬드가 변하지 않는다고들 말하지만 그것을 보석으로 만들어 차고 있는 사람이 먼저 변해서 더 이상 보석을 치장하지 못하는데 다이아몬드가 변치 않은들 그것과 내가 변하는 것과는 다른 것이다. 시간의 차이일 뿐이다. 탄소가 오랜 세월을 두고 변해서 다이아몬드로 변한 것과 같이 단지 모든 것은 각자 그 변하는데 걸리는 시간에 차이가 있을 뿐이다.

학교 갈 준비는 학교에 가기 전부터 하는 것이다. 또 나이가 들면 늙을 것을 미리 준비하는 것이 노후 대책이다. 사랑하는 일도 사랑만 남기 위해 부부가 서로 사랑하는 것도 지금 미리 머리를 써서 사랑하는 사람에게 자신의 말과 행동을 어떻게 할 것에 대해 계획하고 연습해야 한다.

모든 일을 하나도 빼놓지 않고 철저한 계획으로 삶을 살면 좋겠지만 그런 사람은 이 세상에는 존재하기 힘들다. 미리 해야 할 준비를 놓치는 수도 있는 것이 사람의 삶이다. 그러나 지나간 시간을 다시 회상하며 죽은 시간의 때늦은 계획에 빠지는 사람은 진짜 어리석지 않은가? 그 죽은 시간에서 돌아서라고 지금이라는 귀한 시간이 있는 것이다. 지금 얼른 사랑하고 사랑을 할 때 자신이 가진 모든 것을 다해서 사랑한다면 그 사랑은 수준이 있는 사랑이 될 것이다.

내 것만 내 사랑이다

사람은 내 것이면 소중하게 여긴다. 내게 좋은 것이라서 소중하게 여긴다가 내 것을 소중하게 여기는 것과 같은 것이라 한다면 내 것인데 좋지 않으면 소중하지 않다는 것으로 바뀐다. 여기에 잠시 사고의 과정이 필요하다. 내 것이라서 소중하려면 그러한 사고에 앞서 내 것이 제일 좋은 것이라고 생각하는 사고가 우선되어야 한다. 그래야 좋은 것이 소중한 것과 내 것이기 때문에 내게 소중한 것은 다른 것이라고 구분될 수 있다.

스스로는 내가 너의 것이니까 네가 나를 소중하게 여겨 주기를 바라지만 정작 본인은 자신의 것을 그렇게 소중히 여기지 못하는 것은 왜일까? 사람들의 마음에는 소유욕이 있기 때문에 내 것이면 이미 소유한 것이라서 소유 그 자체로 더 이상 소중함을 모르는 경향이 있는 것 같다.

시드니에서 조금 근교로 나가면 듀랄이라는 동네가 있는데 몇 에이커씩 되는 집에서 농사를 짓거나 닭을 키우는 것을 부업으로 사는 동네가 있다. 지금은 주택가로 개발 중이라 꽤 부촌으로 변했지만 예전에는 닭을 키워서 계란을 파는 집들이 많이 있었다. 노부부가 파는 계란을 사려고 주말이면 가던 집이 있었는데 노부부가 울먹거리는 것이었다. 간밤에 여우가 닭 백 마리를 모두 물어다가 숲속에 차곡차곡 쌓아 놓았다고 한다. 먹으려는 것이 아니라 내 것으로 하려는 소유욕이었던 것이다.

결혼을 하고 햇수가 지날수록 내 짝을 볼 때마다 내 짝을 내가 찾은 것이 아니라 내게 주어진 선물처럼 느껴진다면 그것은 그 소중한 짝이 내 짝이라는 생각을 하는 것이다. 자식이 부모를 찾고 골라서 내 부모를 정할 수 없는 것처럼 나의 가족과 나의 사랑은 내게 주어지는 그 사람이 그냥 내 것이다.

사람에게서 겉으로는 볼 수 없는 것을 찾는 것이 사랑의 마음이다. 보이는 것으로 내 짝을 찾으려 한다면 그 사람의 겉모습만을 아는 것이다. 그러한 겉으로 볼 수 있는 것들은 그 사람이 누구에게

나 할 수 있고 또 늘 보이고 있는 그 사람의 성향일 뿐이다. 나에게 특별한 사람이 된다는 것은 그 사람의 성향이 나를 위해 특별히 변하는 시간과 과정이 들어간 사랑의 노력이다. 사랑은 사랑하는 사람에게만 나의 보이지 않는 모습까지 드러내 보이는 일이기 때문이다.

사랑에는 경계가 있다. 나라마다 국경선이 있듯이 나의 것이 분명해 지는 것은 사랑하는 두 사람 사이에 반드시 사랑으로 서로 하나가 되는 경계가 있다는 것을 의미한다. 울타리의 경계가 있으면 그 밖의 것은 나의 소유가 아니다. 사랑도 마찬가지이다. 사랑의 한계는 나의 사랑의 한계를 가지고 너의 사랑의 한계가 하나 될 때 그 누구도 침범할 수 없는 나의 것이라는 사랑의 울타리가 만들어지게 된다.

많은 사람들이 사랑을 어려워하는 이유 중의 하나는 다른 사람이 둘의 사랑에 끼어들거나 둘의 사랑에 다른 사람을 끼워 넣기 때문이다. 두 사람의 사이가 매우 친밀하더라도 항상 사랑하는 사람 사이에 사랑을 망치게 하는 존재가 생길 수 있는데 이것은 나의 사랑하는 사람만이 나의 것이라는 사실을 불분명하고 무책임하게 가지는 사람들 때문에 생기게 된다.

자기의 것에 대해 구분을 불분명하게 가진다는 말은 자신의 것이 최고로 좋다는 마음이 사라졌다는 말과도 같다. 사람의 본성에는 프라이어리티(priority) 신드롬이 있는 것 같다. 내 마음속으로 자연 발생하는 최고를 찾는 마음이 외부를 보면서 생기는 마음이다 친한 친구가 둘이 있으면 그 중에서 더 좋은 친구를 정하는 것은 인간의 본성에 보는 것마다 항상 그 우열을 따져서 제일 좋은 것을 구분하려는 본능인 것 같다.

자신의 것이 가장 좋은 것이라고 해도 어느 순간 더 좋아 보이는 것이 있으면 그 더 좋아 보이는 것으로 서열이 옮겨간다. 이것을 있는데 더 가지려고 하는 욕심이라고도 말하지만 엄밀히 따지면 자신이 이 세상에서 가장 좋은 것을 가지면 스스로가 그렇게 높은 사람이 되는 것처럼 생각하는 마음이 생기는 것 같다.

이 세상에 좋아 보이는 것을 가지면 최고가 된다는 생각이 어리석음이라는 것을 알려면 이 세상의 것을 모두 다 잃을 때 비로소 최소한이라도 자신의 것이 자신에게는 최고였다는 것을 알게 되는 것 같다.

내 것만이 나의 사랑이라는 것을 알 수 있는 것은 값없는 사랑에서만 알게 된다. 준 대로 받고 받은 대로 주는 값의 대가를 치르는 것은 사랑이 아니다. 내 것만 내 사랑이라고 할 때는 그 사랑은 값이 없는 그저 내가 사랑하고 싶은 마음으로 하는 사랑이다. 이것은 해야만 하는 의무감의 마음으로 하는 사랑과도 다르다. 내 것만 내 사랑이라고 하면 그 사랑은 변화를 계속하는 쉴 틈이 없는 영원성의 사랑이다.

사랑의 해법

잘못 봐서
사고의 형성이 달라진다

　여러 가지가 모두 섞여 있을 때는 자신이 보고 싶은 것만 보이고 보고 싶지 않은 것은 안 보인다. 결혼을 하고 사는 부부들이 흔히 하는 말이 자신의 짝을 사랑하는 일이 꼭 눈에 콩깍지가 낀 것처럼 사람을 잘못 본 것이라고 한다. 그 말은 처음에 보였던 것을 나중에는 자신이 잘못 본 것을 알았으면 자신의 탓인데 그냥 말하기 쉽게 상대방이 자신을 속였다고 말하는 것이다.

　흔한 비유로 원효대사의 이야기가 있다. 목이 마른 원효대사가 밤에 물을 찾다가 한 바가지의 물을 찾고 마셨는데 그 물맛이 매우 달고 시원해서 행복하게 물을 마시고 잠이 들었다고 한다. 새벽

사랑의 매듭 푸는 사고

에 해가 밝아 자신이 마셨던 물바가지를 보았을 때 그것이 물바가지가 아닌 사람의 해골이었다고 한다. 그것을 보고 구역질이 나고 먹은 물을 토했다는 이야기이다.

못 보았을 때는 맛있고 행복한데 실체를 알고는 역겹고 불쾌한 것이다. 이 이야기는 엄밀히 따지면 해골을 못 본 것이 아니라 물이 보일 때는 분명히 해골도 보인 것이다. 그저 자신에게 필요한 물만 보려는 마음이 있었기 때문에 물만 보였고 그 이외의 것은 더 이상 안 보려고 무시하며 자기 마음에 따라 선별해서 본 것이다.

사랑하는 사람도 내 마음에 따라 생각하고 싶은 대로 사랑도 선별하여 그 사람에게 내 마음을 대입한 것이다. 사람이 외부를 잘못 보게 되는 시작을 나의 관심으로만 보는지 아니면 직관적인 사고로 보기 위해 나의 생각을 접고 보는지에 따라 외부를 보는 눈의 정확도가 달라질 수 있다. 관심으로 보는 것은 감정을 가지고 보았을 때를 말한다. 이에 반해 직관적으로 외부를 볼 때는 감정을 가지지 않고 객관적인 사고를 가지고 생각을 최대한 냉정한 감정을 가지고 사물과 사람만을 보는 것을 말한다.

사람들이 보는 면이 서로 다르다는 것은 서로가 자기 좋은 것만 보는 선별적 시각이 다르니까 아무리 사랑하는 사람들 사이라도 서로 이해하기가 어려워지는 것이다. 서로 다르게 보이면 서로의 이

해관계가 상반되고 그로 인해 사랑의 마음은 이해관계로 역이게 된다. 여기에 나쁘다는 감정이 개입하면 그것 때문에 편파적이게 된다. 내가 좋은데 너도 좋으면 이때는 같은 감정을 가질 수 있다. 그러나 내가 좋은데 너는 나쁘면 서로의 감정도 달라지기 때문에 사랑하는 마음에도 다름이 생기게 된다.

잠깐 만나는 사이도 아니고 평생을 함께 사랑의 끈을 이어가야 할 부부가 서로 보는 것을 잘못 봐서 사고의 형성이 달라지고 그것으로 두 사람이 전혀 다른 감정까지 가지고 자신이 옳다는 것만 고집한다면 어떤 일이 벌어질 것인가는 설명이 더 이상 필요하지 않을 것 같다.

보는 눈을 키우고 안목을 넓히기 위해 어떻게 해야 하는가? 개 눈에는 똥만 보인다는 말이 있듯이 두 사람 사이가 각자 서로 다른 유유상종을 하게 될 수도 있다. 자신의 관심으로는 사랑하는 사람이 하는 행동을 전혀 이해가 갈 수 없을 수도 있다. 만약 디스코장에 가서 노는 것을 좋아하는 사람과 도서실에서 책을 읽기를 좋아하는 사람이 사랑을 한다면 서로가 서로를 이해하는 것이 어려운데 이렇듯이 이해가 되지 않은 상태에서 서로에게 선입관이라는 감정을 가지면 더욱 서로의 생각이 달라 질 수 있다.

결혼을 할 나이가 된 아들을 가진 엄마들이 자신의 아들들이 여자를 잘 보는 방법으로 '이 여자 저 여자를 모두 만나 보아야 한다.'고 말한다는 것이다. 여러 종류의 여자들을 만나 보아야 여자에 대한 선입관을 넓힐 수 있다는 것이다. 그러나 만나 보는 것만으로 과연 사고의 형성이 생길 수 있을까?

사람을 많이 만나고 또 본다고 사람의 이런저런 다른 점이 있다는 것을 많이 아는 것으로 사람 보는 법을 알았다고 할 수 없을 것 같다. 사람을 만나기만 한다고 사랑하는 사람이 되고 서로 사고의 형성이 같아지는 것은 아니다. 천 길 물속은 알아도 한 길 사람의 속은 모른다는 속담이 있듯이 보이지 않는 것까지 볼 수 있으려면 사랑의 약속으로 서로 결혼을 하고 살아 보아야 그 사람에 대해 다 알 수 있게 된다.

살아봐야 그 사람을 알 수 있다고 하는 말을 결혼하기 전에 동거를 하는 것으로 오해하는 사람이 있을 수 있다. 동거를 하고 그 사람을 다 알아서 그 다음은 어떻게 하겠는가? 서로가 책임을 다 하지 않는 상황이 오면 그 사람의 단점을 다 알고 난 다음에 할 수 있는 결론은 서로 안 만날 수도 있다는 것이다. 감정만으로 사랑이 전부는 아니기 때문에 사랑은 결혼을 통해서만 완성될 수 있는 것이다.

왜 결혼으로만 서로가 보는 것을 잘 볼 수 있게 된다는 것일까? 내 눈이 잘못 보고 있다는 것을 증명할 수 있는 방법은 늘 곁에 함께 있는 사랑하는 사람만 알 수 있기 때문이다. 내 눈을 대신해서 잘 못 본다고 말해주는 사람이 있어야 하고 또 그 사람의 말을 믿어야 한다. 그래서 나를 대신 할 사람이 내 인생에서 필요한데 그 사람이 바로 나와 결혼으로 사랑하는 사람이다.

사랑하는 사람이 나를 봐주는 말을 믿지 않으면 인생을 역행으로 가야만 한다. 언제까지일지는 사람마다 다 다르기 때문에 그 언제 사랑하는 사람을 통해 세상을 보는 눈을 바꿀지 알 수 없다. 자신의 눈이 사물이나 사람을 잘못 보아서 생기는 결과까지 지켜 보아야 하는 시간과 에너지를 낭비해야만 알 수 있다면 이는 매우 안타까운 일일 것 같다.

사랑을 해야만 그 사랑하는 사람을 통해 자신의 눈을 바로 볼 수 있다. 누가 나에게 나의 일생을 통틀어 모든 면에서 잘하고 잘못하는 것을 보아 줄 수 있는가? 결혼이란 일평생 동안 사랑하며 늘 함께 있겠다고 약속한 사람이다. 이 사람이 나에게 잘못되었다고 말해주면 그 말을 고맙게 들어야 한다. 왜 믿느냐고 질문을 할 이유도 없다. 그 사람이 자신의 인생을 걸고 말하는 목소리는 사랑이 있는 사람만 들을 수 있는 결혼의 신비이기 때문이다.

사랑의 능력

　　사랑의 결실을 보고서야 그 사람이 얼마큼 사랑의 능력이 있는지 알 수 있다. 사랑의 능력은 처음에 아는 것이 아니라 사랑하고 난 맨 마지막에 무엇이 남는지 그 결과를 보고서야 알 수 있다. 마치 나무와 같이 잎과 꽃이 다 떨어지고 나서 남는 열매를 보고야 사랑을 알 수 있다. 자식도 떠나고, 직업도 끝이 있다. 사랑하고 남는 것은 사랑의 시작에 나와 함께 있었던 사랑하는 나의 아내, 나의 남편이다. 내가 보는 나의 아내와 나의 남편의 모습이 나의 사랑의 열매가 되고 나의 사랑의 능력이다.

　　사랑의 능력을 다할 수 있으려면 자신이 사랑해야 할 사람이 누구인가를 아는 일이다. 개화기의 꽃만 생각하고 사춘기에만 만끽하며 인생을 멈춘 사람이 사랑이 열매를 맺기는 불가능한 일이다. 나의 사랑하는 사람이 누구인지를 알려주는 것은 수없이 많이 있지만 쉽게 '나의'라는 수식어를 붙여보면 그 사람이 지금 나의 사랑하는 사람임을 알 수 있다. 나의 아내, 나의 남편, 나의 자식이라고 부르면 그 사람들이 영원히 나의 사람이라는 것을 알아야 한다.

나의 것이라면 누구에게라도 나의 것이라고 자신 있게 말하고 드러낸다. 사랑도 그렇게 나의 사랑이라고 드러내려면 사랑의 자존심이 있어야 사랑의 능력을 가질 수 있게 된다. 사랑은 특히 여자의 자존심을 높일 수 있어야 한다고 생각한다. 여자 스스로도 남자에게 사랑을 구걸하지 말아야 하겠지만 여자를 사랑하는 남자라면 자신의 여자가 사랑을 구걸하지 않도록 사랑할 수 있어야 사랑할 능력이 있는 남자다.

여자가 원하는 것을 여자가 원하기도 전에 남자가 먼저 사랑의 마음과 행동이 변함없이 나온다면 그것이 사랑의 능력이다. 반대로 남자가 원하는 것을 여자가 먼저 알고 남자가 말하기도 전에 나올 수 있으면 그것도 그 여자의 사랑하는 능력이다.

남자가 사랑의 능력을 갖추고 자신의 여자만을 사랑하고 여자 또한 그렇게 사랑하면 자신이 하는 사랑이 참사랑으로 되돌려받을 수 있다. 자신이 여자에게서 되돌려받는 사랑으로 남자는 비로소 남자로 사랑할 수 있는 능력을 갖는다. 이것을 깨달을 수 있는 여자도 자신의 남자를 올바로 사랑할 수 있게 된다.

사랑할 수 있는 능력은 자기 자신의 모습을 깨달을 수 있는 사고에 있다. 사회성이라고도 말하는 인간관계는 자신의 말과 행동 만큼을 남에게서 되돌려받는다. 내가 한 것만큼 대접을 받는 것을 아는 능력은 사회에서 길러질 수 있는 능력이다.

인간관계에서 내가 한 것과 보여준 것만큼 되돌려받는 것을 알아야 내게 돌아오는 모든 결과를 나의 탓으로 깨닫는 사람이다. 이런 사고를 할 수 있으면 사랑하는 사람에게서 돌아오는 반응으로 자신의 모습을 볼 수 있어야 사랑할 능력이 있는 것이다.

사랑할 수 있는 사람은 자신의 감정을 이성적인 생각과 행동으로 옮길 수 있는 사람이다. 남자의 마음이 넓어야 한다는 말은 감정이 강하게 먼저 나오지 않고 이성적인 사고의 능력으로 감정을 수용할 폭이 있어야 한다는 말이다. 사랑의 감정일지라도 그 감정을 다듬어 에센스를 만들 수 있는 능력이 사랑의 능력을 결정하게 한다. 이 말은 이성으로 사랑을 명확하게 구분할 수 있는 사고가 있어야 자신의 사랑을 알고 그 사랑을 소중하게 여기는 것이다.

사랑하는 사람이 서로 사랑할 수 있는 능력이란 누군가로부터 자신의 사랑하는 사람을 지키려는 독립심이라 생각한다. 독립심은 남의 영향을 받거나 외부를 핑계 대지 않고 자신의 사랑에 당당함을 갖는 것은 양파 껍질처럼 한결같이 변함없는 사랑의 행동을 하는 것은 사랑의 능력에서 나오는 자신감이 있어야 가능하다.

　　사랑의 능력을 정확하게 구분해서 누구의 능력인지 대답하라면 주저 없이 남자의 능력이라 말할 수 있다. 이것은 또 사랑에 대한 책임의 문제이기도 하다. 사회의 분업화로 남자와 여자가 서로 협동을 하며 살아가는데 너무 보수적이고 시대에 뒤진 생각이라고 말하는 사람들이 있을 수도 있다. 그러나 여자의 사랑의 능력이란 남자가 사랑할 수 있는 능력을 얼마나 도와줄 수 있는 능력으로 구분하고 싶다. 이 말은 자신의 여자가 주는 도움으로 남자는 사랑의 능력을 갖추는 것이다. 이 두 능력이 하나의 능력이 되면 비로소 부부로서 진정한 사랑을 할 수 있을 것 같다.

사춘기의
성적 호기심

　　사춘기는 사람의 몸이 성적인 호르몬으로 살기 시작하는 때이다. 그래서 성적인 호기심이 가장 왕성하다. 데이트 몇 번이나 무슨 사건과 어떤 이벤트 하나에 모든 성적 호르몬을 펑펑 쏟아붓기도 한다. 그런데 나이가 들만큼 들었는데도 사춘기의 성적 호르몬으로만 인생을 영원히 살려고 하는 사람이 있다면 그들은 이미 사춘기 때 죽은 사람과도 같다.

　　프로이트는 사람의 성적인 호르몬이 어떻게 쓰여지는가에 따라 각자 심리 상태가 결정이 된다고 하였다. 분석심리학은 성적인 흥분을 의식할 수 있는지 없는지에 따라 성에 관한 분석이 달라진다.

본인 스스로 의식할 수 있는 성적 호르몬은 삶의 에너지인 사랑에 있을 수 있지만 성호르몬이 무의식에서만 움직이고 무엇인지 모르면 그 사람의 심리는 죽음의 에너지로 간다. 성적인 에너지를 의식해서 정신이 몸을 통제할 수 있는 상태는 사랑이지만 무의식의 심리 상태로 몸의 성적인 흥분을 모르는 상태에서 아무 대책도 없이 행동하는 것은 죽음이다.

자기 마음대로만 하려는 욕구가 강할수록 성적 호르몬도 무의식으로 가속화시킬 수 있다. 이때 아무런 사고도 없이 방치된 성적 호르몬은 스스로 조절하고 통제하는 기능이 없어지고 이때 사람의 정신은 어떻게 해야 할 지 모르고 감정이 들쑥날쑥하게 된다. 이렇게 감정에만 따라 자신의 몸을 움직이면 죽음의 에너지가 강해질 것이다.

성적 호기심이 폭포수같이 생기는 것에 아무런 대비도 없으면 어떻게 될까? 과잉 생산에 과잉 소비로 이어진다면 성적인 에너지인 성호르몬이 사랑으로 잘 쓰여질 확률이 희박해질 수 밖에 없을 것 같다. 엄청난 것을 매우 유용하고 값지게 쓰는 것이 어려운 것은 과도하게 넘치는 것에 대한 적절한 정보로 대비가 있어야 할 것 같다.

사춘기의 성적인 호르몬 그 자체가 젊음이다고 할 수는 없다. 사춘기의 성호르몬은 그것을 의식화할 수 있는 과정을 거쳐야 그 사람은 사춘기에서 젊음으로 넘어갈 수 있고 그 젊음을 유지할 수 있는 힘인 성적인 호르몬을 사랑으로 탈바꿈을 할 수 있다. 사춘기를 통해 아이에서 어른으로 넘어가는 것은 몸만이 아닌 정신의 성숙도도 함께 따라야 한다.

사춘기의 성적 호르몬을 사랑으로 승화하지 못하고 재미와 쾌락의 즐거움으로 쓰는 사람은 아직 어른의 정신을 가지지 못한 것이다. 자기 자신의 몸에서 나오는 성적인 에너지는 사랑하는 사람을 위해 승화되지 않으면 자기 자신만을 사랑하는 나르시시즘으로 가기 쉽고 자신을 파괴하는 본능을 키울 수도 있다.

성적 호기심에 자제력을 잃으면 자신이 무엇을 하는지 알 수 없고 뒤늦게 무엇을 하는지 안다고 해도 호기심에서 나왔던 습관들을 바꾸는 데는 많은 시간이 걸린다. 어린 시절 특히 사춘기 시절에 부모의 역할은 아이들에게 호기심이 옳은 것인지 옳지 않은 것인지를 되돌아 볼 수 있는 힘을 갖도록 도와주는 것이다. 성적인 호기심으로 자신이 무엇을 할 수 있는지 사고할 수 있는 것이 매우 중요한 일이다. 아들이 아버지에게서, 딸이 어머니로부터 자신의 성 정체성을 확립하는 모델링의 역할을 가정에서부터 본받을 수 있을 것이다.

왜 굳이 부모의 사랑이 아버지인 남자의 사랑과 어머니인 여자의 사랑으로 구분되어야 하는지 의구심을 가질 수도 있을 것 같다.

사랑의 해법

자식을 향하는 사랑의 마음은 아버지와 어머니가 다 같지만 사랑의 방법은 다를 수 있기 때문이다. 사랑에도 수동적인 사랑이 있고 능동적인 사랑이 있다. 아버지인 남자가 사랑하는 방법은 능동적인 사랑이라 할 수 있는 것은 가족을 책임지는 힘이 아버지의 사랑에서 나오기 때문이다.

만약 자식이 부모의 말을 규칙으로 받아들인다면 자신이 마음대로 하려는 욕구를 부모의 말을 듣기 위해 절제하는 연습을 할 수 있다. 절제의 힘이 생기면 사춘기 때의 아이들은 자신의 성적 호르몬도 조절할 수 있을 것 같다. 부모와 자녀의 관계를 형성할 때 주의해야 되는 것은 성적인 자극을 줄 수 있는 지나친 신체 접촉이다. 부모를 성적인 인물로 인식할 수 있는 점을 고려해야 하는데 이것을 프로이트는 오이디프스 콤플렉스와 엘렉트라 콤플렉스로 설명하고 있다.

자녀가 부모의 말을 들을 수 있는 관계를 형성하는 것은 아이들이 스스로 사춘기의 성적 호르몬을 통제하고 스스로 의식할 수 있게 해준다. 의식화된 성적인 호르몬은 사고의 과정을 통해 성적인 호르몬은 쾌락이 아닌 사랑에 사용할 수 있는 삶의 에너지인 리비도의 힘을 스스로 기를 수 있게 할 것이다.

자식을 사랑하는 부모의 마음은 다시금 자식의 사춘기를 통해 자신의 사춘기를 뒤돌아볼 수 있는 재성숙의 시기를 가질 수 있다. 부모가 된 자신의 모습에 남아 있을 수도 있는 어렸을 때 사춘기의 성적 호르몬의 잔재를 볼 수 있기 때문이다. 어른이지만 사춘기로 남아있는 '광적인 나'를 볼 수 있고 거기에서 더욱 어른으로 거듭날 수 있다면 그것은 부모가 자식을 사랑하며 받게 되는 사랑의 선물일 것이다.

사춘기의 성적 호르몬에 의한 쾌락과 사랑은 완전히 다른 것이다. 성적 호기심 속에는 사랑으로 가는 정신과 쾌락으로 가는 감정이 동시에 존재한다. 이 둘이 다르다는 것을 알면 사춘기에 생기는 성적 호기심은 사랑을 지킬 수 있는 방어 기제를 갖추게 된다. 사춘기에서 참사랑을 할 수 있는 어른의 길로 건너가는 것이다. 성적 호기심이 왕성한 사춘기 때 쾌락의 절제에서 사랑이 시작되는 것을 배울 수 있다면 결혼으로 또다시 생길 수 있는 성적인 호르몬을 통제하는 힘으로 사랑의 정신을 가득 채울 수 있을 생길 것 같다.

사랑의 해법

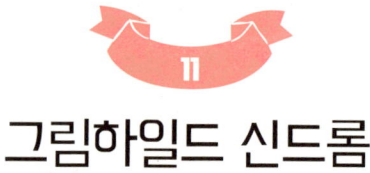

그림하일드 신드롬

　　그림하일드는 백설공주의 계모 이름이다. 백설공주의 계모 신드롬이란 사랑을 지키는 방어가 너무 지나쳐서 자신과 상관없는 사람까지 모두 경계하며 미워하는 것을 말한다. 외모로 자신의 위상이 높아질 수 있다는 관점을 가지고 사람을 보면 자신보다 더 낫거나 자신보다 못났다는 것으로 밖에는 볼 수 없다.

　　무엇에나 최고의 것은 이 세상에 없다. 비교급만 존재할 뿐이다. 아주 잠시 비교가 최상처럼 보일 수 있는데 그것은 신기루와 같은 유혹이다. 비교해서 자신의 존재가 다른 사람보다 잘났다고 해도 또다른 비교의 대상이 언제나 나타나게 된다는 것을 깨우치면 자신

사랑의 매듭 푸는 사고

이 항상 최고급이 될 수는 없다는 것을 알 수 있다. 그런데 자신이 최고라는 것을 영원히 변하지 않겠다는 마음을 갖는 것을 그림하일드 신드롬이라 한다.

그림하일드 신드롬은 지나치게 외모에 대한 강박관념을 가지며 외적인 것을 비교하는 것에 중독이 되었다는 말이다. 보이는 여자들이 모두 자신의 라이벌처럼 생각 들게 만든다. 남자의 경우에도 이러한 신드롬은 일어날 수 있다. 남편과 함께 있을 때 그 아내가 만나는 모든 남자들이 자신의 적이라는 생각을 갖게 할 수도 있는데 이를 흔히 질투라고 말하지만 질투로 끝나지 않고 자만심으로 누군가를 자신으로부터 몰아내려고 하는 적개심이 있다면 이것은 그림하일드 신드롬일 것이다.

외양의 화려함만으로는 마음속으로 사랑을 통할 수 없다. 겉은 겉으로만 향하고 속은 속으로만 향하기 때문이다. 겉으로 행하는 것에 경쟁이 생기면 밖의 것을 뺏으려는 마음이 생기고 그것은 만족하지 못하면 파괴의 심리가 나온다. 감각기관을 흥분하게 하는 겉모습이 화려한 것은 자연적으로 비교와 그에 따른 질투심을 끝없이 갖게 한다.

마음의 평화를 갖는 것은 보이지 않는 자신의 마음속의 사랑에서 찾을 수 있다. 감각의 흥분은 평안하지 못해서 자아가 없이 밖을 향한 관심으로 이어가지만 속으로 보이지 않는 평화의 마음을 간직한 사람은 흥분과는 다른 자신의 것에 만족하는 기쁨이 있다.

백설공주의 계모 그림하일드는 왕비가 될 정도로 겉으로 아름다움을 가졌을 것이 분명하다. 그러나 겉모양만 아름다운 것을 쫓는 사람은 마음속의 아름다움을 키우는 사람과는 다르다. 자신의 속에서 나오는 아름다움이 없기 때문에 끝없이 겉으로만 화려함을 좇아 결국 양녀인 백설공주를 죽이기까지 한다.

서너 살이 된 아이들도 자신의 얼굴에 대해 판단을 한다. 또 친구들의 외모를 보고 그 친구와 더 친해지려고 하는 경우도 많다. 심지어는 자신의 엄마의 얼굴로도 엄마에 대한 존경심의 표현이 달라지는 경우도 있곤 한다. 아직 사고가 발달되지 않은 아이들까지도 자신의 얼굴에 대해 자만심과 열등감을 가지는 것을 볼 때마다 자신의 외모에 대한 관심은 배우지 않아도 아는 것이란 생각이 든다.

얼굴에 대한 편견을 가지는 것은 사실 매우 쓸데없는 일이다. 자신의 얼굴이 잘나고 못났다는 것은 그림하일드 신드롬처럼 누군가와 자신을 비교하며 생기는 일이기 때문이다. 남을 쳐다볼 필요가 없는 것을 쳐다보기 때문에 생기는 유혹은 자기 스스로가 만드는 악의 굴레처럼 보인다 우리가 그림하일드처럼 되지 말라는 교훈은 에덴 동산의 선악과 이야기에도 있다. 하느님은 에덴 동산 중앙에 가장 탐스럽게 생긴 선악과 열매를 놓아 두셨는데 하필이면 아담과 이브가 눈만 들면 훤히 보이는 곳이었다. 잘 보이는 곳에 제일 탐스러운 열매를 절대 먹지 말라는 약속까지 한 것은 사람이 할 수 있는 일 중에 가장 어려운 일이었을 거란 생각이 들었다. 왜냐하면 맛있는 것을 보면 누구나 먹고 싶어지는 것이 인지상정이기 때문이다. 그러니 사람이 할 수 있는 일이란 못 먹는 거라면 아무리 보기 좋고 잘 보이는 곳에 있어도 그곳을 아예 쳐다 볼 필요도 없다는 것을 배우라는 뜻일 것 같다.

남녀가 서로 사랑하는 자신의 짝이 이미 있으면 더 이상 다른 이성에 대한 관심을 둘 필요가 없다. 모르는 남자나 모르는 여자를 아무 생각없이 그저 보이니까 보았다고 말할지도 모른다. 그러나 보고 기억에 남는 자동화 시스템이 우리 머리 속에 장착되어 메모리가 저절로 연상작용을 한다. 사람이 그것에 특별한 대책을 갖고 있지 않으면 아무 이유도 없이 아무것이나 쳐다볼 필요는 없는 것이다.

그림하일드가 여자들의 얼굴을 보는 것은 보겠다는 의식을 가지고 보는 것이 아니라 습관으로 여자이기만 하면 쳐다보는 자동화된 행동이다. 이런 행동에서 더 예쁘고 덜 예쁘다는 판단도 저절로 나오게 된다. 나쁜 마음이 들고 나쁜 행동까지 하는 시작은 자신도 모르고 하는 것이라서 더욱 위험한 것이다.

사랑의 해법

그림하일드가 여자들의 얼굴을 안 보았다면 정신병적인 악녀는 되지 않았을 것 같다. 그렇다면 왜 사람의 얼굴을 안 보는 것이 오히려 나은 일일까? 사람들은 누구나 할 것 없이 적어도 한가지는 아름다워 보이고 멋있어 보이는 면을 가지고 있다. 얼굴이나 몸매나 그도 아니면 친절하게 말하는 태도라도 가지고 있다. 흔히 하는 말로 곰도 구르는 재주가 있다고 하는 것은 누구나 하나쯤은 남보다 잘할 수 있는 것이 있다는 말이다.

   아무리 한 가지라도 가지는 매력이 있다 해도 때에 따른 기분이나 상황에 따라 그것들은 전혀 달라지기도 한다. 막 자고 일어난 얼굴과 화내는 말투도 그렇고 세월이 지나면 늙어서 보기 안 좋아지게 되는 것 또한 자연의 이치이다. 단지 사람의 좋아 보이는 어떤 한 면이 저절로 예쁘다고 기억하는 순간 자신은 자동화 행동이 나오게 되는 것이다.

   화장이나 옷으로 치장을 해서 꾸미면 누구나 아름다워 보일 수 있는 것이 진리 아닌 진리가 될 수 있다. 이러한 사실을 깨닫는 사람만 진정으로 내 것인 내 사랑의 아름다움을 내 것으로 누릴 수 있는 사람이다. 남들처럼 꾸미기만 하면 내 사랑하는 사람도 세상에서 제일 아름답게 된다는 것을 아는 사람이 진정으로 사랑하는 사람의 모든 것을 다 사랑할 수 있다.

사랑의 매듭 푸는 사고

사랑의 조건과
유혹의 조건은 같다

콩이 콩나물로 발아하는 조건과 콩이 썩는 조건이 같은 것처럼 사랑을 리드하는 의지와 스토커의 집착은 같은 맥락이다. 그래서 사람이 사랑을 하는 조건과 사람을 재미로 장난하는 조건도 같다. 콩이 발아하는 것이나 사람이 사랑을 하는 일은 그 시작만으로 앞으로 결과가 어떻게 될지 알기가 어렵다. 다만 사랑을 하는 과정에 최선을 다하는 것이 필요한 것 같다.

사랑과 사랑처럼 보이는 장난의 조건은 똑같은데 그 끝은 매우 달라진다. 무엇을 수용하고 또 무엇을 거절하는가에 따라 사랑과 장난은 달라지기 시작한다. 수용하는 것과 거절하는 것이 달라지면 사람은 유혹의 쾌락으로 사랑과 거리가 전혀 다른 곳으로 가게 된다.

사랑도 이처럼 자신의 행동을 너를 위한 행동으로 변화하는 것이 없으면 혼자의 모습은 남지만 아무런 쓸모없이 사랑이 부패하는 폐만 끼칠 수 있다. 단지 자신만을 위한 쾌를 버리지 않는 것 때문에 그 쾌가 자신을 사랑과 멀어지게 하는 것이다.

나 자신만을 위한 삶을 사는 사람은 결코 사랑을 할 수 없다. 사랑이 자유라는 것을 잘못 해석해서 자신이 원하는 자유를 마음대로 다 행할 수 있다고 인식하면 그렇게 생각하는 그 자체가 사랑을 못하게 하는 유혹이 되는 것이다.

사람이 유혹에 빠진 것은 쉽게 구분을 할 수가 있다. 유혹에 빠지면 그 사람의 감각이 사랑과 다르게 나타나기 때문에 쉽게 알 수 있다. 화려한 것에 쉽게 흥분을 하거나 자신도 모르게 흥분하는 행동이 나온다면 그 사람은 유혹에 쉽게 이끌리는 사람이다.

물론 사랑의 조건도 유혹의 조건과 같이 사람을 이끌리며 시작을 하지만 사랑은 유혹과 다르게 마음으로 생각하고 사고하는 과정으로 승화되기 때문에 감정의 흥분이 사랑의 평화로운 마음과 기쁨으로 바뀐다.

사람이 사람을 사랑하는 조건은 다 다를 수 있지만 유혹에서 사랑으로 승화하는 조건은 그 어느 누구를 막론하고 똑같은 단 한 가지이다. 사랑이 유혹에 넘어가는 것은 더 좋은 것을 따라가니까 사랑이 사라지는 것 이다. 이솝 우화에 나오는 개가 자신의 먹이를 입에 물고 강물에 비친 자신의 먹이를 보고 그것이 더 좋은 것 같아서 짖다가 자신의 것을 잃어버리는 이야기와 같다. 유혹은 자신이 가지고 오는 것이고 또 유혹에 자신 스스로가 가는 것이다. 그래서 자신의 소중한 것을 잃으면 그것은 순전히 자신의 책임이 된다는 것은 유혹이 우리에게 주는 교훈이다.

그럼 무엇이 유혹인가? 결혼해서 사랑하는 사람이 하나 있는데 하나를 더하려고 하거나 이전의 사랑이라며 덧붙이려 한다면 그것이 유혹이다. 하나는 사랑이고 사랑하는 사람이 둘 이상이면 유혹인 것이다. 유혹은 쓸데없는데 가지려는 욕심에서 오고 그 욕심이 악한 마음을 가지고 죄를 짓는 것이다.

항상 변함없는 마음을 유지하려는 의지가 사랑이다. 악의 유혹도 사랑처럼 변함없기를 갈망하지만 그것이 마음이 아니라 똑같은 상태만을 원하는 집착이다. 사랑은 마음으로 더 나은 상태를 위해 변화를 추구한다. 그러나 악의 유혹은 똑같은 상태가 오기를 바라거나 똑같은 상태로 고정되기를 바라는 것이다. 사랑처럼 악의 유혹도 또 그 상태를 갈망하는데 이 강함은 사랑이나 유혹이나 거의 차이가 없이 강하게 나타날 수도 있다.

　　사랑과 사랑, 유혹과 유혹은 서로 같은 경향성을 가지기 때문에 드러날 때까지 알려면 시간과 노력을 들여야만 알 수 있게 된다. 어떻게 나타나는가에 따라 자신이 살아온 날을 스스로 되돌아 볼 수 있다. 그것이 사랑이었다면 자신의 옆에 사랑하는 사람이 있고 그것이 사랑이 아닌 유혹이라면 자신의 옆에는 아무도 남아 있지 않을 것이다.

　　사랑과 유혹이 서로 카오스를 만든다. 유혹은 사랑 같아서 믿고, 사랑은 유혹 같아서 불신을 하며 무엇이 무엇인지를 모르게 만든다. 감각과 사고가 서로 일치하는 삶을 살아야 유혹을 찾아낼 수 있다. 감각과 사고가 일치하기 위해서는 감각과 사고를 분리할 수 있어야 가능하다. 자신의 감각에서 오는 감정이 무엇인지 사고를 통해 알 수 있기 때문이다. 사람에게 옳게 나오는 감정인지를 인지할 수 있는 사고가 있으면 사람에게 나오는 감정이 옳을 때는 사랑이고 어긋날 때는 옳지 않은 유혹임을 알 수 있다.

　　감각의 감정과 사고에서 옳다고 인지한 것에 따라 행동하면 그 사람은 사랑을 일치하는 삶을 사는 것이다. 그러나 감정이 옳지 않은데도 계속 행동을 옳다고 하는 사람은 감정의 마음과 생각이 각각 다르게 나오는 사랑과 유혹의 카오스에서 매우 혼돈으로 사는 사람이다.

　좋은 것을 찾는 감각이 사랑하는 사람에게 향하는 사고라면 그 사랑은 진실의 사랑이다. 자신이 좋은 것만 찾는 것에 있다는 것을 알고 그 유혹을 거절할 수 있으면 자신의 사랑을 지킬 수 있는 사람이다. 또 자신의 감각이 누구에게 향하는지 인지할 수 있으면 그러한 사고로 사랑을 잡고 유혹을 떨칠 수 있을 것이다.

사랑의 해법

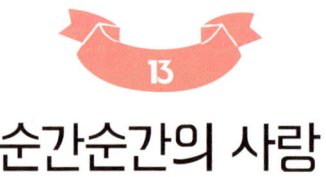

순간순간의 사랑

　인생은 순간순간을 사는 것이다. 그 순간에 하는 선택으로 인생은 이어간다. 사랑도 그 순간에 하는 선택에 의해 결정되는 연속이다. 사람의 인생은 순간에 어떠한 선택을 하는가에 따라 그 사람의 인생이 결정이 되고 그 사람의 사랑도 결정이 된다.

　순간에 하는 선택이 자신만을 위한 것이라면 그 사람의 인생 동안 옆에 남을 사람도 없고 남을 사랑도 없다. 자신을 위한 것은 자신의 욕구를 위한 것이고 그 욕구는 충분히 만족하면 사라져서 없어진다. 그러나 순간에 하는 선택이 사랑하는 사람을 위한 말과 행동으로 나올 수 있다면 그 사람의 인생은 사랑이 남고 사랑하는 사람이 곁에 있게 될 것이다.

　사람이 순간에 자신을 위한 선택을 하는지 사랑하는 사람을 위한 선택을 하는지는 거의 변하지 않고 그 틀을 거의 평생 그대로 유지하며 산다. 그 순간에 무엇을 위한 선택을 하는 사고의 틀은 쉽게 변하지 않기 때문이다. 그것을 변하기 위해서는 대단한 자신과의 싸움이 있어야 하고 나 자신만을 위한 결정을 하려는 마음을 버려야 가능하다. 이 과정이 힘들면 사랑하는 사람이 목숨을 걸고 자신의 사랑하는 사람을 변하게 하기 위해 함께 싸워 줄 수도 있다.

　순간순간으로 사랑을 선택하는 것을 이어갈 때 사랑하는 사람과 언쟁이 발생하는 것은 필연적일 수 밖에 없다. 이것은 아무 목표 없이 감정만으로 이어가는 언쟁과도 전혀 다르다. 늘 곁에서 함께 생활하는 사랑하는 부부라면 그 사람 사이에 순간의 선택을 하는 것이 말만으로도 아니고 행동만으로도 안 되는 언행이 일치해야 하는 과제가 있어서 그렇다.

　사랑이란 매 순간마다 말로도 행동으로도 사랑이 나올 수 있어야 한다. 나만 위한 결정을 하면 사랑 자체가 성립이 안 되고 사랑하는 사람만을 위한 결정을 할 때는 많은 실수를 하기 때문이다. 순간 사랑의 말이 나왔지만 순간 사랑의 행동이 나오지 못하면 사랑의 행동이 거절되는 것이고 더 커지면 사랑 자체를 거절하는 일이 되기

사랑의 해법

때문이다. 자신의 말과 행동이 어떻게 나오는지는 그것을 보고 들어주는 사랑하는 사람의 반응으로만 알 수 있다.

사랑하는 사람이지만 서로 상대적으로 반응할 수 밖에 없는 이유는 사람은 완벽하게 언행을 일치해서 표현하기가 어렵기 때문이다. 물론 고도의 훈련을 쌓거나 현실을 초월할 수 있는 사람이라면 어느 정도는 근접할 수는 있을 지 모르지만 그것이 어려운 일은 그 자체가 인생을 걸고 실현해야 할 대과제일지도 모르기 때문이다. 그러나 드러나는 말과 행동으로 그 사람의 마음을 다 이해할 수 없는 부분은 사랑의 마음으로 채울 수 밖에 없을 것 같다.

사랑하는 사람끼리 서로 도우며 산다는 것은 서로의 잘못을 수정할 수 있기 때문에 사랑도 그렇게 만들어 갈 수밖에 없을 것이다. 요리를 할 때 한 사람이 야채를 씻으면 다른 사람은 소스를 만드는 것처럼 샐러드 하나를 만들더라도 서로가 보고 말하기 전에 무엇이 서로에게 필요한 것인지 알 수 있다면 둘이 하나의 요리를 하는 것이다. 이처럼 사랑도 순간을 이어가며 하나의 마음을 만드는 일이다

서로가 서로를 보완해 주려는 마음을 사랑에 적용할 수 있으면 사랑이 어긋나는 것을 해결할 수 있을 것 같다. 두 사람 중의 한 사람이 애타적이면 다른 한 사람은 이기적이 될 수 밖에 없는 인간성의 본성은 사랑하는 사람들 사이에서도 일어날 수 있다. 우리가 흔

히 집안이나 직장에서 경험할 수 있는 것은 어느 한 사람이 부지런하게 일을 하면 다른 사람은 게을러지게 마련이다.

사랑에도 한 사람이 사랑을 하면 다른 한 사람은 그것을 당연하게 받아들이고 사랑을 선택하는 대신에 사랑을 하지 않는 것 즉 사랑을 거부하는 것을 선택하려는 마음이 들 수도 있다. 이것은 전적으로 사랑의 성숙도에 따라 사람마다 사랑하는 사람의 사랑을 받아들이는 선택이 다르게 나타날 수 있다. 아이처럼 사랑을 당연히 받는 것이라고 자부심을 가지면 거기에는 더 사랑을 받을 수 있다는 자만심이 생길 수 있다.

사랑을 거절하는 일은 사람과 사람의 사이를 분리하는 일이다 자신은 스스로 사랑을 선택했다고 해도 순간에 하는 선택에 자신의 모두를 사랑으로 선택하지 않고 일부만을 선택하는 사람은 최소한으로만 사랑을 선택하는 것이다. 자신의 안전성을 가질 수 있다는 생각에서 그렇게 최소한으로만 사랑을 하는 것은 자신을 지키는 안전성을 유지하려는 만큼 자신에게서 나오는 사랑이 거절을 포함하게 되는 것이다.

순간이 영원히 간직되기 위해 어는 한 순간만 기억하고 지금 사랑의 행동에 인색하다면 그 결과는 사랑도 아주 조금만 남을 수 있는 것이다. 순간순간을 사랑하는 사람에게 최선의 사랑을 결정할

사랑의 해법

수 있으면 그 사랑은 자신의 모든 것을 다하는 사랑이 된다. 그렇게 결정하는 그 순간이 사랑이 되는 것이다.

  내 모든 생각과 행동을 매 순간에 사랑으로 결정을 하는 것은 그러한 습관을 가져야 가능하다. 사랑을 생각으로만 하거나 또는 행동으로만 하려는 약삭빠른 습관에 젖지 않기 위해서는 자신의 행동에서 사랑이 아닌 것을 구분할 수 있는 능력이 필요하다. 스스로가 자신의 모습을 되돌아보며 자아가 일치되는 모습을 스스로 찾을 수 있으면 이런 사람은 순간순간으로 사랑을 한 차원 더 높일 수 있는 사람임이 분명하다.

사랑의 역습

　남녀가 분명히 서로 사랑을 했는데 결과는 사랑과 전혀 다른 것이 돌아오는 것을 사랑의 역습이라고 한다. 이것은 아마도 사랑을 모르는 무지의 결과에서 오는 것이다. 상대방이 알지 못하는데 혼자서 사랑을 하거나 상대방이 나를 사랑할 것이라는 망상으로 사랑을 했다면 당연히 사랑과는 상관없는 것이 남을 것이다.

　사랑은 다 내어 주는 것이고 또 친절한 것이라고 한다. 그러나 그렇게 했는데 상대방에게서 돌아오는 것이 천대와 구박이라고 말하는 사람들도 있다. 이러한 일은 부모와 자식 간에 일어날 수 있고 사랑하는 사람 사이에도 사랑이 있다가 없어지는 일이 얼마든지 생길 수 있다.

　모든 세상의 일처럼 사랑도 내가 한 사랑이 내게 돌아온다. 사랑하는 사람에게서 받는 피드백으로 자신의 사랑하는 모습을 뒤돌아볼 수 있으면 결과를 볼 수 있고 끝까지 가지 않아도 중간의 경과를 보고 스스로 알아차릴 수 있다. 자신이 하는 사랑이 어떤 것인지 전혀 생각 안 하고 상대방에게 사랑이 안 나오는 것만 중점을 두기 때문에 끝까지 가도 과정을 놓치는 것이다.

　사고 과정에서 원인과 결과가 잘못 결합되면 사랑과 사랑이 아닌 것이 서로 바뀐다. 사랑의 본질은 친절한 것이 맞지만 그 친절을 어디에 어떻게 쓰는가에 따라 그 친절한 사랑의 본질은 사랑으로도 쓰이고 사랑과 전혀 다른 것에 악이용 되기도 하는 것이다. 어디에 사랑을 사용하는가의 문제는 사고를 거치는 과정이 있어야 알 수 있다.

　사고의 훈련이나 사고의 발달이 전혀 되지 않는 원초적인 밑바닥 수준의 사랑은 아예 아무런 생각이 없거나 우매한 생각을 가지는 것이다. 우매한 생각이란 인위적으로 작정하지 않아도 자연발생적으로 나오는 본능적인 행동들을 말한다. 사람에게 아무런 사고가 없을 때의 기준은 자기만족만을 찾는 동물적인 본능만 남기 때문이다.

사랑의 매듭 푸는 사고

사랑의 방법이 더 이상 사랑을 위한 방법이 아닌 것이 나타나면 그것은 상대방에게 당연한 마음을 갖도록 둔갑을 해 버린다. 사랑이 친절한 줄만 교육받은 사람이나, 본능적으로만 사랑을 접근하는 사람은 누구에게나 무조건 친절하려고만 한다. 그런 사람을 구분할 수 있고 다른 이성의 사람에게 자신의 행동에 앞서 사랑을 해야 하는지 아닌지를 사고할 수 있다면 아무에게나 무조건 친절이 나오지는 않을 것이다.

사랑의 역습을 막는 방법은 창과 방패처럼 하나의 짝을 형성하는 사고의 과정이 필요할 것 같다. 사랑의 의미는 존중되고 보존되어야 한다. 창을 만들려면 창이 이길 방패가 어떠한 것인지를 알아야 그에 맞서는 창을 만들듯 사랑도 끊임없이 사랑의 역습에 대비하며 나날이 새로워져야 하지 않을까 싶다.

사랑하는 마음을 정확하게 표현하는 것은 쉬운 일이지만 단지 사랑의 말로 표현하는 것을 사랑의 마음으로 알아차리는 일은 매우 깊은 마음이 있어야 가능한데 이것은 사랑의 마음이 없는데 사랑의 말처럼 알아듣는 일보다 더 어려운 일이다.

사람의 말을 사랑의 말로 인식해야 할지 인식하지 말아야 할지를 아는 것은 그 사람의 일관성 있는 언행이 있고 난 다음에 가능해지는 일이다. 사랑의 역습을 받는 경우도 그 사람의 말과 행동을 잘

사랑의 해법

알아듣지 못하는 미숙함에서 비롯되는 성급한 판단이 주요 원인이 된다.

사랑은 자신의 마음에서 자발적으로 나오는 마음을 줄 수 있는 사람인지 또 그런 마음을 받을 수 있는 사람인지에 대한 각자마다의 기준이 있어야 그에 맞는 사랑법이 나온다. 사고할 수 있는 머리가 있으면 보이는 것이 다 사랑이 아니라는 것을 알 수 있다. 더 이상 만나지 않는 사람에 대해 혼자 미련을 갖는 것도 사실은 아직 계산상으로 손해 본 것 같아 더 받겠다는 마음을 갖는 것이다. 듣기 좋게 포장해서 사랑이라고 말을 하는 것이지 사실은 받을 것을 제대로 못 받았다고 합당한 값만큼 따져서 계산하겠다는 마음에서 나오는 것이다.

어떻게 사랑을 해야 사랑의 역습을 피할 수 있을까? 사랑을 하는 마음을 육하원칙에 대입할 수 있으면 사랑은 사고의 과정을 통해 더 안전해질 수 있을 것 같다. 누가 나의 사랑하는 사람이고, 사랑하는 사람에게 무엇을 해야 하고, 저 사람이 왜 나에게 친절한지, 사랑하는 사람과 아닌 사람을 어떻게 차별하는 것인지, 사랑을 언제 하는 것인지, 어디에서나 사랑을 주고받는 것인지 아닌지를 구분할 수 있어야 한다.

사랑의 역습을 하는 사람이 있어야 사랑의 역습을 받는 사람이 있는 것이다. 따라서 사랑의 역습을 받는 사람이 자신의 행위에 대한 책임을 질 수 밖에 없다. 사랑의 역습을 받는 사람은 성급한 사람일 수 있고 사랑의 역습을 하는 사람은 평소에 듣고 말하는 것을 아무 생각없이 하는 습관을 가진 사람일 뿐이다. 남녀가 사랑을 제대로 하지 못하는 것은 사랑하는 사람이 어떤 말과 행동을 하는 사람인지를 알지 못한 채 자기 방식대로 그 사람을 받아들이는 경박함에 있을 수 있다.

일어났던 일이라면 왜와 무엇을 대입할 수 있고 지난 경험으로 일어나기 전에 일들을 미리 예측할 수 있어야 한다. 사고는 행동으로 나오기 위해 필요한 과정이지 사고 그 자체만으로는 아무것도 아니다. 사랑에 사고가 필요한 것도 사랑을 행동으로 나올 때 올바르게 나오기 위해 필요한 것이다.

무엇인가의 행동을 할 때 이것인지 저것인지를 판가름하고 따져 보는 사고의 과정은 그 행동의 결과가 처음에 작심한 대로 합당하게 이루어지기 위한 것이다. 사랑하는 일도 사고의 과정이 없이 행동만 나온다면 실수하기가 매우 쉽다. 나 좋으면 무조건 받고 나 싫으면 무조건 받지 않는 것에서 그치는 것이 아니기 때문이다. 사랑처럼 보이는 것도 거절해야 하는 것일 수 있고 사랑처럼 보이지 않는 것도 사랑인 줄 알아야 자신의 사랑하는 사람과 그 사람이 주는 마음을 받는 사랑을 정확하게 구분할 수 있다.

사랑의 해법

의존과 거절

　의존한다는 것은 복종하는 의미가 있고 거절을 한다는 것은 지배를 하는 것으로 인식될 수 있다. 사랑하는 사람 사이에 의존이 없을 수는 없는데 복종의 의미를 극복할 수 있는 사고가 있어야 복종하는 줄 알고 지배의 행동이 나오는 것을 막을 수 있다. 또 사랑하는 사람의 의존에 대해 거절하는 것이 상대방에게 자신이 우위에 있다는 의미를 줄 수 있다는 것을 인식할 수 있어야 한다.

　사랑하는 사람에게 의존하는 것이 사랑하는 사람에게 복종하며 지배를 받는 의미가 파생되어 나올 수 있다면 어떻게 사랑하는 사람의 의존을 받아들여야 하는가에 대한 대안을 먼저 생각해 보아야 할 것 같다. 의존의 상태에서 거절은 화약에 불을 붙이는 것과 같은 힘으로 화를 가질 수도 있다. 또 의존하려는 사람에 대해 지배의 심리로 바뀔 수 있기 때문에 사랑하는 사람에게 의존은 서로에게 나쁜 성격으로 변할 수도 있다.

인간은 완전 의존의 상태에서 태어나서 완전 의존의 상태에서 죽게 된다. 태어나서 죽을 때까지 사는 동안 인간은 의존적으로 움직이기도 하고 독립적으로 움직이기도 한다. 자신의 완전한 의존의 상태에 있으면서 자신도 누군가의 의존의 상태를 돌보아 주면 서로 의존의 관계가 강해지는데 이것을 우리는 사회성이라고 한다. 이 사회성이 실제 우리 생활 속에서는 물물교환하며 주고 받는 계산으로 살아가는 것에 사용되고 있다.

인간이 의존의 상태에서 자유로움을 가지는 독립의 움직임이란 그 구분이 매우 어려울 때가 있다. 실질적으로 완전 독립의 움직임이란 거의 불가능할 수도 있는데 그 이유는 아마도 인간이 가지는 소유욕 때문일 것이다. 아무리 자유로이 혼자의 삶을 살려고 해도 소유한 짐이 하나도 없는 무소유로 완전 자유의 삶이란 불가능해 보이기 때문이다.

사랑은 어떤 상태인가? 완전 의존일까 아니면 완전 독립일까? 사랑은 내 몸처럼 나를 움직여 줄 사람을 찾는다. 또 사랑은 내 몸처럼 나를 움직여 줄 사람이 되기를 바라고 또 나도 너를 네 몸처럼 움직여 주는 사람으로 변하는 것이다. 그리고 내게 누군가가 필요할 때 네가 나에게 해 주고 너에게 누군가가 필요할 때 내가 너에게 해 주는 사이라서 사랑은 완전 의존의 상태가 될 수 있다.

사랑하는 사람이 서로 완전 의존의 상태가 되는 것은 서로에게 완전 의존의 상태가 되어 주려는 마음을 가질 때만 성립할 수 있다. 두 사람이 평등한 사랑이 되기 위해서는 사랑에 의존하거나 사랑을 보답하기 위해 사람에게 복종하거나 사람을 지배하는 것이 없는 상태에서 둘의 자유로이 사랑을 하는 것이여야 한다. 사랑은 서로 의존하면 의존하는 사람을 돌보는 것 때문에 자유가 없어 질 수도 있는데 어떻게 평등한 자유의 사랑이 가능할 수 있을까?

사랑을 하면 그 안에 능동적인 자유가 있으면 사랑을 할 수 있다. 사랑하는 사람에게 자신이 있다는 말은 상대방이 무엇을 원하는 것을 알고 있을 때 가능한 사랑이다. 능동적으로 사랑을 하고 그것에 대해 피드백을 받으면 사랑하는 것에 자신이 생긴다. 사랑하는 사람이 원하는 것을 먼저 해 줄 수 있으려면 우선 합법적인 울타리가 있어야 사랑할 수 있는 정당성이 생기는데 이것이 결혼이다.

독립성을 가진 평등한 사랑을 하는지 사랑에 의존하는 불평등의 사랑을 하는지를 판가름하는 것은 사랑을 거절하는 일에서 드러난다. 평등한 사랑을 방해하는 것은 거절에 대한 원망과 분노이다. 내가 원하는 것이 일생에서 몇 퍼센트나 받아들여지고 몇 퍼센트나 거절을 당할까? 그것을 살펴볼 수 있는 방법은 내가 어떤 말을 듣고 어떤 말을 하는가를 관찰하면 알 수 있다.

내가 사랑하는 사람에게 나는 몇 퍼센트나 거절을 하고 있을까? 여기에는 말과 표현이 없는 것까지 포함한다. 다 해 주어야 하는데 조금 밖에 못 해 주거나 또는 아예 안 해 주는 것이 상대방에게는 사랑의 거절이 된다. 원하는 것만큼 다 못하는 것이 거절이라면 그것만큼 사랑에서 갈라져 이탈될 수 있다.

내가 원해서 하는 것과 상대방이 원하는 것을 거절하지 않는 것과는 다른 말이다. 상대방이 원하는 것을 기억조차 안 하고 찾으려고도 하지 않고 더구나 물어보는 일도 없다면 이것도 거절이 된다. 만약 사랑하는 사이라면 의무감이 아닌 즐거운 마음으로 다가가기 위한 노력으로 무엇을 원하는지 물어보아야 한다. 의무감으로 물어볼 때는 마음을 열어 대답하는 것이 쉽지 않지만 사랑으로 향하는 마음이 있을 때는 가능하다.

거절한다는 말은 이미 암암리에 둘 사이의 거래가 있었다는 의미를 내포하고 있다. 따라서 사랑하는 사람의 거절 속에서 나의 잘못 때문에 거절이 나올 수 있다고 생각하고 그 안에 나의 책임을 찾을 수 있어야 한다. 사랑을 포함한 사람 사이에서 생기는 불협화음은 나의 책임에서 시작해야 거절에서 오는 반격과 충돌을 최소화 할 수 있다.

사랑은 두 사람이 하는 것이기 때문에 당연히 상대적이다. 이 말 속에는 내가 하지 못하는 것을 네가 나에게 해주며 서로를 보완하는 상대성이 포함된다. 이 상대적인 것이 의존하는 것과 다른 것은 자발적으로 사랑을 하는 것인지 아니면 사랑받는 것을 당연한 것으로 여기는지에 따라 또 달라진다.

자발적으로 하는 능동은 내가 환경과 사람을 향해 가는 겸손이다. 수동을 만드는 것은 지배의 또 다른 모습이라서 미움으로 가기 쉽다. 남녀의 사이에 어느 누군가가 누군가의 수동의 상태에 들어간다는 것은 자신의 모든 감각이 통제되는 것을 말한다. 척추 신경이 마비되듯이 자신의 모든 감각이 부자연스럽기 때문에 사랑이 나오는 것이 어렵다.

능동의 상태에서 사랑이 나오도록 노력하는 것은 상대방의 행복을 위하는 것이기 때문에 내가 더 바라는 것이 없어진다. 반대로 수동의 상태에서의 종속은 나를 봐 달라고 하는 의존에서 나올 수 있기 때문에 내가 좋아하는 것으로 감각이 자동으로 따라간다. 능동의 행동은 나에게서 나오기도 하지만 나만 즐거운 것이 아니고 사랑하는 사람을 행복하게 하는 것도 능동으로 할 수 있는데 이런 능동의 행동은 사랑하는 두 사람이 서로 완전 의존의 사랑을 하는데 필수적이다.

타산지석과 역지사지의 사랑

너의 입장이 되어서 생각한다는 역지사지와 너의 실수를 나의 교훈으로 삼는다는 타산지석이라는 말의 공통점은 '너의 입장'과 '너의 실수'에서 찾을 수 있다. 사랑하는 부부가 '너'를 생각하면서 사랑의 방법을 찾을 수 있다면 결혼의 신비를 깨닫는 일은 그리 어렵고 먼 길만은 아닐 것 같다.

결혼에 숨은 무기는 내가 그러면 너도 그럴 수 있다는 비가시적인 위압감이 있는 것이다. 사람의 관계가 다 그렇지만 좋을 때는 나타나지 않아도 사이가 나빠지면 두 사람의 사랑의 정도는 시험 받게 되는데 이때는 무자비의 상태에 놓이고 자신의 잘못과 실수가 빠져나갈 여지도 없이 드러나게 된다.

　사고를 한다는 것은 무슨 일이 일어나기 전에 미리 알아서 결과를 예측하며 앞을 내다보고 자신의 행동을 조심하는 여과의 과정이다. 합리적인 이유를 갖는 사고를 할 수 있는 것은 어떤 사랑을 하고 어떻게 사랑을 하는 것에서 그 차이가 드러나게 된다. 나의 사고를 통해 사랑하는 사람을 나보다 먼저 이해할 수 있으면 그러한 관계가 자신의 사랑하는 아내가 될 수 있고 남편이 될 수 있게 한다.

　실패를 하거나 죄를 저지르는 것에는 대부분 어리석은 생각이나 죄악에 대한 사고의 미숙함이 있다. 주로 외부의 영향이나 환경의 열악함 때문이라고 해석할 수도 있지만 그것이 정확하다고 할 수 없는 것은 모든 외부의 환경이 열악하다고 해서 사람들이 모두 다 그렇게 실수와 죄악을 저지르는 것은 아니기 때문이다.

　악과 선은 어디에 최대 상한선과 최소 하한선의 제한을 두는가에 따라 달라진다. 자기의 것이 있는데도 더 탐내는 최대 상한선의 마음을 구분할 수 있어서 스스로 자신이 더 원하던 것을 최소 하한선으로 포기할 때 올바른 사고로 향하게 할 수 있다.

　사랑하고 결혼을 한 사람들의 가장 큰 시험의 끝은 아마도 '외도가 사랑이다.'는 명제일 것이다. 정신으로 사랑의 감정을 즐기고 또는 몸으로 외도를 하는 것이 사랑이라고 우기고 싶다면 차라리 혼자서 사는 것이 낫고 굳이 결혼을 하지 않는 편이 좋을 것이다. 정신과 마음을 다하지 않고 사랑하겠다는 것은 결혼하는 상대를 무시하고 별 볼 일 없게 생각하는 것이기 때문이다.

사랑을 잘하는 것 못지 않게 사랑에 절대 있어서는 안되는 것이 있다. 하면 안되는 간음이나 불륜을 하고 나서야 그 결과를 아는 것은 결혼이라는 형태가 이미 손상을 받은 후라서 개인의 뒤늦은 깨달음으로 응당한 댓가를 치르는 것밖에는 아무런 도리가 없다. 이것을 피하려면 남의 입장에서 자신의 행동의 기준을 다시 생각해 볼 수 있는 사고를 가질 수 밖에 없는 일이다.

사랑이 아닌 것을 스스로 피하고 포기하는 것을 삶에 최대 상한선으로 갖는 것이 외부의 것을 막는 것에 최대 상한선을 가질 수 있다면 그 사람은 사랑을 지킬 수 있는 의지를 갖는 사람이다.

무슨 일이 일어나는 행동이 있다고 해서 사고를 다 한 것은 아니다. 사고를 가지고 하는 것이 사고에 의한 행동이다. 무슨 일을 충분한 사고가 없었다는 것은 어딘가 자신이 좋다는 것이 숨어 있는 것이다. 그러나 일어났던 일을 기억해서 다시는 나쁜 결과를 재연하지 않으려는 행동이 나올 수 있으면 이것은 사고가 습관이 되어진 가장 고급의 행동이다.

사랑의 매듭 푸는 사고

이전에 한 행동의 결과를 인지하고 그것을 객관적이고 이성적으로 판단하여 얻는 결과를 현재의 행동에 반영하는 것이 자신에게 필요한 사고가 된다. 하고 안 하는 이유가 맞고 틀리는 것을 논하기보다는 어떠한 결정을 하는 것이 사랑하는 사람에게 알맞은 행동인가를 생각해보려 한다. 감각이 원하는 대로 하고 싶은 욕구를 스스로 통제하려고 할 때 식욕을 절제하는 것과 같은 일은 매우 어려운 과제가 된다. 그러나 음식을 먹을 때 음식에 대한 고마움을 기억할 수 있는 것처럼 사랑하는 사람을 위해 사랑의 욕구를 절제해야 할 때 도리어 자신이 얼마나 사랑하는지 그 정도를 알 수 있는 척도가 될 수 있다.

두 가지의 전혀 다른 행동들을 기억하고 어느 하나의 행동을 실행하는 것은 같지만 어떤 것을 기억을 하느냐가 다르다. 단지 자신의 건강을 좌우하는 감각에 대한 기억을 하는 것과 사랑하는 사람이 자신의 건강을 위해 담배를 피지 않는 약속을 하던 기억을 따를 것인지에 따라 사랑을 위한 사고의 수준이 달라진다. 감각을 통제하는 스스로의 의지도 중요하지만 그보다는 사랑하는 사람을 생각해서 절제하는 행동은 더욱 사랑으로 승화되는 행동이 된다.

나의 아내가 만약 몸에 좋지 않은 것을 피하기로 약속한 것을 어긴다면 나의 마음이 어떨까 미리 유추해서 본인이 미리 아내와의 약속을 지키려고 담배를 피지 않는다면 그것은 역지사지의 사랑을 실천하는 것이다. 먹는 것을 피할 수 있는 것처럼 불륜이나 간음도 내가 먼저 피할 수 있는 수준 높은 사랑을 실천할 수 있을 것이다. 사랑하는 사람이 한 실수로 자신의 마음이 상처를 받았으면 그것을 교훈으로 사랑하는 사람에게 대한 자신의 모습을 비추어 보는 것도 타산 지석의 사랑이다.

사랑의 행동이 역지사지와 타산지석으로 나올 수 있는 것은 결혼을 하고 사랑을 실천하는 부부에게서 사랑을 더욱 지속적이고 강하게 할 수 있다. 결혼으로 묶여진 관계는 오래도록 서로의 실수를 씻어주며 새로운 기회를 가지는 노력을 할 수 있는 시간이 있기 때문이다. 서로 늘 곁에 있으면서 서로 자신의 사람을 사랑으로 지켜주는 사랑은 너를 나처럼 생각할 때 가능하다.

폭넓은 사랑

　누구나 자신의 선택을 어느 때나 한 번은 뒤돌아 보게 된다. 그것이 좋았다 그 선택이 나빴다고 하는 것은 사실 선택 그 자체가 좋고 나쁜 것과 함께 그 선택할 때의 조건이 지금의 상황과 달랐기 때문일 수 있다.

　자신이 무엇을 선택할 때 조건은 분명 지금의 상황과 같을 수도, 같지 않을 수도 있다. 예전의 선택할 때의 조건보다 지금의 상황이 같거나 더 좋아졌으면 그때의 선택이 잘했고 좋았다고 한다. 반대로 그때는 예상하지 못했기 때문에 지금이 예전보다 더 나빠졌다면 자신의 선택이 잘못되었다고 한다.

이러한 것을 옳은 선택이라고 할 수 있을까? 상황이 나를 선택한다면 나의 선택이란 없는 것이다. 이때 선택의 폭이 등장하게 된다. 사람이 하는 선택은 늘 만족이 없기 때문에 자신이 할 수 있는 선택의 폭 안에서만 최선의 선택을 할 수 있다. 스스로 선택의 폭을 가지는 것은 자신의 선택에 만족하는 법을 가지기 위해 필요하다.

선택의 폭을 가진다는 것은 외부에 주어지는 여건에 대해 내 스스로 상황을 선택하는 폭을 가진다는 의미다. 외부의 가치나 통계에 매달리는 선택의 폭과는 다른 자신의 사고로 자신이 분수에 맞게 선택하는 스스로의 기준을 잡는 것을 말한다.

내가 가진 돈으로 그에 맞는 자동차를 구입하려고 하는 것은 외부의 차에 대한 선택의 폭을 가지는 것인데 이것이 최선의 선택을 하는 폭이 될 수 없는 것은 자신의 돈의 형편이 좋아지고 나빠질 수 있는 차후의 여건에 따라 그때의 선택은 좋고 나쁜 것이 변할 수 있어서 언제나 만족하는 선택이 될 수 없다.

내가 지금 가진 것으로 밖의 것을 내 것으로 선택할 때 차후에 그것에 대해 끝없는 불만의 여지를 가지지 않으려면 그 선택의 폭은 선택을 하는 폭과 선택을 하지 말아야 하는 폭을 모두 나의 선택의 폭에 함께 포함해야 한다는 것을 기억해야 할 것 같다.

사람들의 불만은 무엇이나 선택할 수 있다는 것에서 시작된다. 그러나 만족의 시작은 더 이상 선택하지 않는 폭을 가질 수 있는 제한을 두는 폭 만큼에 있다. 환경이 변해도 자신의 선택의 폭이 변하지 않으려면 상황과는 상관없이 자신이 선택하지 않겠다는 제한을 두고 선택하지 않는 것에 제한의 폭을 가지는 한 그 사람의 선택은 언제나 행복하고 만족할 수 있다.

선택할 때 제한의 폭은 외부에서 오는 것이 아니라 순전히 자신의 내부의 마음에 있는 것이다. 매우 많은 경우의 사람들이 사랑하는 사람에게 불만을 가지는 것은 무엇인가를 또는 누군가를 선택할 수 있는 선택의 폭이 자신의 기대에 미치지 못하면 변하기 때문이다.

사랑하는 사람 사이에 사랑하는 폭이 제한된다. 사랑을 서로 하자고 둘이서 약속을 했으면 모든 사람에게 자신들을 드러내 보이며 사랑하는 선택의 폭을 넓힐 수 없다. 둘의 사랑이 모든 사람에게 개방되고 공개되면 두 사람의 행복이 흔들릴 수도 있기 때문이다. 더 행복해지려는 것이 더 많은 숫자라면 더 많은 사람과 더 많은 물건을 쫓아가게 되고 이때 소중한 한 사람을 놓칠 수도 있다.

밖의 사물이나 사람을 선택하는 것은 그 주어지는 여건과 조건에 영향을 받기 때문에 무모하고 의미 없는 일이 된다. 밖의 사물이나 사람을 선택하는 것에 제한을 두는 것은 자기 자신의 제한을 주고 선택을 하지 않는 것으로 이루어질 수 있는 일이다. 여기에는 자신만의 지나친 취미 생활이나 혼자서 즐기려는 인간관계들이 포함될 수 있다. 사랑하는 자신의 짝을 위하여 자신만 즐기는 일에 대한 선택의 폭을 줄이는 것이 처음에는 답답하고 힘들 수도 있겠지만 그만큼 두 사람의 사랑의 폭은 넓히는 일이 된다.

　　사랑하는 사람들이 결혼으로 가정을 만드는 일은 결혼할 때 결정의 폭으로 결정이 끝난 것이다. 환불도 없고 보증기간도 없는 조건으로 계약이 체결된 것이다. 결혼은 자신의 사랑을 위해 선택의 폭이 그 제한을 드러내는 일이다. 가정은 왕국처럼 외부의 환경을 차단할 수 있는 곳이다. 그곳에 꿀과 젖이 흐르기 위해서는 가정 안에 있는 가족들이 서로 사랑의 마음으로 응집하고 외부를 막는 힘이 있어야 그 가정은 존재할 수 있다. 사랑을 위한 선택의 폭은 사랑을 지키는 방패와 같은 힘이고 그 힘은 유일하기 때문에 강해진다.

사랑의 전쟁터

두 사람이 서로 사랑을 하면 할수록 왜 사랑하는 곳이 전쟁터처럼 치열한 기 싸움이 일어나곤 하는 걸까? 전쟁이라고 하면 눈에 보이는 물리적인 것이 탐나거나 좋아서 뺏으려고 하는 것인데 보이지도 않는 사랑까지도 뺏으려는 이 전쟁은 무엇으로 또 어떻게 승리를 할 수 있는지 알아보고 싶다.

전쟁은 누군가 내 것을 뺏을 때 그것을 지키려고 맞대응을 하면 전쟁이 되고, 무저항을 하면 전쟁은 없지만 속국으로 남는다. 전쟁을 안 하면 목숨은 건지고 먹고살 만은 하지만 그 대신 나를 죽이며 아무 말도 못하고 참고만 살아야 하는 것이다. 사랑이 이런 전쟁이라고 말하면 기꺼이 사랑하겠다는 사람이 흔치 않을 것 같다. 사람들이 내 것을 지키려고 전쟁이 불가피하다고 말하는 것이 당연한 일일지도 모르겠다.

사랑의 전쟁은 사랑을 지키려는 발버둥과도 같다. 하나되는데 내가 먼저 내주면 사랑으로 하나 되기는 하지만 그렇지 않으면 시켜서 하는 지배의 사랑이거나 싫은데 억지로 하는 의무로 하는 사랑이 된다. 사랑을 찾는 전쟁을 할 것인지 아니면 먼저 서로 나를 내어주며 기꺼이 즐거운 마음으로 사랑을 할 것인지를 결정해야 한다.

보이지 않는 사랑은 아무리 오랫동안 함께 살았어도 영원히 보이지 않게 베일에 가려지게 될 수도 있다. 우리가 흔히 말하는 사랑 싸움이라 말하는 것은 사실 겉으로 드러나는 과정에서 서로의 감정들이 무엇인지 알게 되는 수도 있다.

사랑과 전쟁은 서로 맞지 않는 말이다. 왜 사랑이 전쟁이 되는가? 사랑은 좋다는 말이고 다른 하나인 전쟁은 나쁜 것인데 좋은 것과 나쁜 것이 같다는 모순이 생기는 것은 이미 마음속에서 무언가 잘못된 것일 수도 있다. 나를 드러내려는 착한 마음이 도리어 어리석음이 되고 그 어리석음이 약함으로 변하기도 하는데 이렇게 드러내는 마음과 혼자서 무엇인가를 자기만의 것이라고 숨기는 마음이 욕심을 챙기게 되면 이런 두 마음은 사랑하는 사람 사이를 사랑을 찾는 전쟁이 일어나게 할 수도 있다.

　사랑하는 사람 사이에 벌어지는 사랑의 전쟁은 그 자체가 좋고 나쁜 것을 떠나 두 사람의 간격을 좁힐 수도 있고 반면에 서로 멀어질 수 있는 계기도 될 수 있다. 사랑하는 사람 사이에서 발생하게 되는 사랑의 전쟁에서는 우선 각자가 내 것이라고 상대방이 알게 모르게 지키려는 것이 무엇인지를 먼저 찾아야 할 일이다. 사랑의 전쟁은 물리적인 것으로 일어나지 않는다. 마음이 사랑으로 서로 통하지 않기 때문에 단지 물리적인 것을 이유로 잡는 것 뿐이다. 사랑의 전쟁이 일어나는 이유는 사랑의 마음이 서로 보이질 않아서 일어나는 것이다.

　마음이 사랑으로 가득할 수 없는 이유는 마음 안에 강력 본드처럼 꽉 달라붙어 나쁜 기억들이 나인 양 행세를 하고 있는 기억과의 전쟁 때문이다. 따라서 사랑의 전쟁은 어떤 형태와 내용이 다를 뿐 그 행동들은 이전에 내가 가졌던 기억에서 나온다. 자신의 행동을 나오게 하는 것이 무엇인지 모르면 자신도 모르게 나오는 행동 때문에 사랑하는 사람과 전쟁을 하는 것이다.

　사랑을 전쟁으로 만드는 것이 현재의 일인지 과거의 일인지를 구분하지 못하게 하고 또 현재가 어떻게 미래로 이어질 수 있을지도 모르게 만든다. 마치 우리 몸의 핏줄에 지방이 강력 본드처럼 붙어서 피의 흐름을 막으면 언제 핏줄이 터질지 모르는 것처럼 알지 못하는 예전의 기억들이 사랑에 시한폭탄처럼 존재하며 전쟁을 일으키는 주범이다.

　　의구심이 사랑을 지킬 수 있다. 사랑하는 사람에 대한 의구심을 가진다는 말은 그 사람의 말과 행동을 면밀히 검증을 할 수 있는 기회를 가져야 한다는 것이다. 사랑의 전쟁은 사랑하는 사람이 이런 사람이다 또는 저런 사람이라고 단정을 지어서 고정관념을 가지면 그 전쟁은 매우 심해질 수 있다. 그러나 의구심을 가지고 전쟁 중에 나오는 감정의 언어나 행동으로 그 사람이 가지고 있는 생각이 무엇인지 추적할 수도 있다.

　　사랑이 전쟁으로 돌변할 때 전쟁으로 사랑을 끝을 낼지 아니면 전쟁의 주범인 감정을 찾아 그 전범만을 해결할지를 생각할 수 있으면 사랑의 전쟁의 끝을 평화로운 사랑으로 이끌 수 있을 것 같다. 사랑을 나오는 것을 막는 예전의 감정들이 지금 사랑을 하는 것과는 아무런 상관이 없다는 것을 다시 머릿속에 입력하는 일을 할 수 있다면 사랑의 전쟁은 매우 쉽게 사랑하는 사람을 지키는 승리로 끝날 것이다.

사랑의 좁은 길

　내가 마음먹은 대로 상상하며 나만 혼자서 가는 길은 내 마음대로 가는 길이라서 매우 넓은 길이다. 내가 현실에 맞추어 내 자신을 바라보고 생각하며 가는 길은 상상으로 가는 길보다 더 내 마음대로를 좁혀야 하는 좁은 길이다. 그리고 내 몸처럼 한 사람을 사랑하며 가는 길은 이 세상에서 가장 좁은 길이라서 모든 일 중에 제일 어려운 일이다.

　사랑의 길이 좁아서 어렵다고 말하는 것은 거짓과 게으름의 길은 넓고 편하다는 말과 같다. 사랑과 거짓 사랑의 차이가 그리 큰 것이 아니다. 이 말은 좁고 어려우면 쉽게 사랑이 아니라고 거부하고 반대로 넓고 편한 거짓은 사랑이고 싶은 상상을 쉽게 한다. 사랑의 좁은 길은 진실하기 때문에 현실을 오래도록 이어가는 행함이 있는 길이다. 현실에 행함이 없는 사랑의 끝은 거짓이라 존재하는 것이 아무것도 없다.

사랑이 좁은 길이란 것은 저절로 사랑의 마음이 생기는 것이 아니라는 말이다. 사랑은 사고를 거쳐야 가능한 매우 고급의 행위이다. 사고의 과정이 대충 넘어가면 사랑은 거짓으로 갈 확률이 높아진다. 사고의 과정을 좁혀서 좁은 길을 간다는 말은 사고를 세밀하게 하는 것이다. 사고를 섬세하게 하기 위해서는 사고의 폭을 확장해서 자신이 사랑하는 사람에게 무엇을 하고 있는지를 볼 수 있을 정도로 자신의 행동을 세심하게 나누어야 알 수 있다.

사고의 폭이 사랑하는 사람에게까지 넓어지면 나 자신만을 위한 생각이 좁아지는 좁은 길이 된다. 여러 각도를 고려하며 사랑의 행동을 넓히려고 하기 때문에 나의 생각이 그만큼 비례적으로 점점 적어지는 것이다.

순금의 농도가 높아지기 위해 금을 세밀하게 쪼개서 이물질을 가려내듯이 지금 나의 기억 속에 사랑이 아닌 기억들을 가려내는 작업이 있어야 한다. 그렇다면 사랑이 아닌 기억이란 무엇일까? 사랑하는 사람에 대한 부정적인 이전의 기억들이 현재 나의 사랑을 방해하는 습관을 만들며 내 안에 굳어진 기억들일 수 있다. '나'의 존재는 현재에 있는데 과거의 '나'의 기억이 나를 과거에 머물러 있게 한다면 그 '나'는 살아있는 현재의 '나'가 아닌 것이다. 과거의 기억 속에 있는 '나'는 과거일 뿐 지금과는 다른 '나'이다.

사고의 의식화 과정을 통해 사랑의 의식화를 하는 것은 의식을 통해 자신이 처리하지 못한 불필요한 감정들을 분리해 내는 일이다. 사람이 하는 생각과 행동은 습관에서 나오는 경우가 대부분인데 이 습관을 고치기가 어려운 것은 그 습관을 계속하려는 자신만의 이유를 잘 찾지 못하기 때문이다. 습관이 된 생각의 틀이나 행동 방식은 이전에 자신이 해 보았던 것들이 습관이 된 것인데 그 습관에 좋다는 이유를 내 마음대로 붙여 놓은 것이다.

습관에 붙어있는 자신만의 타당한 이유를 새로운 이유로 바꾸지 못하기 때문에 생각이나 행동이 고정되는 것이다. 사랑하는 사람의 마음과 행동에 대해 '왜' 그렇게 하는지에 대한 이유를 찾는 것은 어려울 수 있지만 자신이 사랑하는 사람에게 나오는 말이나 행동에서 '왜 이런 것이 내게 나올까?'라는 의구심을 스스로 갖는 것은 그리 어렵지 않은 일이다. 스스로가 그 기억을 더 이상 좋아하지 않으면 그 기억이 떠나가고 사랑하는 사람을 더 자유롭게 사랑하게 될 것이다.

자신의 몸 밖으로 표출하는 현상에 대해 스스로가 의구심을 갖는 것을 내적 호기심이라 정의 한다. 사랑하는 사람과의 사이에 내적 호기심을 갖는 것은 매우 필요한 일 중의 하나이다. 밖의 현상에 대해 '왜 그럴까?'라는 의구심을 갖는 것처럼 자기 자신에게 의구심을 갖고 남의 눈으로 자신을 평가할 수 있으면 내가 좋았던 이유로 만들어 졌던 행동들을 사랑의 좁은 길을 통과하기 위해 더 이상 하지 않을 수 있기 때문이다.

지금 나오는 나의 생각과 행동들은 모두가 과거에 지배를 받는 것들이다. 사랑의 좁은 길이란 과거에 묶여있는 기억에서 지금 내가 할 수 있는 사랑만을 순금처럼 걸러내는 일이다. 그러나 내가 사랑하는 사람을 사랑만 한다고 사랑이 다 이루어지는 것은 아니다. 사랑하는 사람을 통해 내 자신을 볼 수 있어야 내가 어떻게 사랑을 해야 할 지 찾을 수 있다. 누군가를 사랑한다는 것은 자신의 모습을 스스로 아는 냉정함과 솔직함 속에서 자신의 부족함을 깨닫고 사랑하는 사람에게 나를 낮출 수 있는 것이 사랑의 좁은 길을 가는 사람이다.

사랑하기 위해 의식화해야 할 것은 자신의 감각에서 나오는 감정들이다. 누구나 과거의 내가 어떠했다는 것을 기억할 수 있다. 단지 그 기억이 어떻게 자신의 생각과 행동이 나오게 했고 지금도 계속하고 있는지를 생각하고 행동하는 기억의 속까지를 아는 것이 나 자신을 아는 것이다. 자신의 행동을 의식으로 다시 알게 되고 그 행동 속에 들어있는 생각까지도 아는 것이 자신의 사고를 스스로 의식하는 과정이다. 이러한 과정을 통해야만 나의 사랑하는 사람에게 비로소 자신의 사랑의 길을 열어 줄 수 있을 것이다.

유혹의 시작

사람은 자기에게 좋으면 거절하지 않는 본능이 누구에게나 있다. 이러한 사람의 약점을 이용하는 유혹은 매우 쉽게 사람을 움직이게 한다. 웃는 얼굴에 침 못 뱉는다는 속담은 유혹이 무엇이고 어떻게 사람의 마음에 들어오는지를 말하는 것이다. 누군가 나에게 웃음을 주는 것이 기분 좋다고 느끼는 것이 유혹의 시작이다.

사람들은 자신에게 보내는 웃음의 뜻을 모르는 경우가 많다. 유명한 모나리자의 그림도 그 미소의 의미를 모르기 때문에 아직까지도 명작으로 남아 있는지 모른다. 좋다고 웃는지 비하하는 비웃음인지도 모르고 또 그 주인공이 여자라고도 하고 남자의 모습이라고도 하는 사람도 있는 것을 보면 정말 어려운 것이 상대방이 왜 웃는지를 생각해 보라는 의미인 것만 같다.

웃음이 사람의 마음을 도무지 모르게 하기 때문에 유혹일 수 있다. 아무런 이유도 없는 사람이 내게 웃음을 보내면 의심을 해야 하는데 그 웃음이 그럴듯하기 때문에 보통은 자신에게 호감을 가진다고 쉽게 속는 것이다. 웃음으로 사람을 속일 수 있거나 이용하는 것은 어제오늘의 이야기가 아니다.

사랑은 자기가 싫고 혐오하는 것에 대해선 기억조차 하지 않으려 하지만 자신의 감각에는 좋지만 도덕이나 건강에 나쁜 악영향을 주는 것이면 사람은 한 번쯤 감각이 하고자 하는 것을 그만두려는 생각을 한다. 좋은 감각을 자동으로 거절하는 것이 안 되니까 이성의 힘으로 노력하는 것이다.

스스로 다짐한 대로 비우고 버리고 끊을 수 있는 사람은 이성적이고 현명한 사람이다. 사실 누구라도 생각으로는 그렇게 결심은 하지만 그런 결심도 소용없이 자신이 원하는 감각을 따라 보고 들은 대로 행동한다. 비록 그 일이 나쁜 것인 줄 알더라도 어떤 이유를 달더라도 그것을 거절하지 않는다. 이 말은 사람이 저절로 본능을 따르면 감각은 이성을 쉽게 이긴다.

자신에게 좋은 것을 거절하지 않고 감각에 따라 한 행동이 옳은 생각이었는지 그른 생각이었는지를 알려면 많은 것을 지불해야 한다. 사랑하는 사람이 곁에 있을 때 도덕적으로 또는 건강에 바람직하지 않아서 마땅히 거절해야 하는 일을 혼자만의 감각이 좋은 것을 따라가며 거절하지 못하면 그 끝의 결과는 나 혼자의 책임을 넘어서서 온 가족의 고통이 된다.

어느 하나를 과감하게 포기하지 못하는 것은 욕심이 있기 때문이다. 욕심이란 다 좋다는 것이고 또 거절을 못하는 것은 어느 것이 하나라도 더 좋은 것이 있기 때문에 고민을 하는 것이다. 욕심이 있다는 것과 거절을 못한다는 말은 같은 말일 것 같다.

이유를 알 수 없는 웃음으로 경박한 감정이 생기면 마음이 흔들릴 수 있는데 이런 유혹을 식별해 줄 수 있는 사람은 사랑하는 자신의 짝이 할 수 있다. 나의 사랑하는 사람을 유혹하려는 유혹자의 웃음을 알아 봐 줄 수 있기 때문 이다. '왜 저 여자가 내 남편에게 저렇게 웃는 거야?' '왜 저 남자가 내 아내에게 천박한 웃음을 짓는 거야?' 당사자가 미처 알아차리지 못하는 것을 옆의 사람이 구분해 줄 수 있는 것은 남자가 여자를 보는 눈보다 여자가 여자를 보는 눈이 더 정확하고 남자가 남자를 보는 눈이 그 남자를 더 이해하고 유혹을 구분할 수 있기 때문이다.

사랑의 매듭 푸는 사고

사랑에 들어있는 유혹을 알 수 있는 방법은 자신이 가진 것을 나누는 일에 만족하는 것인지 아니면 나누는 것처럼 보이지만 자신의 것을 뺏기는 것인지로 식별할 수 있다. 자신의 사랑이 아니면 쓸데없는 사람의 웃음들을 거절해야 하는 이유는 자신의 사랑하는 사람에게는 그러한 것이 매우 괴로운 일이기 때문이다. 더 심각한 것은 나에게 웃지 않는 모르는 사람에게 웃음을 구걸하듯 기대하는 사람일 것이다.

사랑에는 처절한 절대주의가 필요하다. 사람은 다른 사람과 함께 나누어 가지는 것을 할 수 있다. 그러나 모든 것을 다 나누는 것은 어려운 일이다. 먹을 것도 나눌 수 있고 입을 것도 나눌 수 있다. 또 집도 나누어 살 수 있고 돈도 나눌 수 있다. 그러나 한 가지 나눌 수 없는 것이 있는데 그것은 자신이 사랑하는 사람을 다른 사람과 함께 나누어 가질 수 없다는 것이다.

유혹이 하고자 목적하는 것은 사랑하는 자신의 짝에게 만족하지 못하게 이간질을 하는 일이다. 머릿속에 자신의 짝보다 더 만족하는 웃음을 누군가 준다면 그것이 자신의 사랑을 갈라놓는 유혹자라는 것을 식별할 수 있어야 한다. 지금 내 곁에 있는 사랑하는 사람이 나만의 짝이라는 것을 확신하는 것이 내 자신을 알고 내가 만족하는 법을 찾는 일이다. 여러 개 중에 하나만 선택하는 것은 고등한 지능을 가진 인간만 할 수 있는 일이다. 하나를 선택한다는 말은 나머지를 거절할 수 있는 지능이 있다는 것이다. 이 사람에게 있는 것이 저 사람에게는 없고 저 사람에게 있는 것이 이 사람에게는 없는 것을 당연한 일이라고 깨닫는 지능이 고등한 지능이다. 그래서 어떤 웃음을 거절해야 하는 지를 알고 거절하는 용기가 자신의 소중한 짝을 마음으로도 거절하는 어리석은 일을 없게 할 수 있다.

결혼은 하늘 나라 가는 예행연습이다

사랑의 해법

사랑의 연결고리

영혼과 육체가 분리된 이원화 사랑

이데올로기 사랑

무법의 사랑

쉽게 남의 탓을 한다

다른 사람을 지배한다

아집

삼각관계의 본성

버릇없는 사랑

견물생심

마음속 영웅심리

개와 닭

자극과 반응

교육의 역습

마음을 뺏으려는 도둑의 근성

결혼의 조건

사랑의 중독성

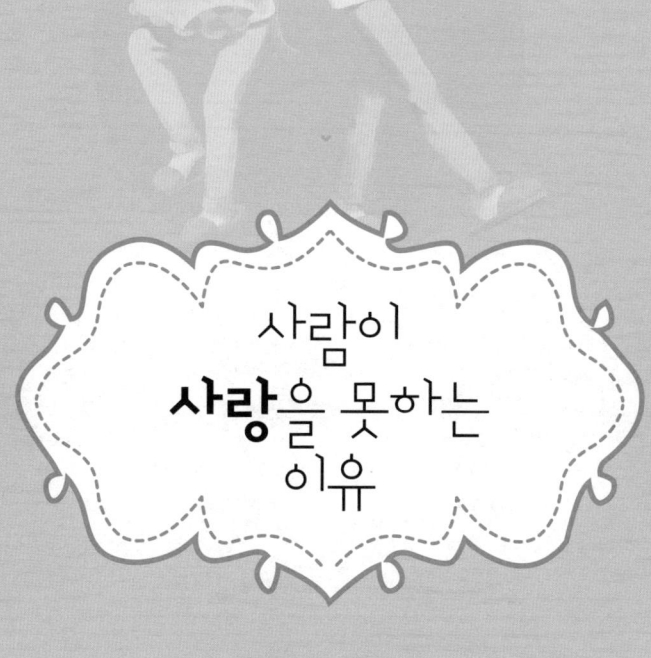

사람이 **사랑**을 못하는 이유

PART 5

사랑의 연결고리

　사람의 삶 자체는 계속 무엇인가로 이어지는 연결고리를 가지고 있다. 사랑도 그렇게 이어져 간다. 또 원망이나 분노 같은 것도 그렇게 무엇인가로 계속 이어간다. 분노가 생기면 분노할 건수만 이어 가려고 하기 때문에 그러한 분노는 끊임이 없다. 그렇다면 사랑도 사랑할 거리만 계속 만들어 이어 간다면 아무런 문제도 없이 영원히 갈 것이 뻔한 일이다.

　사람이 사람을 사랑하는 것에 무엇인가를 연결해서 고리를 만들어 끼운다면 사랑이 유지되어지고 그 사랑의 힘은 매우 막강할 것이다. 사랑이 점점 강해지지 못하고 스르르 닳아 떨어져 나가는 나

약하고 볼품없는 모습을 가지는 것은 왜 일까?

사랑은 육체를 위하기도 하지만 정신을 위한 것이기도 하기 때문에 사랑이 한순간 아차 하면 정신과 육체의 균형을 잃고 육체의 안위만을 위한 즐거움에 빠질 수 있다. 결혼을 하고 사랑을 하는 사람들에게서 더욱 사랑의 고리가 약해지는 모습을 볼 수 있다. 왜 사랑하고 결혼을 했는데 사랑의 고리가 단단하지 못할까?

사람이 일을 하기 위해 사랑을 하는 것인지 돈을 벌기 위해 사랑을 하는 것인지 아니면 결혼을 하기 위해 사랑을 하는 것인지에 대해 스스로 질문을 할 수 있다면 무엇이 사랑의 연결고리를 느슨하게 만드는 것인지 쉽게 알 것 같다.

사람의 말은 그 사람의 생각에서 나온다. 또 그 사람의 행동도 그 사람의 생각에서 나온다. 그래서 그 사람의 말과 행동을 자세히 살피면 그 사람의 생각을 알 수 있다. 사랑도 이와 같다. 그 사람의 말과 행동에서 그 사람의 사랑에 대한 생각을 알 수 있게 된다. 많은 사람들이 사랑에서 오류를 범하는 것 중의 하나가 생각으로 사랑을 한다고 하는 것이다. 행동이 사랑으로 나오지 않는데 생각으로 아무리 사랑이 있어도 생각만으로는 사랑이 되지 않는다.

사랑하는 마음이 사랑하는 생각으로 연결되면 매사가 다 사랑의 말이 나오고 또 사랑의 행동으로 이어지는 사랑의 연결고리가 될 것이다. 그런데 아주 매우 작고 미묘하게 사랑에 이물질처럼 사랑이 아닌 생각이 끼어들면 본인도 전혀 눈치챌 수도 없이 미묘할 정도로 사람의 생각을 현혹시키는 것들로 연결될 수 있다. 예를 들면 사랑하는 여자나 사랑하는 남자를 위해 공부를 열심히 해서 돈을 많이 벌고, 또 출세를 해서 유명해지겠다는 생각을 한다고 가정해 보자. 사실 이러한 예는 우리의 삶 속에 비일비재 할 지도 모르는 일이다.

사랑하는 여자나 사랑하는 남자를 위해서는 사랑을 하면 된다. 그런데 돈을 많이 버는 것이 사랑하는 사람과 똑같은 것이 아니다. 물론 얼핏 보면 그럴듯하고 매우 희생과 사랑의 책임을 다 하는 성실함으로도 볼 수 있다. 그러나 이것이 거짓이라는 것은 돈을 많이 벌 때만 그 사람이 나의 사랑하는 사람이다는 말이 맞아야 하는데 그것이 아닐 것 같은 것은 잠시 생각해 보면 쉽게 증명이 된다. 이러한 거짓 논리에 빠져들면 처음 시작에는 그럴듯해질 수도 있다. 돈을 많이 벌거나 아니면 돈을 아예 벌지도 못하는 경우가 발생하면 그것 때문에 사랑이 있기도 하고 또 사랑이 없어지기도 한다면 그것은 물욕을 사랑하는 것이지 사람을 사랑하는 일이 아니다.

돈을 많이 벌면 사랑하는 사람이라고 했을 때를 먼저 가정해 보자. 어떤 사람이 돈을 많이 벌고 있거나 충분히 벌었다고 생각하면 그 다음에는 그런 사람들은 나는 사랑을 다 했다고 생각할 수 있다. 이때부터는 가장 소중한 것이 가장 소홀한 것으로 바뀌는 연결고리를 갖게 된다. 사랑이 돈과 살짝 바뀌는 순간이지만 그것이 사랑이 곧 돈이 되는데도 사람들은 그것을 인식하지도 못하는 것이다.

    그 이유는 여러 가지가 있겠지만 가장 위험한 일은 저 사람이 나를 사랑해서 돈을 벌어 갖다준다고 잘못 생각하는 사람들이다. 사랑하는 사람을 위해 돈을 벌어 오는 일은 필요한 일이지만 그 자체가 사랑이라면 그 결과는 엄청나게 다른 이야기가 된다. 사랑하는 사람이 사랑 그 자체로 동일하다면 돈으로 사랑을 더 키워갈 수 있다. 그러나 사랑하는 사람이 돈을 벌어오는 사람이라고 생각하면 사랑하는 사람이 곧 돈이 된다. 돈으로 다 되는 사람에게는 사랑은 단지 돈으로 할 수 있는 일에 불과해서 그 안에 사랑하는 마음은 이어갈 수 없게 된다.

    스스로가 돈을 버는 것으로 사랑을 충분히 다 했다고 생각했을 때 나오는 행동은 아마도 자신은 사랑의 책임을 다 했으니 다른 사람을 사랑해도 죄가 되지 않는다고 사랑의 연결고리를 다른 사람에게 넓힐 수도 있다. 다른 사람에 대한 사랑이 정신적이든 육체적이든 상관없이 스스로 그러한 행동에 타당성을 가질 수 있는 이유를 만드는 것이다.

사람이 사랑을 못하는 이유

사랑은 사랑인데 사랑이 먹이 사슬처럼 연결되면 그것에 따르는 고통을 겪을 때마다 혼돈을 하게 된다. 집에 돈이 떨어지면 떨어진 것은 돈인데 사랑의 연결고리가 끊어질 수도 있다. 이런 현상은 누구만의 이야기가 아니라 사람이 생활할 때 누구에게나 맞닥뜨릴 수 있는 자연 현상인 것처럼 보인다.

콩 심은 데서 콩이 나오고 팥 심은 데서 팥이 나온다는 말은 콩의 씨앗은 콩나무로 이어지는 연결고리라고도 말할 수 있다. 원인과 결과처럼 시작과 끝이 같으면 그것은 진실이다. 그러나 시작과 끝이 같지 않으면 그것은 거짓이 된다. 사랑이 시작이라면 그 끝도 사랑이여야 진실한 사랑이다.

영혼과 육체가 분리된
이원화 사랑

내 옆에 있는 사랑하는 사람만 사랑한다는 말은 육체와 정신으로 사랑을 한다는 말이고 이 말은 나의 모든 것으로 사랑한다는 말이다. 이것이 일원화된 사랑이다. 그런데 내 옆에 있는 사람은 육체로 사랑하고 내 옆에 없는 사람은 정신으로 사랑하려고 영혼과 육체를 분리하면 내 옆에 있는 사람은 정신이 나간 채로 육체만 사랑하는 간음이 된다.

옆에 없어서 보이지도 않는 사람을 정신으로 사랑한들 그 사람이 무엇을 알고 또 안다고 한들 뭘 하겠는가? 이렇게 사랑하는 사람을 몸에서 정신만 빼내서 몸만 사랑하는 사람이 있는가 하면 몸은 빼고 정신만으로 사랑하려는 이원화된 사랑을 하려는 사람이 있는 것처럼 보일 때가 있다.

영혼은 영혼대로 육체의 감각은 감각대로 각자 분리되어 산다면 이 삶은 뭐라고 할 수 있을까? 한마디로 말하면 헛것의 삶을 살고 있거나 아니면 정신이 나간 미친 사람이다. 머리만 있고 몸이 없는 사람이나 또 머리는 없고 몸만 있는 사람이 어떻게 정상으로 살아갈 수 있는가? 몸이 죽었거나 정신이 죽었는데 그런 사람이 사랑까지 할 수 있을지는 의문이 아닐 수 없다.

이런 상태에 있는 사람을 누가 사랑하고 있다면 그 사람을 사랑하는 사람도 역시 제대로 살고 있다고 말하기 곤란할 것이 분명하다. 거짓의 시간을 보내고 있지만 정작 본인은 자신이 고차원적인 정신적 사랑을 한다고까지 생각하고 있다면 문제는 심각해 질 수 밖에 없다.

플라토닉 러브를 정신적 사랑으로 잘못 해석해서 스스로를 아름답게 포장하려는 사람들이 있다. 그러나 플라토닉 러브의 원래 의미는 몸만 사랑하는 것이 아니라 정신으로도 함께 사랑해야 한다는 뜻이다. 그 시대의 사람들에게 몸의 성적 쾌감으로만 끝나는 것이 사랑이 아니라는 것을 계몽한 것을 이제는 사람들이 그 용어를 오인해서 정신만 사랑하는 뜻으로 잘못 사용하는 것이다.

언제부터인가 플라토닉 러브는 남의 짝까지도 정신적으로는 사랑해도 되는 것처럼 잘못 해석하는 것이 사회적으로 큰 물의를 가져온 것 같다. 가장 모범이 되라는 사랑의 의미가 가장 악을 행해도 되는 것처럼 둔갑을 한 것이다. 지혜롭게 일원화의 사랑을 하라는 말을 전혀 다른 말로 변형해서 몸을 이분해서 간음을 하라는 말로 탈바꿈을 하는 어처구니없는 일이 벌어진 것이다.

	사람의 몸은 정신적인 것으로만 살 수 없는 존재이다. 몸이라는 감각은 정신을 뛰어넘는 강한 욕구를 가지고 있기 때문이다. 배가 고파서 무엇을 먹어야 할 때는 배가 고픈 몸이 먹겠다는 욕구를 정신으로 이겨내서 안 먹는 것이 거의 불가능할 정도다. 오드리 햅번이라는 영화 배우가 어렸을 때 제2차 세계 대전을 겪으며 너무나 배가 고파서 쓰레기통을 뒤졌다고 하였다. 그때 음식물을 찾는 것이 가장 행복했는데 그 쓰레기통 속의 음식을 먹기만 하면 배탈이 나는 것을 알면서도 배고픔을 정신으로 이기지 못해 그 쓰레기통 속에 있는 음식을 먹었다고 했다.

	인간은 정신으로만 사랑을 하며 살 수 있는 존재가 절대적으로 아닌 것이 분명하다. 육체가 원하는 것을 해야 살 수 있다. 그래서 육체가 원하는 것이 더 강하기 때문에 정신은 육체에 종속되기 쉽다. 육체 따로 정신 따로 이원론적 사랑 즉, 정신적인 사랑이라는 말은 거짓말이 된다. 몸이 원하는 성적 욕구를 충족하기 위해 허전한

사람이 사랑을 못하는 이유

정신은 다른 이성을 머릿속에 상상하는 일이 플라토닉 러브라고 말하지 않는다. 눈에 보이는 이성이 성적인 자극을 주면 그것으로 상상하며 몸의 죄를 짓는 것은 정신적인 사랑이 아니다.

육체와 정신을 분리하는 이원화를 시키는 사랑이란 결국 여러 사람을 정신으로 자유로이 사랑할 수 있는 것을 추구하겠다는 무분별한 동물적 욕구를 갖는 것이다. 만약 혼자 사는 싱글은 이러한 분리와 갈음이 혼자만의 죄라서 그 누구도 간섭할 수 없을 지 모른다. 그러나 결혼을 한 사람이 자신의 짝을 옆에 두고 정신과 육체를 분리하는 사랑을 한다면 자신의 사랑을 스스로 쪼개고 나누며 부수는 일을 하는 것이다. 즉 자신을 사랑하는 사람의 사랑을 파괴하는 것이다.

사람은 몸과 정신으로 이루어진 것은 사실이다. 사람의 몸이 정신을 지배하고 사는 사람은 정신이 약하다. 자신의 정신이 몸을 자신의 마음대로 움직이게 하는 힘이 약하기 때문에 약한 정신이 어딘가 도피해서 마음의 고향과 같은 상태에서 스스로를 위로하는 작업을 하는 것이다. 이것은 몸의 욕구가 정신을 분리해서 사랑이라고 하는 거짓이다.

자신의 정신으로 스스로 자신의 몸을 통제하는 힘이 강하면 정신과 몸을 분리시킬 이유가 없다. 온 정신을 다해서 자신의 몸을 자신의 정신과 일치시키려고 노력하기 때문이다. 사랑을 이원화로 분리시켜야만 만족과 안정을 찾을 수 있을 것 같이 불안한 사람들의 특징은 현실 적응력이 미약한 사람들이다. 현실에서 오는 일과 사람 관계를 해결할 수 있는 것을 피해서 과거의 만족의 상태에서 위로를 받으려고 지금이라는 시간을 과거로 만드는 것이다.

흔히 과거 지향적이라고 말하는 이러한 사람의 성향은 현실을 받아들이는 것에 불만을 가질 수 밖에 없는 정신 구조를 가지고 있다. 지금보다 과거가 더 좋아서 과거의 것을 가지는 것이라서 그렇다. 그 과거를 계속 돌아가면 젊음이라는 청춘이 있고 그보다 더 과거로 가면 어린 시절의 아이가 있다. 그러나 지금 자신의 육체가 어디에 있는가? 지금 현실을 적응하는 힘은 지금 내 옆에 있는 사람과 함께하는 힘이 자신의 사랑이 되는 것이다.

사랑의 일원화가 되는 것이 사랑의 목적이다. 자신의 마음에서 나오는 것을 몸으로 하나가 되는 일원화하려면 외부에서 무엇인가를 더 가지고 마음으로 들어오는 과거로 향하는 마음을 끊고 지금 나의 정신을 지키는 것이 몸과 마음을 다하는 사랑이다. 나 스스로도 일원화의 사랑을 지켜야 하지만 더 나아가서는 내가 사랑하는 내 옆의 사람이 몸과 마음을 분리시키는 이원화하는 사랑을 막으며 하나의 사랑을 지켜주어야 하는 사랑의 상호작용이 필요하다.

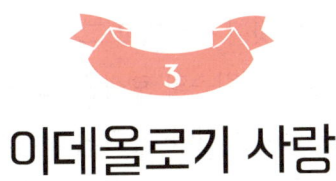

이데올로기 사랑

    사람의 행동을 나오게 하는 틀은 오랜 세월동안 경험에 의해 스스로 발달한다. 아무리 많은 시간이 지나도 자신이 왜 그렇게 하는지에 대한 이유는 변하지 않으려 하기 때문이다. 그 이유가 그 사람의 행동을 좌우하는 틀이고 그렇게 굳혀진 행동에 의해 자기만의 이데올로기가 생긴다. 이런 이데올로기는 옳고 그름의 판단으로 행동을 하는 것이 아니라 자신에게서 이미 나온 행동에 대해 옳다는 판단을 덮는 것이다. 그리고 그것을 계속하기 위해 법으로 만들고 지키는 것이다. 이데올로기로 사랑을 하려는 사람은 자기가 하는 것이 무조건 사랑이라고 믿기 때문에 맹신의 사랑을 하게 된다.

맹신으로 사랑하는 사람의 시작은 젊은 시절에 남자는 모든 여자에게 친절해야 한다는 것이 주입되고 그래야 하는 줄로만 알고 있던 사람이라면 그 사람의 머릿속의 로직은 '모든 여자에게 친절해야 한다.'는 사고의 틀을 굳히는 것이다. 그런데 자신의 아내가 이러한 로직에 반대되는 로직을 요구하면 이 사람은 혼돈이 온다. 이때 이 남자가 자신의 이데올로기를 그대로 고집하려면 아내에게 불만을 가져야 하고 이전의 자신의 이데올로기를 변화시키면 아내를 사랑하기 시작할 수 있다.

이론적으로 사랑은 둘이 함께 하나의 생각과 하나로 된 행동을 하는 것이다. 그러나 이데올로기는 그런 타협을 절대하지 않으려 하기 때문에 사랑을 무시하게 된다. '모든 여자에게 친절해야 한다.'라는 자신의 사고의 틀을 '내가 사랑하는 한 여자에게만 친절해야 한다.'라는 로직으로 바꾸려면 그 사람의 머릿속에 합당한 이유를 가져야만 변할 수 있다.

사람은 아무런 이유도 없이 행동을 변하지 않기 때문이다. 아내가 원하니까 변하겠다는 것은 그리 오래 갈 수 없다. 만약 아내가 중병이 걸려서 꼭 그렇게 해야만 아내의 병이 나을 수 있다는 이유라도 있다면 자신을 아내에게 져 주면서 아내가 원하는 것을 해 줄 수 있을 지 모른다. 그러나 멀쩡하고 아니 그보다 아내가 나보다 더 강해서 나를 이기는 것 같으면 내가 그렇게 강한 아내에게 져 줄 이유까지는 갖지 않으려 한다. 또 아내가 병에서 회복된다면 이유가 존재하지 않기 때문에 자신이 변화하는 이유를 더 이상 지속하지 않으려 한다.

아무리 아내를 사랑해야 하니까라는 이유를 가지고 변하려고 해도 내가 아내를 사랑하는 것과 모든 여자에게 친절해야 한다는 것이 별개의 것이라고 생각하는 것이다. 왜냐하면 이 두 가지를 별개의 것으로 생각하는 이유는 두 가지가 모두 자신에게는 옳다는 기준을 갖기 때문이다. 그래서 모든 여자에게 친절한 것과 내 아내를 사랑하는 것을 동시에 해도 된다는 자기의 사고를 만드는 독특한 법을 창조하는 것이다.

이데올로기와 아집의 차이는 아집은 아무런 이유도 없이 감정이 굳혀진 자기만의 판단으로 만들어진 것이다. 자신의 감정을 만든 로직이 있기 때문에 변해야 하는 이유가 확실하면 그때야 비로소 행동이 변할 수 있다. 이데올로기는 자신도 검증할 수도 없는 것을 자신이 좋고 옳다고 믿는 것이라서 타당한 이유가 있어도 쉽게 자신의 사고의 틀을 고치려 하지 않는다.

이데올로기가 바뀔 수 있으려면 매우 오랜 시간이 걸린다. 거의 평생이 걸릴지도 모르고 자신의 것이 모두 다 없어져 죽음 앞에서 변하려는 생각을 가질 수도 있다. 설사 생각이 바뀌었다고 해도 예전의 습관이 된 행동이 계속 나오면 그때마다 예전의 로직이 더 강하게 작용하기 때문에 변화하려고 가진 현재의 생각은 쉽게 사라지게 된다.

　사랑하는 사람과의 사이에 서로 다른 이데올로기로 맞서면 사랑은 서로의 힘 싸움으로 바뀌게 된다. 사랑이 져 주는 것이라고 무조건 져 주면 상대방의 완고함은 더욱 강해지고 그 완고함은 자연히 인색한 사랑으로 생색만 내게 된다. 이때는 사랑이 주는 것이라는 말이 약간 상식에 어긋나는 말이 된다. 자신의 잘못을 자신의 이데올로기 안에서는 모르는데 더 큰 문제는 이렇게 잘못 사랑하는 것을 도리어 본인은 매우 희생 봉사를 하는 것으로 인식하려고 한다는 것이다.

　앞의 예로 돌아가서 모든 여자에게 친절하던 사람이 억지로 다른 이성에게 과잉 친절하지 않는 변화를 조금 했으면 자신의 로직으로 계산해서 이만큼이면 이제 됐다고 결론을 내려버린다. 자신이 변한 만큼 상대방에 있는 흠을 잡아서 변하도록 다시 지시를 해야 자신이 맞다는 것을 끝끝내 내세우려고 그렇게 하는 것이다. 자신의 이데올로기가 전혀 손해를 보려고 하지 않기 때문에 자신의 이데올로기 로직으로 힘을 되찾아야 자신의 옳음을 완전하게 회복한다고 생각하기 때문이다.

자신의 마음속에 자신의 사고와 행동에 정당하다고 믿는 이유가 있어서 변하면 안되기 때문에 다만 겉으로라도 변한 척이라도 해야 한다는 강박관념만 있을 뿐이다. 그래서 변하는 것이 스트레스로 자리잡고 이렇게 하기 싫은 것을 해야만 하는 것이 계속되면 끝내는 불만이 밖으로 분출하는 악순환을 하게 된다.

자신이 옳다는 믿음이 강한데 변해야 하는 강요를 받으면 쉽사리 거짓까지도 무릅쓰고 자신의 이데올로기를 강행한다. 그래서 모든 여자들에게 친절한 것이 나쁜 일이 아니다라고까지 믿게 되고 자신의 행동은 더욱 굳혀져서 변하지 않는다. 단지 하지 않았다는 것을 말로만 생색을 내려 하고 끝내 말과 행동이 다른 이중 구조를 갖는 것이다. 마음속에 자신이 옳다는 이유를 절대 안 변하기 때문에 자신의 이데올로기로 현실과 대충 타협하려고 이데올로기는 사랑하는 일도 이런 식으로 하는지 모른다.

이중인격까지 형성하면서 자신의 이데올로기를 지키는 이유는 언제라도 다시 환경만 제공되면 원래 가졌던 자신의 이데올로기의 상태로 되돌아가는 준비를 하는 것이다. 사랑도 해야 되고 자신이 원하는 대로도 하고 싶은 이데올로기로 곁에 있는 사랑하는 사람을 지치고 너무 오래도록 기다리게 하기 때문에 사랑으로 진심을 가지고 돌아가려 할 때는 이미 때가 너무 늦거나 돌아오지 못하는 후회의 삶이 될 수도 있다.

사랑의 해법

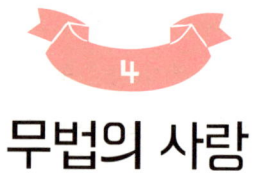

무법의 사랑

　무법의 사랑은 사랑하는데 아무런 법이 없어서 자제력이 하나도 없는 무능한 사랑을 말한다. 이와는 다르게 법의 보호 아래 있는 사랑은 성숙한 사랑이다. 사람들이 사랑은 그냥 하면 되는 것이라서 사랑에 지켜야 할 법칙이 없어도 된다고 생각하는 사람은 무법의 사랑이 마음속에 있는 것이다. 사랑이 막연히 말 탄 왕자가 나타나거나 잠자는 백설공주처럼 기다리는 것이라고 생각하는 사람은 무법의 사랑을 하려는 위험한 사람일 수 있다.

　여자는 나만 위해주는 남자를 바라고 남자는 자기 마음대로 사랑을 하고 싶은 여자를 기대하는 것처럼 보인다. 그러나 서로 사랑을 한다면서 어떻게 사랑을 하겠다는 각오도 정하지 않고 또 사랑을 받겠다면서 받고 싶은 사랑이 무엇인지 말해주는 법칙도 없으면서 어떤 사랑이 나오기를 바라는 것인가?

신호등이 있는데 빨간색이나 노란색이 켜져도 상관없이 자기 마음대로 건널목을 건너가는 사람은 분명 위험해질 것이 뻔하다. 신호등은 있어도 법을 지키지 않으면 그곳을 지나는 사람 역시 무법천지를 사는 사람이 될 것이다. 사랑의 규정은 있는데 그 규정을 모르고 마음대로 하는 위법을 행하는 사람이나 사랑의 규정 자체도 없는 무법의 사랑을 하는 사람은 모두 다 그 사람들의 마음과 머리에 사랑을 지키는 법이 없는 것이다.

검은 머리 파 뿌리가 되도록 서로 사랑하겠다는 서약을 할 때 그 사랑이 어떻게 하는 것인지 모를 수도 있다. 조항이 있어도 몇 개의 경우만 약속하면 사는 동안에 일어날 수 있는 수천만 경우에 해당하는 법 조항이 없으니 사랑에 무엇이 잘못됐는지 조차도 모르며 살 수 있다. 그래서 사랑하는 사람들의 한결같은 말은 열심히 사랑한 죄밖에 없다고 말하지만 정작 아무런 사랑도 남는 것이 없다.

결혼하고 몇십 년을 산 사람들은 모두 열심히 사랑을 했지만 사랑하는 것이 어렵다고들 말한다. 그 이유를 들어보면 몇십 년을 밥하고 가사 일을 하는데 남편이 도와주지 않는 것이 어렵고 돈

벌기도 어려운데 아내가 청소하고 설거지하라는 것이 싫다는 것이 대부분이다. 사고 싶은 공구를 사지 못하게 잔소리하는 아내가 싫고 또 쇼핑 가서 매일 물건을 사다 나른다고 남편이 불만의 잔소리 듣는 것이 싫다고 한다.

평생을 사랑한다는 말에 맞는 사랑을 하는 것인지 틀리는 것을 하는지 규정이 없기 때문에 무법의 싸움이 끝도 없이 이어지고 해결의 방안도 없다. 왜냐하면 사랑 때문에 분쟁이 생기면 그 누구가 누구에게 잘못하고 잘한 것이라고 판결을 내릴 수 있는 규정이 없기 때문이다.

연애할 때부터 남편은 다른 여자들을 쳐다보고 다니며 자연스럽게 말을 하곤 했는데 결혼을 하고 나서 그것이 안 좋다고 하면 아마도 남자들은 '왜?'라는 의문을 가질 것이다. 사랑을 하면 이런 것과 저런 것을 하고 안 하라는 사전의 설명이 없이 어느 날 행동을 변화하라고 하니까 무법의 사랑이 왜 법치하의 사랑이 되는 것인지 불만의 생각을 갖는 것 같다.

결혼을 하고 맛있는 요리를 열심히 만들던 아내의 모습에서 약속은 없었지만 그런 일을 한동안 계속했으면 앞으로도 그런 요리가 계속되리라는 무언의 암시를 받았을 텐데 어느 날 갑자기 '왜?' 요리를 여자만 해야 하느냐고 말하면 남자는 당황할 수도 있고 '왜 지금 마음이 바뀌냐?'며 도리어 변덕으로 여기며 못 믿는다고 할 수도 있다. 안 하던 행동을 예고도 없이 하라고 하는 것이 법에 어긋나기라도 한다는 말처럼 들릴 수 있기 때문이다.

결혼은 사랑해서 한 것이고 그 사랑은 결혼을 했으면 다라고 생각하는 것이 무법의 사랑을 하는 시작일 것 같다. 결혼을 해서 평생의 시간을 늘 함께하는 부부들은 사랑을 하는 것인지 아니면 생활을 하는 것인지를 구분하기 어려울 수도 있을 것 같다. 요리를 하는 것이 사랑이라고 정의를 한다면 요리는 요리이고 사랑은 사랑이지 어떻게 요리와 사랑이 같냐고 할 것이 뻔하다.

평생의 시간동안 무슨 일이 일어나고 무엇이 필요하게 될지도 모르는 긴 여정 동안 그 모든 시간에 일어날 일들에 대해 미리 규정과 법규를 일일이 정해 놓는 일은 거의 불가능하다. 그렇게 보면 사랑은 모든 사람들에게 예의도 없는 무법천지가 될 가능성이 매우 높다는 말이 성립할 수 있다. 그러나 사랑을 무엇으로 하는가에 따라 사랑법이 있는지 아니면 사랑이 무법인지를 알 수 있을 것 같다.

물건과 물질은 보이는 형상으로 그 구분을 할 수 있고 무엇이 무엇인지 확연하게 분별을 할 수 있게 된다. 그러나 사랑은 보이지 않는 마음과 영혼으로 저장하고 있기 때문에 그것이 밖으로 드러날 때 어떻게 드러나는가에 따라 저장된 사랑의 상태를 알아낼 수 있다.

마음 안에 분명하게 저장이 된 사랑법과 마음속에 불분명하게 저장이 된 무법의 사랑에는 차이가 있다. 사랑이 마음속에 사랑하는 사람이 하나만 있다면 그 사람의 사랑법은 그 한 사람을 위한 법이라서 그 사람에게 사랑을 모두 다하는 사랑법이 된다.

　　사랑법이 만들어져야 하는 시기는 사랑하는 사람을 찾았을 때부터 시작되야 한다. 국가도 그렇고 조그만 친목 단체를 만들려고 해도 법과 규칙이 먼저 만들어져야 하는 것과 같다. 사랑하는 사람이 생겼다는 말은 이전에 사람들에게 대하던 행동과는 전혀 다른 구분을 정하는 것이 자신의 사랑법을 실천하는 것이다. 나에게만 특별한 사람이 되어 준다는 것은 나에게만 사랑의 행동과 말을 한다는 사랑법이 만들어진 것이고 이 법으로 사랑하는 사람으로 관계가 성립되고 또 실행해 가는 것이다.

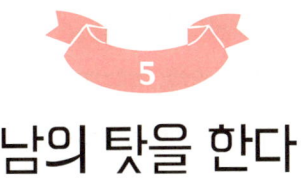

남의 탓을 한다

    자신이 한 일에 대해 책임을 지지 않고 그 책임을 남에게 떠넘기며 다른 말을 하는 것은 거짓이다. 이렇게 거짓말을 한다는 것은 이미 마음속에는 진실이 무엇인지 스스로는 알고 있다는 말이다. 사람이 남을 탓하거나 환경을 탓하는 것을 너무나 많은 사람들이 아무렇지도 않게 말하고 있는 것을 보면 이러한 성향은 어느 특정한 사람만의 것이라기 보다는 사람이면 누구나 한 번쯤은 다 해 보았을 것 같고 누구라도 다 그럴 수 있는 자연 발생적이란 생각이 든다.

    자연 발생적으로 나오고 누구에게나 다 나올 수 있다면 그것은 사람이 가지고 있는 본능인데 이것이 남을 해치기 위해 하는 것이 분명하다면 악한 본능임이 틀림없다. 남을 탓하는 것이 나쁘다는 것은 그 나쁜 마음으로는 누군가를 사랑할 수 없다는 말이기 때문이다. 조금만 자신에게 이익이 없을 때마다 남을 탓하는 나쁜 마음이 나온다면 거기에는 사랑이 존재할 수 조차 없을 것이다.

사람들이 왜 진실을 알고도 그것을 인정하지 않고 거짓말로 남의 탓을 하는가? 분명한 것은 자신이 하는 거짓말이 다른 사람이 들어서 거짓이라는 것을 안다고 해도 상관없이 거짓말을 계속하는 사람에게는 왜 거짓말하느냐는 질문이 우스울 정도이다. 거짓을 아무렇지도 않게 하는 사람은 그냥 습관처럼 말하는 것이기 때문이다. 남 탓을 하는 거짓이 사람에게 본성이 됐을 거라는 생각이 드는 것은 아마도 자녀들이 부모의 성격을 유전자로 고대로 전해 받아 대를 이어왔다면 몸에 타고나오는 형질이 되었을지도 모른다는 생각이 든다.

자신의 잘못을 남의 탓으로 돌리는 거짓을 아무 꺼리는 것 없이 할 수 있다는 것은 그 사람이 나보다 못났다고 판단을 했기 때문에 아무렇게 해도 괜찮은 사람이라 생각하는 것이다. 다른 말로 하면 자신이 남보다 잘나야 하고 잘나게 보이기도 해야 한다는 말이 된다. 그래서 무슨 일의 결과가 나쁘거나 기분이 좋지 않으면 그것을 순전히 남의 탓이라고 할 수 있는 것이다. 이런 행동이 남는다면 그 사람의 입에서는 불만과 비하의 말만 나오게 될 것이다.

남에 대한 불평을 하는 것은 자신의 인생에 하나도 도움이 되는 것이 없다. 자신이 스스로 무엇인가를 할 수 있는 의지만 녹슬게 하는 일이다. 남에게 탓을 돌리며 그 사람에게 자신이 나오는 것은 불만이 쌓이다 못해 저주를 하는 어처구니없는 악한 마음이 생기게 된다. 이 악하게 먹은 마음은 남에게 가기도 전에 자신에게 다시 돌아와 스스로를 더 악하게 만들 수 있다.

남의 탓을 하는 습관이 저절로 생기는 것이라면 그렇게 되는 이유가 어딘가 분명히 있을 것 같다. 아마도 사람의 몸에 누구나 가지고 태어나는 방어기제가 그 이유가 아닐까 생각해 본다. 가끔 의사들이 몸의 방어기제가 잘 작동하는가를 검사하기 위해 반사 작용을 확인하려고 무릎을 조그만 망치로 쳐 보곤 하는 것을 경험한 적이 있을 것이다.

인간의 몸은 자신이 위험에 처하면 스스로를 방어하려고 한다. 자신을 보호하기 위해 방어기제를 써야 할 때가 있고 느닷없이 누군가의 공격을 받을까봐 스스로 방어하는 기능도 이와 같은 개념에서는 매우 정당한 일이다. 그러나 남에게 해를 주면서까지 자신을 지키기 위한 수단으로 방어기제를 써서 나의 책임 전가로 남의 탓을 하는 것은 남을 곤란하게 만들고 해치는 나쁜 일이다.

자신을 보존하려는 힘은 본능적으로 나오는 것이다. 몸을 보호

한다는 것은 몸으로도 하지만 입으로도 하는 것 같다. 설혹 그것이 거짓말일지라도 자신을 지키기 위해 한다는 이유가 숨어 있는 한은 절대적으로 거짓말이라도 계속 하려고 하는데 문제는 나쁜 줄 알면서도 하는 것이다.

지적인 능력인 머리가 발달하면서 몸을 방어하기 위해 쓰던 방어기제가 자동으로 거짓의 이유를 대는 기능으로 탈바꿈을 했을 거라는 억지의 이유라도 찾아보려 한다. 지능으로 하는 거짓말이지만 자신의 죄의식을 감추려는 자기 방어기제는 그 진의를 정확하게 따지지 않으면 쉽게 자신도 속을 수 있다.

사랑하는 사람 사이에 남의 탓을 할 때 내 잘못을 살짝 포장해서 너의 탓으로 돌리는 경우는 더욱 자신에게 속기가 쉽다. 다른 여자가 친절하게 해도 '그냥 가게 손님이라 너에게 말하지 않았어.' '너를 사랑하니까 숨긴 것이다.' 이런 말로 내가 한 잘못의 죄의식을 너 때문에 한 것이라는 핑계를 대는 것이다

언제까지 자기 방어기제로 자신만 보호하며 남의 탓으로만 핑계를 댈까? 모든 것이 편안하고 자신이 당당할 때는 나의 탓이라고 고백하는 것이 그리 어려운 일은 아닐 것이다. 실수가 치명적이거나 자신의 잘못이 크다는 것을 알아서 대책을 세울 수 없을 정도로 자신의 한계에 이르면 쉽사리 남의 탓으로만 돌리려 할 수도 있다.

사람이 사랑을 못하는 이유

남의 탓을 하려는 이기심과 핑계를 대는 거짓 때문에 도저히 사랑이 존재할 수 없다는 것을 알면서도 왜 사람들은 남의 탓을 하는 것을 포기하지 않으려 하는 것일까? 그것은 아마도 자신을 좋은 사람으로 보이려는 마음일 수도 있을 것 같다. 실지로 자신이 좋은 사람으로 행동을 하면 될 것을 스스로 거짓말을 잡는 것은 자신이 좋은 사람으로 보이는 노력과 그에 따른 시간을 절약하려는 약삭빠른 계산이고 다른 말로 표현한다면 내가 바뀌려는 노력을 하는 번거로움에서 편하고 싶은 게으름일 것이다.

남의 탓을 하는 것을 자기 방어기제로 쓰는 것을 고칠 기회는 아이 때부터 부모의 교육에 달려 있다. 만약 이때를 놓치면 그 다음의 기회는 결혼을 하는 사랑하는 자신의 짝이 고치는 것을 도와주어야 하는데 짝이 고치려고 하면 어렸을 때 고치는 것 보다 매우 긴 시간이 필요하다.

사랑은 좋은 것을 나누면 배가 되고 나쁜 것을 나누면 반이 된다고 하지만 나누기는 커녕 모두 네 탓이라고 하면 나만 나쁜 것이 배가 되니 누가 사랑을 할 수 있겠는가? 어쩌다 참기를 죽도록 할 수는 있어도 사랑이기를 기다리며 참는 것이지 나쁜 것만 누적되는 것을 놔두고 기다리는 그것 자체가 사랑은 아니다.

다른 사람을 지배한다

인간은 서로가 평등한 것을 주장하지만 인간의 본성은 네가 나와 똑같은 것을 견디지 못한다. 불평등일 때는 최소한으로 평등을 원하지만 평등하게 되면 거기에서는 더 우위에 서려고 하고, 더 많이 가지려고 하는 경쟁이 생긴다. 남녀노소를 막론하고 무조건 둘 이상만 모이는 곳에서는 남을 지배하려고 한다. 사랑하는 남녀에게 있어서 이 둘 중의 하나가 다른 한 사람에게 지배하려는 본능을 그대로 가지고 있다면 당연히 이 두 사람은 사랑을 못할 것 같다.

사랑하는 사람 사이는 서로 높이는 마음이 있어야 하는데 지배하려는 마음이 생기면 사랑하는 마음과는 충돌이 생기기 마련이다.

사람이 사랑을 못하는 이유

서로 더 많이 사랑 받으려는 마음이 서로를 지배하려고 하는 것처럼 보일 때도 있다. 더 사랑 받으려는 것은 사랑이고 지배하려는 것은 지배인데 어떻게 사랑이 지배가 될 수 있는 걸까?

금전으로 사람을 지배하려는 사람은 돈을 어떻게 쓰는 것으로 사람의 행동을 구속하는 것을 궁리한다. 지식으로 사람을 지배하려는 사람은 알고 모르는 것으로 사람의 인격을 무시하려 할 수도 있다. 사람을 지배하려고 한다는 말은 내가 남을 이기려고 하는 마음인데 내가 우월해지고 싶다는 것은 반대로 자신이 우월하지 못하고 열등하다는 말이다. 따라서 사랑하는 사람이 사랑하는 사람을 지배하려는 심리를 가진다는 것은 그 사람을 사랑하지 않는다는 또 다른 표현이다.

여성 해방 운동이 일어난 배경도 여성들이 금전적으로 남성에게 지배를 받아야만 했던 시대적 상황을 역전시키는 사건이었다. 지금은 돈으로 남자를 지배하는 여성 상위 시대가 도래했다고 해도 과언은 아니다. 남자들이 좋아하는 돈으로 여자들은 사랑을 지배하려 하지만 그 또한 쉽지 않은 지배법인 것이 사실이다.

지배와 사랑 중에 어느 것이 보다 힘이 강한 것일까? 사랑의 힘이 더 강하다고 믿는 사람이 사랑을 할 수 있는 것이다. 그래서 지배를 하려는 사람이 지배를 내려놓고 져 주는 것이 사랑하게 되는

사랑의 해법

길이다. 강한 사람이 약해져서 져 주는 것이 사랑이라면 남자가 강한 사람이어야 할까 아니면 여자가 강한 사람이어야 할까? 때에 따라 사랑을 위해 강자의 자리를 교대하면 좋을 것 같다는 생각도 해본다. 영원한 강자도 영원한 약자도 없는 것이 사랑하는 사람의 사이일 것 같기 때문이다.

사랑만 하며 사는 것이 아니라 사랑을 유지하기 위해 생활도 해야 하기 때문에 사랑은 어려운 현실도 살아가며 사랑을 지켜야 한다. 사랑은 평화이고 생활은 전쟁처럼 어려운 상황이 일어날 수도 있다. 결혼을 한 사람들은 사랑하는 사람을 만나기 전에 가지고 있던 각자마다의 생활의 습관이 다르기 때문에 서로의 방식을 자신이 좀 더 우위에 두려고 전쟁을 하는 것 같다.

사랑하는 사람이 보고 잘못된 생활 습관들이 나타나면 바꾸느냐 안 바꾸냐 문제에서 이것을 안 바꾸려고 할수록 '너는 안 그러느냐?'고 서로의 허물의 무게를 재며 서로 흠을 잡아 지배하려는 파워 게임을 시작하는데 사랑하는 사람 사이에 이러한 싸움이 시작되면 누구도 감당할 사람이 없을 정도가 된다.

사랑은 평화가 맞다. 그러나 생활하는 것도 힘든 일인데 사람의 습관이 생활의 영향으로 끼어들면 사랑의 거리를 멀어지게 할 수도 있다. 사랑하는 남녀 사이에 사랑이 이기기 위해서는 둘 사이의 파워 게임은 피할 수 없는 필연의 과정일지도 모른다는 생각을 해본다. 마음으로는 사랑이 있지만 행동으로 나오는 것이 상대방에게 사랑의 마음으로 읽혀지지 않는다면 '사랑이다.'와 '사랑이 아니다.'의 혼돈이 생기기 시작하는 것이다.

사랑의 파워 게임이란 사랑 때문에 싸우는 것이다. 아편 전쟁은 아편 때문에 싸우는 것이고 무역 전쟁은 무역때문에 싸우는 것처럼 말이다. 아편이나 무역의 전쟁은 그것들을 해결하면 전쟁이 끝나지만 사랑 전쟁은 사랑하고 사는 동안에 해결이 안 되면 누적이 되기 때문에 끝이라는 것이 사실 없다. 그 끝이 사랑이면 다행이지만 사랑이 아닌 생활에서 오는 습관이라면 그 끝도 사랑이 아닌 지배의 가부가 남을 것이다.

사랑의 파워 게임에서 지는 사람이 없으면 사랑의 전쟁은 끝이 나질 않는다. 누가 지고 누가 이겨야 하는가? 지는 사람은 억울하고 이기는 사람은 신나는 것은 사랑으로 싸우는 것에서도 마찬가지이다. 누가 이기고 누가 지는가는 문화의 차이도 있고 세대의 차이도 있을 수 있다. 그러나 자녀들의 한결같은 판결은 아버지가 져야 한다고 말하는 것이 대세이다.

어느 결혼식 가운데 시아버지가 하객들 앞에서 며느리 될 신부에게 시아버지를 불러보라고 하였다. 신부가 시아버지를 존경의 목소리로 '아버님.'하고 부르니까 며느리에게 '얘야, 앞으로 너의 남편에게 그렇게 부르거라.'고 하였다. 그리고 자신의 아들인 신랑에게 이런 말을 하였다. '네 아내가 너를 보고 아무런 이유도 없이 화를 내거든 무조건 잘못했다고 화가 풀릴 때까지 빌어라!'고 당부하는 것이었다. 둘이 있는데 한 사람이 한 사람에게 화를 내면 그 화는 당연히 상대방 때문에 난 것이 뻔한 일이다. '왜 그러느냐?'고 이유를 대라고 따지면 화를 나게 한 사람이 그 이유도 모르고 도리어 물어보는 것 때문에 더 싸움이 커진다.

    사랑이 파워 게임으로 되는 것은 사랑이라는 파워를 가지고 약자를 지배하려는 게임을 하려고 할 때 생기는 것이다. 사랑하는 사람을 약자로 만들지 않고 또 자신이 옳다는 것을 이기기 위해 파워 쓰는 것을 포기하면 그곳에는 아름다운 사랑만 남는다. 옳다는 것을 증명하려고 목숨을 거는 것이 타고난 본능이라면 그 본능을 죽이고 사랑을 살리는 것이 진정한 사랑의 파워 게임일 것 같다. 사랑을 이기게 하는 생활 습관을 바꾸면 사랑은 평화가 된다.

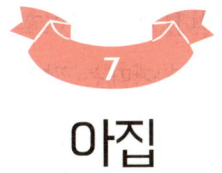

아집

　　사랑은 막연한 추상 명사로 끝나는 것이 아니라 행동으로 움직여서 나오게 하는 것이다. 그러나 나 혼자서 할 수 없고 너 혼자서도 할 수 없는 것이고 너와 내가 함께하는 것이 사랑이다. 둘이 함께 사랑을 한다는 말은 내가 사랑하는 것이 있어야 하고 네가 사랑하는 것이 있어야 가능한 일이다. 두 방향의 사랑을 어떻게 해야 하나로 함께하는 사랑이 되는가는 사람의 의지를 어디에 두는가에 따라 달라진다.

　　사랑의 의지가 강한 사람은 자신의 사랑하는 사람에게 사랑할 수 있는 자신감이 있다. 어떠한 어려움도 이겨내고 역경도 넘어설 수 있는 강함은 사랑도 그렇게 할 수 있을 것이라고 생각하게 한다. 그러나 사랑의 의지가 약간의 방향이 틀어지면 그 자신감은 자신이 혼자 사랑하는 의지로 돌아설 수 있다. 그때부터 그 사랑은 누구를 위한 것인지도 모르는 채 갈피를 잡지 못하고 제멋대로의 아집의 사랑이 되기 시작한다.

자기 자신이 다 옳다고 생각하며 남과 타협을 전혀 하지 않으려 하는 것이 아집이다. 반대로 남을 중심으로 사랑하면 자기 자신이 다 틀리다고 생각할 수도 있다. 이 둘은 모두 아집에서 나오는 망상의 사랑이다. 아무런 생각도 없이 감각이나 감정으로만 사랑을 하는 것이 사랑이라고 생각한다면 사랑이 아닌 곳으로 갈 수 있다.

자아 중심적 사고가 잘 발달되면 자아 정체성이 생기지만 자아 중심에만 머무르고 더 이상 발달을 하지 않으면 아집으로 남는다. 자아가 정체성을 가진다는 말은 자기 스스로가 좋아하는 사람이나 사물들을 능동적으로 행동할 수 있게 하는 원동력이 되기도 한다. 그러나 아집은 아직 발달하지 못한 자아이기 때문에 무조건적이고 비논리적으로 끝까지 자신의 감정을 포기하지 않고 집착으로 이어지니까 현실과 전혀 타협하지 않는 외골수가 된다.

아집은 모든 일에 대해 결과에만 몰두하기 때문에 현실적으로 거쳐야 하는 과정을 모두 무시하는 경향이 있다. 자기 자신밖에는 모르는 좁은 사고의 버릇을 가지고 사랑을 한다면 거기에는 사랑하는 사람의 존재가 매우 약하게 자리잡을 수 밖에 없다. 자기가 하는 것이 모두 사랑이고 옳다고 생각하는 아집은 너를 위해 나를 절대 변화하지 않기 때문에 사랑하는 사람이 보이질 않는다.

자신의 생각을 절대로 변하지 않으려는 모습은 아이들에게서 더 잘 나타나는 것 같다. 유치원에서 한 아이가 한 살 많은 형을 '제이든' 하고 불렀다. 그런데 제이든 형은 팔이 부러져서 벌써 3주째 결석을 하고 있었다. 옆에 있던 다른 친구가 그 아이에게 저 형은 제이든이 아니고 '로이드'라고 말해 주었다. 그러자 그 아이는 알았다는 듯이 큰 소리로 이렇게 말했다. '응, 제이든 로이드!' 자신이 잘못 알았던 자신의 생각 속의 제이든의 이름은 절대로 변하지 않고 로이드의 이름을 더해서 둘 다를 말하겠다는 것은 자신이 옳다는 아집에서 나오는 것이다. 자신이 어떻게 하고 있는지 모르는 채 잘못된 것을 변하지 않고 살아가면 사랑하는 사람에게 고난을 줄 수 밖에 없다. 사랑하는 남녀가 사랑을 하면 되는데 왜 사랑하는데 어려움을 겪는 것일까? 둘이 하나로 사랑하고 싶은데 자아 중심적 사랑은 생활에서 수시로 둘이 하는 사랑을 각자의 사랑으로 갈라놓기 때문이다.

나의 행동이 사랑하는 사람에게 어떻게 받아들여질지 알지 못하면 자아 중심의 사랑만 하고 있는 것이다. 또한 네가 좋아하는 것

사랑의 해법

이 무엇인지만을 알고 그것만 하는 것이 사랑하는 것이라 하는 것도 사랑을 한다고 할 수 없다. 네가 좋아하는 것을 내가 좋아서 할 수 있고 내가 좋아하는 것을 네가 좋아할 수 있도록 노력할 때 둘이 좋아하는 하나의 사랑을 할 수 있다.

'나'라는 개념을 갖을 수 있는 것은 인간관계 속에서 상대적으로 너를 통해 나를 알게 될 때이다. 이때 다른 사람이 주는 반응에 의해 '나'라는 존재를 확인할 수 있다. 그러나 누구도 나에게 반응이 없으면 상대적으로 '나'의 존재를 갖는 것이 어렵게 되고 아집을 그대로 유지하려는 고집만 커지게 된다.

아집은 사람이 이 세상으로 나오는 순간부터 갖는다. 가족이 얼마나 있느냐 없느냐와도 상관없이 모태에서 세상으로 나오는 순간에 순전히 혼자라는 것을 본능적으로 아는 것이다. 먹는 것도 혼자의 힘으로 해야 하고 몸을 움직이는 것도 온전히 자신이 해야만 할 때는 아집은 매우 필요했을 것이 확실하다.

혼자라는 개념으로 형성되는 것이 아집이다. 이 아집은 혼자라는 독립의 개체를 만들기도 하지만 자기 마음대로 해도 괜찮다는 성급한 판단을 하게도 만든다. 이 세상에 태어난 사람의 몸은 생존을 위해 오직 자신의 몸에 있는 모든 감각기관만으로 살면서 버티어야 하는 살벌한 환경에 놓일 때 자기만의 아집을 갖는 이유가 생길

사람이 사랑을 못하는 이유

수 있다.

　아이가 세상에서 제일 먼저 알게 되는 것이 '나'라는 개념이다. 아무도 몰라주는 혼자만의 세계가 자신이 만드는 최초의 아집이 된다. 혼자라고 느끼며 만들었을 아집은 외부를 차단하고 스스로를 고립시키기에 충분하다. 이 상태를 그대로 유지하고 어른이 되어서 누군가와 사랑한다면 얼마나 어려운 일이 생길 수 있을지 미루어 짐작할 것 같다.

　어떤 사람은 무엇인가의 욕구를 끝까지 해보려는 아집으로 사랑을 할 수도 있고, 또 다른 사람은 사랑을 하는 감정과 그 감정을 넘어서는 이성으로도 사랑할 수 있는 자아의 개념을 가진 사랑을 할 수 있다. 아집이란 감정으로 생긴 나이고 자아는 자신의 감정을 아는 이성이 있는 나인 것이다. 아집이 강한 사람이 사랑을 할 때는 아집을 버리든지 사랑을 포기하든지 해야 할 지도 모른다. 아집은 나 혼자만의 세계에서 누구도 보이지 않는 벽을 쌓고 갇혀 있는 내가 유일하게 옳은 사람이고 좋은 사람으로 고정되어 있기 때문이다.

사랑의 해법

삼각관계의 본성

　　사람이 태어나면서 가지는 소유욕은 사랑의 과정과 다르게 사랑하는 것이 사람을 소유하려는 근성으로 드러나게 된다. 사랑을 하려는 행동으로 스스로 노력하는 것이 아닌 사랑하는 사람을 고르는 것에 마음을 두는 것은 사람을 사랑에 필요한 도구로 사람을 비하하는 사고를 밑바탕에 두는 것이다.

　　사랑하는 사람을 소유하겠다는 마음은 더 많은 사람을 사랑으로 소유해도 된다는 생각을 하게 만들 수 있다. 육체적으로 사람을 더 많이 소유하려는 사람이 있다면 그 사람은 소유욕이 채워지니까 좋고 다른 한 사람은 자신의 사랑에 다른 사람들이 끼어들수록 사랑이 부족해져서 속이 상한다. 누구는 더 많아지는 다다익선이고 누구는 덜하지는 목마름의 불균형을 만드는 것은 사랑과 역방향으로 가는 악의 삼각관계를 만드는 일이다.

사랑하는 사람의 마음이 깨어지게 하는 삼각관계는 왜 생기는 걸까? 내 뒤에 대단한 사람이 있다는 것을 보이려고 하거나 나를 좋아하는 사람이 내게도 많이 있다는 승리의 트로피를 자랑을 하는 심리이다. 누군가의 힘을 빌려서 자신이 강해지는 것처럼 버티면 사랑하는 사람이 부족함을 느끼는 질투심으로 자신에게 더 매달리게 만들고 거기에서 희열을 느끼는 나쁜 버릇을 갖는 것이다.

질투심은 사랑할 때 사랑하는 사람에게 신선한 자극을 줄 수도 있다. 하지만 사랑은 없고 오직 질투심만으로 자극을 주면서 즐거움을 느끼는 것은 사람의 관계를 형성할 수 없을 뿐만 아니라 사랑의 관계를 시작도 할 수 없게 만든다. 삼각관계에서 당연히 둘 중의 하나는 우등해지고 나머지 하나는 열등해지기 마련이기 때문에 사람의 존재의 가치에 크게 상처를 주게 된다.

감정은 다분히 상대적인 비교에 이끌리게 된다. 즉 더 좋은 것이 나타나면 이전에 좋았던 것은 더 이상 제일 좋은 것이 아니다. 변함없이 한 사람이 사랑이면 절대적이라서 안정이 되는데 상대적으로 여러 사람에게 동시에 사랑의 감정을 가지려고 하면 가변적이라서 언제 자신의 사랑이 변할지 언제 사랑하는 사람의 마음이 변할지 몰라 마음이 불안해 진다.

　사랑을 감정으로 생각해서 아름다움으로만 수식하려는 사람들은 사랑할 능력이 부족한 사람이다. 좋다는 것과 아름답다, 또 멋있고 예쁘다는 표현을 사랑으로 하려면 그 사람들의 마음속에는 끊임없이 겉모습을 따르려 외부에만 자신의 마음이 이끌리게 된다. 이런 외부로 향하는 마음이 없는 소박한 마음에서 사랑은 시작할 수 있다. 지금 아름다운 사람이 영원불멸하게 절대적으로 겉으로 아름다움을 소유하지 못하기 때문에 그것을 넘어선 마음속으로 사랑을 하는 것이다.

　여럿을 놓고 좋아하려면 모든 것이 다 없어지고 하나도 남지 않는다. 여럿을 좋아한다는 것은 좋은 것이 없다는 말이기 때문이다. 그러나 하나만 가지고 제일 좋다고 할 수 있는 사람은 현명한 머리로 사랑을 가능하게 만들 수 있다. 어리석은 사람은 여러 개를 지저분하게 가지긴 하지만 정작 가장 중요한 것이 무엇인지 모르기 때문에 하나만 고를 수가 없다. 이 세상에 딱 하나 밖에 없다는 것은 그 값을 매길 수 없을 만큼 소중한 것이 되는 것이고 그것을 지키는 것도 각별한 정성이 필요한데 그것이 바로 내 짝에 대한 부부의 사랑이다.

사람이 사랑을 못하는 이유

사랑의 삼각관계는 사람에게 몸만 있으면 누구나 쉽게 사랑할 수 있기 때문에 특별한 노력 없이 즐거울 수 있다. 어리석음은 본인 스스로만 다른 사람들이 자신을 좋아하는 것이라고 착각하는 것이다. 더 좋은 느낌을 따르려는 것도 자신이 가진 몸의 감각만으로 사랑을 성취할 수 있다고 자부심을 갖기 때문에 생기는 것이다.

눈으로 보는 데서 오는 감각 뿐만 아니라 성을 희롱하는 말에서도 더 가지려는 소유욕에 중독될 수 있다. '오빠 멋있어요.' '사장님 미남이예요.' '사모님 멋지세요.'라는 희롱의 말을 하는 사람을 더 많이 가지려고 수집하는 사람은 사랑을 삼각, 사각의 관계로 만드는 사람이다. 내 자신이 더 값어치가 있어지는 것처럼 느끼는 것을 공짜로 얻을 수 있다는 심리이다. 더 듣기 위해 그런 사람을 더 만나려 하는 것에서 얼마나 많은 삼각관계가 거미줄처럼 얽히는 줄을 모르는 것이다.

자신의 속에서 얼마나 많은 희롱의 감정으로 사람들에게 말하고 행동을 하는지에 대해 자신을 알지 못하는 사람은 자신이 하는 행동에 얼마나 자신의 사랑을 잃어버리는지도 모르는 사람이다. 사회성이 발달된 성격과 희롱의 감정을 수집하듯이 하는 사람은 분명히 다르다. 사회성은 외적인 면이 발달한 것으로 사람을 존중하는 매너이다. 성희롱의 감정을 좇아가는 사람은 내적으로 무분별한 즐거움에 사로잡힌 사람이기 때문에 사회성은 결여되고 편을 가르기만 할 뿐이다.

다다익선처럼 더 많은 즐거움을 갖기 위해 남자들이나 여자들을 필요로 하는 것을 표현하는 비유를 들라고 하면 개의 짝짓기와 비슷하다고 말하고 싶다. 산책길에서 만나는 개들이 모두 자신의 짝이라도 되는 듯이 멀리서도 서로 달려드는 개들을 볼 때마다 사람들의 사랑의 삼각관계 본성도 이처럼 동물적인 본능으로 보여질 때가 있곤 한다.

누구나 자신을 드러내 보이려는 환경에 살고 있지만 아무라도 자신을 봐주고 또 알아주기를 바라는 것에 익숙해져 있는 것을 스스로 자각할 수만 있어도 자신의 소중한 사랑을 두고 그 사랑에 삼각이나 더 이상의 여러 개의 각을 만들며 자신의 사랑을 파괴하지는 않을 거란 생각을 한다.

왜 나를 누구라도 다 봐주어야 하고 누구라도 다 나를 알아주어야 하는가? 나를 봐 줄 사람은 이 세상의 모든 사람이 아니다. 내가 사랑하는 한 사람이 나를 봐주면 되고 나도 사랑하는 한 사람을 알면 되는 사람이 진정으로 사랑할 수 있는 거룩한 사람이다.

버릇없는 사랑

　가장 사랑하며 가까운 사이인 사람에게 사랑하는 버릇이 없는 채로 사랑을 하려고 하면 사랑한다면서 내가 싫어하는 것을 상대방이 좋다고 계속하고 내가 좋아하는 것은 해주지 않아서 결국 서로 원수가 되기도 된다. 가장 가까이에 있는 사람을 다른 말로 하면 그 사람에 대해 다 알고 있다는 말이다. 이때 다 알게 되면 사랑하는 습관이 없어질 수도 있다. 이 사랑의 습관이 없는 사랑은 그 사람이 하는 사랑에 버릇을 없게 한다.

　사랑하는 남녀가 서로 사랑을 한다는 것은 상대방이 원하는 것을 내가 다 해 주는 것도 있고 내가 다 해 주었듯이 상대방이 내가 원하는 것을 다 해 주는 것도 있어야 한다. 각자마다 필요한 것이 다 다르기 때문에 네가 준 것과 내가 준 것을 똑같이 주고받는다고 말할 수는 없지만 사랑하는 사람에게 필요한 것을 알고 있어서 해 줄 수 있는데도 불구하고 하나도 하지 않는다면 이는 사랑하는 버릇이 없는 것이다.

잘 알면 존중이 없어지고 모르는 사람이 아름답게 보인다. 이것은 사람의 어리석음에서 나오는 악한 본능이 아닌가 하는 생각을 해 본다. 이런 사람의 본능을 우리가 잘 알 수 있다면 아마도 사랑이 원수가 되지 않는 한 수를 가르쳐 줄 것처럼 보인다. 모르는 사람을 존중한다는 말을 거꾸로 뒤집고 존중을 사랑으로 바꾸면 모르는 사람이 사랑하는 사람이 되고 모르는 사람을 따르는 버릇을 갖는다면 사랑은 모르는 사람을 사랑한다고 쫓아다니는 스토커가 되는 것이다.

스토커가 사랑이 아니라면 사랑하는데 원수가 되도록 버릇이 없는 사랑을 하게 되는 이유는 사랑을 하면 할 수록 더 사랑하려고 하고 사랑을 받으면 더 받으려 하는 가속성의 법칙일 것 같다. 이런 가속성은 태어날 때 우리 안에 내재하고 있는 것이라면 사랑하는 사람만 더 사랑을 하고 또 받기만 하던 사람은 더 받으려고만 한다면 더 나올 사랑이 없고 더 받을 사랑이 없어질 때까지 사랑이 없는 불만으로 서로 미워하게 될 수도 있다는 말이 된다.

사람이 사랑을 못하는 이유

아이들의 행동에 비유를 들어 보고 싶다. 아이들이 원하는 것을 부모가 다 들어주었을 때 생기는 일은 아마도 두 가지 인 것 같다. 자신을 다 받아주는 부모가 고마워서 부모를 더욱 존경하는 경우가 있을 수 있고 반대로 다 해 준다고 했지만 아이가 점점 더 원하는 것이 많아지면 더 이상 못 해 주는 때가 생기는데 이때 못 해 준 것만 기억해서 해 준 것은 잊어버리고 해 주지 않은 것만 기억해서 불만을 하는 것이다.

무조건 다 받아주고 해 달라는 것을 다 들어주는 부모의 사랑에도 아이들이 부모의 사랑을 당연하게 받는 것으로 인식하게 만든다면 아이가 부모에게서 사랑을 받는 버릇이 없어지게 만들고 사랑을 받는 것에 대해 고마운 생각을 할 수 없게 한다. 사랑을 주는 부모가 사랑 받는 아이에게 그 사랑을 잘 알 수 있도록 이해를 도와주는 방법을 찾는다면 부모의 사랑을 알지 못해서 나오는 버릇을 막을 수 있을 것이다.

사랑하는 사람들 사이에서의 관계도 이러할 것 같다. 사랑이 들어갔는데 사랑은 온데간데없고 불만족만 나온다면 그것은 사랑이 아니라 감각만 만족하면 되는 도구로 사랑을 쓴 것이다. 사랑이 만족이라는 의미가 되면 정말 사람 사이에 만족하기만 하면 그것이 모두 다 사랑이 되는가? 이 세상의 모든 사랑을 단지 만족이라는 잣대로 재어서 나의 사랑과 나의 사랑이 아닌 것으로 구분할 수는 없는 일이다.

만족을 찾았다는 것은 내가 더 이상 부족함이 없다는 의미로 생각할 수 있다. 서로가 잘 모를 때는 조심도 하고 잘 보이려고 노력도 하고 또 다 좋아 보여서 존경하는 마음으로 부족함을 만족으로 여길 수 있다. 그러나 결혼이란 모든 것을 함께하며 가장 가까이에서 서로 보고 사는 것에서 만족된 상태를 유지하는 것이기 때문에 신비함이 사라지면 만족함을 위한 노력이 없어질 수도 있다.

만족하다는 것은 쉽게 싫증이 나게 하는 조건이 될 수 있다. 무엇인가가 모자라고 불편함 속에서 발전이 있는 것처럼 결혼을 하고 사랑을 하는 모든 사람들은 때때로 자극이라는 것이 필요하다는 생각을 한다. 서로가 부지런해질 수 있는 환경을 만드는 것도 사랑이 없어지는 버릇을 방지할 수 있을 것 같다. 사랑한다의 반대는 미움이 아니라 사랑하지 않는다는 것이고 사랑하지 않는다는 것은 게으르다는 것인데 이 게으름이 사랑하는 버릇을 좀먹게 한다.

모든 것을 일방적으로 다 해 주려는 사랑은 사랑하는 버릇을 없어지게 만드는 일이다. 다 해 주는 사랑보다는 함께 사랑을 실천해야 두 사람이 지치지 않고 오래도록 사랑의 마음을 지킬 수 있는 방법이 될 수 있다. 사랑하는 사람을 위해 무엇인가를 서로 계속 해 주는 것이 사랑이기 때문이다. 한 사람만 사랑을 다 해 버리면 나머지 한 사람은 할 일이 없어지고 이전에 있었던 사랑하는 버릇마저 없어지는 일은 당연할 것 같다.

오늘날 여자와 남자가 사랑할 때의 방법은 아마도 남자와 여자가 어떻게 사랑하고 있는지 서로 역할 바꾸기를 하는 것도 사랑의 버릇을 계속 키우는 일일 수 있다. 아내가 여종처럼 되고 그러면 남편은 왕처럼 되고 그때 남자는 행복하다고 느낄 것이다. 그 다음에는 남편이 머슴이 되면 아내가 왕비처럼 되니까 행복하다. 여기에서 부부는 사랑하는 모습은 누추하게 보일 수 있고 반대로 사랑받는 모습은 우아해 보일 수 있다는 것을 사랑하는 사람이 각각 깨달을 수 있다.

현명한 남자는 여자의 사랑을 받을 줄 안다는 말도 있다. 자신을 사랑하는 여자의 모습이 또 그런 남자의 모습이 볼품없이 초라해 보이면 그 모습이 나를 사랑하는 모습임을 알아야 사랑을 받을 줄 아는 용기 있는 사람이라는 뜻이다. 아내를 우아하게 만들기 위해 자신이 기꺼이 누추해질 수 있는 남자와 남편을 높이기 위해 소박함을 간직하는 여자는 세상에서 가장 아름다운 사랑을 하는 사람의 모습이다.

견물생심

보는 것마다 마음이 생기는 본능이 모든 사람들의 마음에 있다. 마음이 생기기만 하면 무조건 따라하려는 모방의 행동은 참사랑을 하는데 방해가 되는 이유가 된다. 견물생심이 인간에게 주는 것은 본 대로 나도 똑같이 할 거라는 생각을 하는 것인데 이것이 문제가 되는 것은 순전히 내부에서 자발적으로 나오는 생각이다. 내 눈은 내 몸인데 내 몸으로 들어오는 마음이 남 때문이면 내 눈과 내 몸은 순전히 남의 것이 된다는 말이다.

사랑하는 사람과 사랑을 하면서 다른 사람을 볼 때마다 그 사람들이 가지는 좋은 점을 본다면 사랑이나 호감의 감정이 생길 수 있는 것은 사람이면 누구나 가질 수 있는 본능일지도 모른다. 내가 사랑하는 사람이 세상에서 가장 좋은 사람이라서 결혼을 하고 사랑을 하지만 내 눈에 더 좋아 보이는 사람이 있어서 그렇게 보고 난 다음 나의 마음에 생기는 것을 그대로 놔두면 내 눈이 알아서 내 마음을 움직이게 하는 것이다.

보고 생기는 마음과 이미 내 마음에 생겼었던 마음 중에 무엇을 더 중요한 내 마음으로 할 것인가의 갈등은 사람이 사는 일생 중에 늘 겪어야 하는 시험일지도 모른다. 왜냐하면 사람의 몸이 원래 더 좋은 것을 따라가려는 감각을 가지고 태어났기 때문에 이런 두 마음이 생기면 하나는 내 마음에 원래 있던 사랑의 의지이고 나머지 하나는 내 감각이 시험을 받기 위해 유혹의 과정을 겪는 것으로 구분할 수 있어야 한다.

보는 것 뿐만이 아니라 듣기만 해도 내가 들은 것 때문에 마음이 변하고 들은 대로 몸이 따라 하면 나의 의지는 나의 것이 아닌 그 말한 사람의 것이 된다. 이것을 흔히 가스라이팅이라 한다. 우리 몸의 오감이 모두 밖에서 주어지는 대로 내 몸을 외부의 감각에 자극을 주는 사람에게 다 주고 나면 나는 무엇이 남는가? 나는 없고 다른 사람들의 오감이 내게 들어와 남이 살게 되는 것이다.

사람이 나의 존재를 죽이고 내 안에 남이 살게 하면 벌어질 수 있는 가장 비참한 일은 그러한 감각이 눈이나 귀 등으로 들어오는 것을 아무런 여과의 과정도 없는 상태로 한도 끝도 없이 갈 데까지 영원히 갈 수 있다는 것이다. 나와 상관없이 눈과 몸이 알아서 마음을 움직이고 내 의지를 조정하니까 외부 자극이 오는 것에 대해 나 자신이 따라가야만 하는 정신이 없는 상태의 삶이 된다.

내 눈에 보이는 것이 무엇이든 귀로 듣는 것이 무엇이든지 그것들이 '모두 다 내 것이 될 수 있다.'는 마음이 생긴다면 나 자신이 본인 스스로를 매우 강하게 믿는 것인데 이것이 맹신이다. 겉으로는 강한 의지처럼 보이지만 이것이 현실에 실현할 수 없는 허상이기 때문에 '모두 다' 일 때 그 모두 다가 무엇인지 구분할 수도 없어서 계속 그런 행동을 한다. 구분할 수 없이 자신도 모르는 모두 다가 어떻게 모두 다 내 것이 되겠는가?

보고 나서 다 내 것이다고 생기는 견물생심이 물건이 아닌 남자와 여자라면 이 세상은 어떻게 될까? 보이는 여자들이나 남자들이 다 나의 것이 될 수 있다고 생각할 것 같다. 보기만 해도 내 것이 될 수 있다는 이 생각은 끈질기도록 계속 가질 수 있다. 지금 아니면 나중에 이 생이 지나고 죽음의 세계에서도 내 것이 되게 하겠다는 스토커의 집착이 생기게 하는 것이다. 이러한 집착이 가능할 수 있는 것은 어리석음에서는 이것이 강한 사랑의 의지처럼 착각을 하기에 충분하기 때문에 그렇게 하는 것이다.

역사 속의 왕들처럼 보이는 여자들마다 '모두 다 내 것이 될 수 있다.'를 실행으로 옮길 수 있다고 자신이 가진 물질로 이런 도전을 하는 사람들도 있을 수 있다. 나라 자체가 망해 없어지듯 자신이 가진 것이 없어졌을 때 많은 여자들 중에 자신의 것으로 한 명도 남아 있지 못한 것을 볼 수 있으면 견물생심의 끝이 어떠하다는 것을 짐작할 수 있을 것이다.

　　무엇을 보면 저절로 생기는 쓸데없는 마음을 없게 하려면 아무 것도 안 보면 될지도 모르겠다. 그러나 살면서 꼭 보아야 할 것들도 있다. 요리를 할 때는 가스불이 켜졌는지 꺼졌는지도 확인해야 하고, 길을 건널 때는 신호등이 빨간지 파란지도 구분해야 한다. 보면서 그것이 무엇인지 아는 능력을 가질 수 있어야 내가 보고 생긴 마음이 무엇인지도 알 수 있게 되는데 어떤 마음이 생겼는지를 아는 것은 매우 중요한 일이다.

　　내 것인 내 사랑을 최대한으로 하는 노력이 무한대 사랑이다. 나의 눈이 내 것이어야 하고 나의 귀가 내 것이어야 비로소 내 사랑이 내 것이 될 수 있다. 나의 눈이 내 것이라는 말은 내 눈이 나의 것을 의식하고 구분할 수 있을 때 비로소 내 것을 찾을 수 있다. 내 것만 볼 수 있는 나의 마음을 가질 수 있는 사람이어야 나의 사랑을 할 수 있는 사람이 될 수 있다.

사랑의 해법

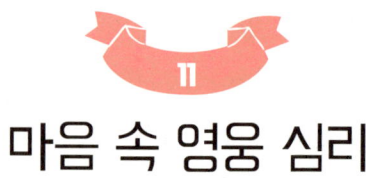

마음 속 영웅 심리

사람이 태어날 때 가지고 나오는 영웅 심리는 상대적으로 남들보다 열등할 때나 반대로 남들보다 우월해졌을 때 가장 잘 밖으로 드러난다. 자기 자신에게 주어진 것에 스스로 만족하는 상태에서는 영웅이 되려는 심리가 나타날 필요가 없다. 영웅 심리가 혼자서 살아가는 사람에게서 나타났을 때는 돈키호테처럼 혼자 영웅처럼 사는 것은 아무런 문제가 되지 않는다. 그러나 사랑하는 사람이 곁에 있는데 이 심리가 발동하면 그 사람의 가족 전체가 그 어리석은 영웅 심리로 고통을 받게 된다.

드러내려고 하는 들뜬 영웅 심리와 내적으로 향해서 마음의 평

사람이 사랑을 못하는 이유

화를 찾는 방향은 서로 다르다. 자신에게 있는 영웅이 되려는 본능을 감지하지 못하면 그러한 영웅이 되려는 마음은 이유를 달아 스스로가 훌륭한 사람이라고 판단을 해 버린다. 마치 도둑질을 해서 가난한 사람을 돕는 일을 한다면 이 두 가지의 일에서 좋은 일을 하는 것만 생각해서 자신이 영웅이라는 것만 생각하고 도둑질을 하는 나쁜 짓은 당연하다고 판단하는 오류가 생기는 것이다.

    사람이 영웅이 되려고 하는 것이 좋은 것인지 나쁜 것인지에 대한 논쟁을 하려는 것보다는 사람이 영웅이 되려는 심리가 사랑하는 사람에게 어떻게 작용을 하게 되는가에 초점을 두고 싶다. 최초의 사람인 아담과 이브의 이야기에서 아담에게 있었던 영웅이 되려는 심리를 살펴보려 한다. 아담은 하느님을 닮아서 만들어졌지만 하느님과 같은 존재가 아닌 사람의 존재로 창조되었다. 그러나 아담은 하느님처럼 되려는 영웅 심리를 선악과를 먹는 행동으로 실행한 것이다. 지금 우리도 아담처럼 그렇게 하는지도 모른다는 생각을 해 본다. 사람의 한계는 사람일 뿐 영웅의 존재는 아닌 것을 알아야 할 것 같다.

    영웅은 자신을 높이려고 한없이 높게만 가려고 하기 때문에 그 끝은 부모도 넘어서고 하느님까지도 넘어서 높아지려고 하는 것 같다. 낙원에 있고 싶어서 이브 때문에 먹었다며 자신의 여자에게 모든 죄를 뒤집어씌우는 것을 보면 이 영웅이 되려는 심리는 아내인 자신의 여자도 보이지 않는 모양이다.

　이 아담의 이야기에서 알 수 있는 것은 영웅이 되려는 심리는 인격을 갖춘 사람이 되려는 것과는 전혀 다른 방향이라는 것을 알 수 있다. 한마디로 말하면 사람과 영웅의 사이는 상당히 큰 갭이 있다. 만약 어떤 사람이 자신이 강한 힘과 능력을 가진 영웅인 것처럼 생각한다고 가정해 보자. 그 영웅이 우리와 같은 평범하고 결점투성이의 사람을 어떻게 보겠는가? 우습게 보는 것이 당연하다. 그러면 혼자만 잘났다고 으쓱거리며 그의 눈에 아무것도 보이는 것이 없을 것은 불 보듯 훤한 일이다. 그런 사람이 평범한 사람을 사랑할 수도 없고 평범한 사람도 그런 사람을 도저히 사랑할 수 없을 것이다.

　이 세상에서 남들이 성공을 했다 말하는 사람들은 모두 이러한 영웅 심리가 생기는 유혹과 마주치게 되는 것인지도 모른다. 사람이라면 누구나 상황이 주어지기만 하면 영웅이 되고 싶고 또 영웅의 마음을 갖는지 모른다. 이것은 외부에서 주는 것이 아니라 인간 내부에 이미 내재하고 있는 본능같이 보이는 이런 심리는 자동으로 외부 환경으로 향하는 것 같이 보인다. 사람을 지배하려는 것은 마치 자신이 영웅이 된 것처럼 착각을 하기 때문이다. 이 착각을 사람들이 아무도 그들을 영웅으로 알아주지 않으면 당연히 그 몫은 그의 아내이거나 또는 그의 남편이 차지하게 되어 그들에게 자신이 영웅임을 알리려고 안간힘을 다 쓸 것이다.

사람이 사랑을 못하는 이유

영웅이라는 말에서 받을 수 있는 감정은 현실감이 결여됐다는 것이다. 절대 왕권 시대도 아니고 칭기즈 칸처럼 천하무적의 힘을 가진 것도 아니면서 오로지 부부 사이에서 혼자 영웅으로 군림하려는 것은 현재 21세기에는 그 누구도 받아주지 않는 근시대적 사고방식을 갖고 있는 사람이다.

영웅의 심리를 혼자서 느껴보고 싶어서 빠져들고 싶은 것은 여러 가지가 있겠지만 가장 많이 반영되는 것 중의 하나는 폭력물의 미디어와 게임들이다. 현실에서 용감할 수 없는 용기를 폭력물에서 대리 만족을 하는 것은 자신의 영웅 심리를 자극하는 일이고 거기서 얻는 쾌가 자신을 더욱 현실과 멀어지게 만든다.

사람이 가지고 태어나는 본능이 현실에서 사랑하며 살아가는 데 필요한 것인지 아니면 현실적으로 살아가지 못하게 하는 불필요한 것이라서 사람답지 않게 되는 것인지를 아는 것이 필요하다. 지금 내가 할 수 있는 것에서 시작을 하는 것은 현실에서 실현할 수 있는 인간적인 마음의 것이고 지금 내게 없는 것에서 시작하겠다는 것은 헛된 영웅 심리로 외적인 것을 따라가려는 가상의 세계인데 누군가를 사랑할 때는 이것은 불만과 억압하려는 악한 힘으로 나타난다. 사람이 사람을 사랑하는 일이란 영웅이 아닌 지금 현실에서 사랑하는 사람에게 할 수 있는 일에서부터 하나씩 시작하는 것이다.

사랑의 해법

개와 닭

개는 개고, 닭은 닭이다. 개는 개가 가지는 본능으로 정체성이 생긴다. 닭 또한 그렇다. 개와 닭이 서로 구분이 된 우리 안에서 살면 아무런 문제가 없지만 개와 닭이 한 우리에 함께 살려면 개와 닭은 서로 질서와 법이 있어야 살 수 있게 된다. 사는 것을 넘어 사랑하며 살려면 더 세심한 질서와 법이 있어야만 가능할 것이다.

집에서 키우는 수컷 저먼 셰퍼드가 매우 영리한데 식구들이 모두 아침이면 출근을 해서 개 혼자 집에 있는 것이 심심할까 안쓰러워 닭을 키우기로 결정했다. 개와 닭이 서로 어려서 함께 크면 잘 지낸다는 지인의 말을 듣고 병아리 다섯 마리를 키워서 마당 한 켠에 우리를 만들어 놓았다. 개는 닭하고 잘 지내고 있었다. 닭들에게 우리 밖의 잔디를 먹이기 위해 닭 우리의 문도 열어 놓곤 했었다. 개가 닭을 몰아서 닭장으로도 집어넣으면 잘했다고 상으로 먹을 것도 주곤 했다.

출근할 때는 닭을 우리 안에 넣고 나갔는데 어느 날 집에 돌아오니 닭 한 마리가 우리 밖에 나와 있고 개가 문 자국이 있었다. 다음 날도 또 다른 닭이 그렇게 다쳐 있었다. 급히 서둘러서 닭 우리의 울타리를 더 높여서 닭이 다시 날아 나오지 못하게 하였다. 닭은 세 마리만 남았고 개는 닭을 보는 태도가 달라진 것을 발견하였다. 개가 먹는 먹이가 생 닭고기였기 때문에 자신이 먹는 먹이가 바로 눈앞에 보이는 닭이라는 것을 알아차린 것이다.

저면 셰퍼드 개가 사람인 내게 많은 생각을 하게 만든 사건이었다. 개를 아무리 사랑한다고 해도 개가 사람이 생각하듯이 행동할 것이라고 생각하는 것은 잘못된 인식이었다는 반성이 들었던 것이다. 개는 사람이 아니었던 것이다. 사람인 내가 개를 사람처럼 생각한 것이 개를 닭인 줄 생각하게 된 것이다.

사랑만 하면 다 내 마음과 같을 거라고 생각하는 것이 인지상정이라면 남자와 여자가 다르다는 것을 미처 생각하지 못하고 사랑만 하면 둘이 똑같은 마음으로 살 수 있다고 생각할 수 있을 것 같았

사랑의 해법

다. 개를 닭처럼 대하고 닭을 개처럼 대하면 안 되는 것을 알고 나니 사랑하는 남녀는 남자를 여자처럼 대하는 것도 안 되는 일이고 여자를 남자처럼 대해도 안 되는 일임을 새삼 생각하게 되었다.

생활 속에서 남자와 여자가 다르다는 것은 단지 역할 분담이 다르다는 것에만 중점을 두고 의무를 이행하는지도 모른다는 생각이 들었다. 남자는 집밖의 일에 여자는 아이와 집안의 살림살이에 열중하는 것이 전통적인 우리의 사고였다면 이제는 남자와 여자가 각각 그 역할들을 분담해서 교대로 나누어 한다는 정도로 남자와 여자의 의무를 서로 나누면 남자와 여자가 서로 평등하다고 생각하는 것 같다.

남자는 남자이고 여자는 여자이다. 그런데 어떻게 같이 사는가? 마치 개와 닭이 서로 다르듯이 남자와 여자의 다름도 있는 것을 분명히 한다면 서로 사랑하는 일이 가능할 것만 같다. 다르다는 것을 알면 서로를 보호할 수도 있고 반면에 남녀가 서로 다른 것을 모르는 무지함으로 서로가 더 멀어질 수도 있다. 그럼 어떻게 남자가 여자를 알고 여자가 남자를 알 수 있을까? 다르다는 것을 이해하고 알 수 있으려면 사랑하는 마음을 갖는 것 밖에 방법이 없다. 서로 사랑하는 마음으로 내가 여자라서 여자로 생각하는 것을 먼저 그만두고 남자의 말을 들어야 여자가 남자를 알 수 있다. 또 남자도 자신이 남자로서 생각이 드는 것을 잠시 접어두고 여자의 말을 여자의 입장에서 들어야 그 남자는 여자를 알 수 있게 된다.

사랑하는 사람끼리 남자는 여자에게 남자를 알려 주어야 그 남자를 그 여자가 알게 되고 자신이 사랑하는 사람을 남자로 사랑하게 된다. 또 여자도 사랑하는 남자에게 자신이 여자라는 것을 알 수 있도록 말해주어야 그 남자가 자신의 사랑하는 그 여자를 알고 다른 여자가 아닌 그 여자를 자신의 여자로 사랑할 수 있게 된다.

어떤 여자로 또 어떤 남자로 되려고 하는 성의 정체성은 매우 어린 나이에 갖기 시작한다. 각자마다 자라나면서 갖는 이상적인 여자의 상이나 이상적인 남자의 상은 사람마다 다 다르게 형성된다. 열 살 난 여자 아이가 영화 '바람과 함께 사라지다' 속의 클라크 게이블이 이상형의 남자라고 생각하고 계속 그 영화 속 남자의 모습만 생각했으면 어른이 되어 그 영화 속의 남자를 이 세상에서 절대 찾을 수 없다는 것을 알 때 자신의 남자가 보일 수 있을 것이다. 누구나 그렇듯이 어느 한때에만 존재하던 모습을 보는 것만으로는 모든 실체를 다 알 수 없기 때문이다.

사랑한다는 말은 지금의 모습을 알아주고 이해해 주는 것이다. 사랑하는 사람들끼리 서로가 서로를 몰라주면 서로에게 반항을 시작한다. '나는 여자야!' 또는 '나는 남자라고!' 서로에게 자신을 알아달라고 말한다. 남자도 여자도 사람마다 다 다르게 성의 정체성이 형성되기 때문에 내가 남자고 내가 여자라고 말할 때는 그 사람 고유의 여성과 남성으로 보아 달라고 말하는 것이다.

　　사랑하는 남자에게 무엇을 말하는 여자는 무엇을 말하는 것 이면에 '내가 여자라서 그래.'라는 말이 감추어져 있는 것이다. 자신의 사랑하는 여자에게 말하는 남자도 사실은 '내가 남자거든.'이라는 말을 묵시적으로 하는 것이다. 남녀가 사랑을 잘 하고 있다는 말은 사랑하는 사람을 남자로 또 여자로 서로가 서로를 알아주는 것을 말하는 것이다. 서로 다른 개와 닭끼리 싸우듯 남자와 여자가 서로 싸우는 것은 아직 여자는 여자이고 남자는 남자일 뿐 여자와 남자가 서로 사랑하는 것은 아니다. 더구나 남자와 여자가 사랑하는데 싸운다는 것은 나의 남자와 나의 여자 사이에 뚜렷한 성의 정체성을 아직 파악하지 못한 것이란 생각이 든다.

자극과 반응

　이성보다 먼저 우리 몸에 자동화된 감각 세포는 자기가 알아서 저절로 몸을 움직이게 한다. 우리가 흔히 말하는 바디 톡스라는 말이다. 이렇게 바디 톡스를 하고 자동 반사를 하는 세포들이 우리 몸을 알아서 움직인다.

　우리의 몸에 자극이 오면 그에 대해 반응하는 것은 거의가 다 자동으로 이루어 진다. 머리에 앞서 우리의 몸이 스스로가 움직이게 되어 있는데 이 말은 자동으로 음식을 씹고 걸어가는 것도 아무런 생각없이 할 수 있는 것처럼 메모리 되어 있어서 저절로 몸이 움직여 지는 것이다.

자극과 그에 대해 했던 반응의 상황이 재현이 될 때는 예전의 것을 기억해서 그대로 반응한다. '그렇게 행동하는 것이 그 사람의 습관이야!' 말할 때는 우리 몸이 자극과 반응을 몸이 알아서 기억까지 하고 움직이는 것이다. 우리 몸의 행동은 습관이 되고 또 성격이 된다. 이 말은 자극에 대한 반사 작용으로 나오는 반응이 분명 우리의 정신보다 더 앞선다는 것이다.

사람의 의식과 정신은 이제껏 한 적이 없는 처음으로 하는 일에만 긴장과 조심을 하며 어떻게 해야 할 지를 생각한다. 만약 그 일의 결과에 충분히 보상을 받았다고 생각이 들면 그 일을 계속하려는 의식이 더 이상 신경을 쓰지 않고 스스로가 알아서 움직인다.

사랑도 한 번만 시도하면 그 다음은 그 사람의 습관으로 저절로 나오는 행동으로 만들어질 수 있다. 첫인상이며 첫사랑이라는 것도 이러한 과정으로 만들어진 것이다. 처음이 어렵다는 말을 하는 것은 어떤 사람에게 한 번 행동이나 말이 나오면 그 다음에 나오는 것은 쉽게 저절로 나오는 것이다. 한 번 한 행동과 말로만 평생 동안 아무 노력 없이도 사랑이 될 수 있다는 말이다.

조금 다른 말과 행동을 하는 것은 그 다르게 하는 행동이 처음 나오는 것이 또 어렵지만 어떻게 해서라도 그러한 말과 행동이 나오면 그 다음에 나오는 것은 또 저절로 나올 수 있게 된다. 조금씩 말

사람이 사랑을 못하는 이유

과 행동을 새롭게 하려면 처음처럼 새롭게 입력하는 작업이 쉼 없이 있어야 한다. 그래서 일신우일신 한다는 말처럼 사랑도 조금씩 더 사랑의 말과 행동으로 변화하는 노력이어야 습관적 사랑에서 참사랑으로 변할 수 있다.

스스로 변하려는 노력을 의식 없는 상태에서 자신도 모르는 사이에 자극에 대한 반응이 조금씩 변하면 어떤 일이 일어나게 될까? 자극과 반응은 조금씩 비켜가는 행동을 하지만 그것을 인지하지 못할 때는 생각하지도 못한 행동과 말을 하게 된다. 자극에 대한 반응이 변하는 것을 의식하지 못하면 스스로도 감지하기 어렵다.

계속 정화의 과정으로 변화를 시도하는 것은 물을 계속 맑아지게 하는 것이다. 이 과정은 의식으로 하는 것이라서 자신이 무엇을 하는지 아는 상태이다. 그대로 있고 변하지 않는 것이 사랑이 변하지 않는 것이라고 주장하려는 사람은 세월이 지나는 과정에 자신과 외부가 모두 변한다는 것을 믿지 않는 미련한 사람이다. 사실 자신은 외부 환경에 의해 알게 모르게 조금이라도 행동이 외부 환경에 따라 변하는데 본인만 알지 못한다는 것은 게으름의 산물이라는 것을 모르는 사람이다.

남의 행동이 달라지는 것은 쉽게 인지하는데 자신의 행동이 자신도 모르게 달라지고 있는 것은 알지 못한다. 남의 눈에 들어있는

티끌은 보여도 자신의 눈에 들어있는 대들보는 안 보인다고 말하는 과장법도 이를 표현하는 말이다. 자신의 눈에 대들보가 있다는 말은 아마도 우리의 몸의 감각 세포가 마음대로 알아서 반응하는 것을 생각하면 사람이 자신의 몸도 다 모르는 장님 같다고 하는 말이 맞을 것 같다.

이때가 사고로 깨어나는 과정이 필요한 때이다. 혼자 알아서 하는 자율 신경이 몸을 자기가 알아서 움직이다가 더 이상 자기 마음대로 할 수 있는 기능을 잃어버렸을 때는 사람의 뇌가 작동하여 위급함을 알려준다. 음식을 소화시킬 수 없이 많은 음식을 먹었으면 먹는 것을 중단하라는 신호를 보내는 것이다. 또 숨쉬기가 가빠지면 공기의 흐름이 좋은 곳을 찾아서 폐에 산소를 넣어 주어야 한다. 이렇게 하는 것이 의식이고 사고이다.

자율 신경으로 사랑한다는 말은 자신의 몸에 정신이 깨어 있는 사고가 없이 몸이 과거의 것만 반복하는 것일 뿐이라 말할 수 있다. 분명히 사람의 양심으로는 자신의 사랑하던 정신이 있었던 기억은 있는데 지금은 자신의 몸이 왜 이러한 행동으로 변화하고 있는지를 모르는 사람들이 있다. 사람의 뇌가 몸의 자율 신경보다 먼저 앞서려면 자동으로 행동하기 전에 의식하는 사고가 먼저 작동해야 한다.

자율 신경의 단점은 만족하다, 만족하지 못하다는 반응을 하기 때문에 만족했을 때 계속할지 아니면 만족했을 때 그 행동을 그만두고 다른 것을 찾을지 자율 신경이 반응하기 나름이다. 나오기 전까지는 무엇이 우세의 기억인지 알 수가 없다. 사랑도 우리의 의지가 깨어 의식으로 움직이지 않으면 우리의 정신은 없고 이전의 입력이 되었던 행동 중에서 하나를 제멋대로 골라서 나오는데 이것은 그 사람이 평소에 하던 대로 나오거나 이전의 억압된 것이 나올 수 있다.

　　사랑하는 두 사람이 서로의 사랑이 변하지 않을 거라고 믿는 만큼 그 사랑이 변한 것을 언제라도 드러낼 수 있게 된다. 사실 엄밀히 말하면 사랑이 변한 것이 아니라 사랑의 감정을 이기는 불만의 감정이 더 강한 채 놔두었기 때문에 사랑하던 반응이 기억의 자동화 선발 과정에서 밀려난 것이다.

　　사람의 정신으로 몸이 무엇을 표현하는 것인지 알 수 있다. 자신이 자신의 몸에서 표출되어 나오는 것을 남 때문이라 하거나 스스로 아무렇지 않게 너무 관대하게 해석할 뿐이다. 그러한 행동을 빨리 발견할수록 주어지는 자극에 대해 의식적으로 반응하는 사고의 능력이 있어야 사랑을 유지하거나 키울 수 있다.

교육의 역습

옳고 그름의 판단을 하는 교육을 받은 것과 한 사람을 내 몸처럼 그 사람의 모두를 사랑하는 일도 같은 방향일 수도 있지만 전혀 반대 방향이 되는 경우가 생길 수 있다. 사람을 사랑하는 일은 그 사람의 올바름과 좋은 것만 사랑하는 것과는 다른 말이기 때문이다.

이 세상에 완벽하게 옳은 사람은 존재하지 않는다. 교육을 받아야 하는 이유가 옳음을 알게 하는 것에 있는 것처럼 교육만으로도 완전한 올바름을 가질 수가 없는 것이 문제이다. 그래서 올바름의 척도인 교육으로 누군가를 사랑하는 일이 불가능하다. 옳은 길을 같이 가려면 교육보다 먼저 사랑을 배우는 것이 필요하다.

사람이 사랑을 못하는 이유

사랑을 제대로 할 수 없게 방해하는 것들 중의 하나는 사랑하기 이전에 들어간 지나친 옳고 그름에 대한 교육이다. 교육 그 자체는 인격을 형성하기 위한 지침으로 필요한 것이지만 교육을 받는 사람이 어떻게 받아들이는가에 따라 다 달라진다. 무슨 일에나 있는 일이지만 너무 지나치면 넘치게 되고 과하면 역반응이 나오게 마련이다. 교육도 지나치면 사랑하는 남녀에게 사랑보다 먼저 교육의 역습에 의해 서로의 행동의 옳고 그름에만 중점을 둘 수 있다.

교육은 교육이고 사랑은 사랑이지 교육과 사랑이 무슨 상관이 있을까 의아해할 수도 있다. 교육을 받고 싶어 갈망하는 사람을 제외하고 교육에 의무라는 말이 들어가면 공부가 하기 싫어도 해야만 하는 과제가 된다. 의무 교육은 교육을 받고 싶은 준비가 없거나 교육을 왜 받아야 하는지에 대한 마음가짐이 아직 없는 상태에서 받은 교육일 가능성이 많다.

사랑은 자유로움에서 시작하는 것이다. 그러나 교육을 매우 자유스러운 형태로 받았다고 해도 남녀가 서로 사랑의 자유가 무엇인지 그 의미를 알았다고 말하기는 어렵다. 사랑하는 일은 너무 의무적으로 이루어지는 것도 아니고 너무 자유롭게만 이루어지는 일도 아니기 때문이다. 그렇다면 교육의 그 무엇이 문제가 되어서 사랑하는 남녀의 사이를 방해하는 방해물로 돌변하는 것일까?

고등 교육은 사람들의 삶의 질을 높이는 것처럼 인식하게 만든다. 사실 교육은 삶의 방법을 찾는 것에 쓰여야 제 역할을 십분 발휘할 수 있는 것임이 분명하다. 그러나 교육이 삶의 도구에 있으면 교육은 인격 형성을 도울 수 없다. 인생의 중요한 시기에 학교에서 배우지 않아야 할 것도 함께 익히는 것이 있을 수 있다.

유치원부터 시작하는 거의 십오 년 동안 학교 생활의 가장 중점이 되는 것이 학습 능력을 비롯한 모든 행동들에 대한 높고 낮음을 가리는 평가를 받는 일이다. 이 결과에 따라 사람 자체가 잘나고 못난 것을 판가름하는 인식을 학교 교육에서 받을 수도 있다. 학교를 졸업하면 이러한 기억이 없어지면 좋겠지만 거의 평생을 사람들끼리 교육에서 받았던 높낮이의 등급 매기는 것이 생활 속에서 습관처럼 나온다면 그것은 교육의 부작용일 것이다.

자신의 사랑하는 사람을 대하는 태도에 서로가 높낮이를 만들면 어떤 일이 생길까? 사랑하는 사람끼리 성적의 높낮이처럼 미모와 재력과 학식의 정도로 그 사람을 등급 매기려고 할 수 있다. 겉으로 표현하는 경우도 있지만 마음속으로 이런 판단하는 습관이 생긴다면 사랑하는 사람을 제대로 볼 수 없게 될 지도 모른다.

교육의 역습이 생길 수 있는 또 다른 경우는 흑백 논쟁이다. 교육을 받은 사람의 특징 중의 하나는 무엇을 '안다'는 것에 중점을 두게 된다. 재물이 있는 것을 자랑하듯이 지식을 안다는 것을 드러내는 것이 교육이 주는 부작용의 산물이다. 아느냐 모르느냐가 사랑하는 사람이 옳다 그르다로 구분하는 흑백 논리가 치열해질 수 있다. 이 끝이 없는 논쟁은 사람 사이의 사랑을 모두 갉아먹는 벌레와 같다.

교육의 역습은 자신이 옳고 그래서 남을 이겨야만 자신이 존재한다는 인식을 그대로 가진 채 사랑을 하게 만드는 것 같다. 사람 사이에 옳고 그른 것을 가리는 것은 필요한 일이다. 단지 옳고 그름을 찾을 때 사랑의 방식으로 하는 것을 알기까지의 시간이 너무나 많이 걸릴 수도 있다는 생각을 해본다.

잘못 받은 교육으로 사랑이 역습을 받는 경우는 너무 억압된 상태에서 교육을 받았을 때이다. 억압의 상태가 심하면 심할수록 마음속의 상태는 더욱 무조건적 자유를 갈구할 수 있다. 억압의 상태가 사랑의 의미를 알지 못하게 하는 것이다. 너무 쉽게 학업 성취의 만족을 얻은 사람의 경우도 사랑을 그렇게 쉽게 할 수 있다고 생각하게 만든다면 그 또한 교육의 역습이 일어난 것이다.

학교 생활에서 일어나는 교육의 역습만큼 집과 생활 주변에서 보고 들은 간접 교육으로도 교육에 대한 역습이 나타난다. 자신도 무엇을 기억하고 있는지 모르는 나쁜 기억으로 말과 행동이 나오기 때문에 그것을 역추적해서 그 행동의 근원이 어디에 있는지 스스로 찾을 수 있어야 한다. 이것은 어릴 때 기억에서부터 지금까지 나오고 있는 부모의 행동이 교육의 역습으로 자녀들에게 전해주는 것이다.

간접 교육의 역습은 대부분 마음이 편한 상태에서 긴장이 없으면 나온다. 사랑하는 사람이 편할 때 불쑥 속에 있었던 속상함이 역행동으로 나오기 때문에 가장 가까이 있는 사람이 원수라 말하는 것이다. 자신도 왜 그러는지 모르게 사랑하는 사람에게 무례한 행동이 나오는 것을 거부할지 사랑으로 구제를 할 것인지는 그 사랑을 받아줄 수 있는 사람의 역량에 따라 다 달라진다.

들어간 것이 나온다는 말은 먹은 음식만 밖으로 나오는 것이 아니라 머리나 마음으로 들어간 것도 말과 행동으로 밖으로 나오는 것을 말한다. 이렇게 밖으로 나오는 과정은 육체와 정신 건강을 위해 반드시 필요한 과정이다. 가장 좋은 것이라고 여겼던 교육이 가장 나쁜 영향으로 드러나 그 역으로 나오는 교육의 산물이 사랑하는 사람을 돌봐야 하는 사랑의 과제이다.

마음을 뺏으려는
도둑의 근성

    이성에 대해 친근감이 무분별한 사람은 이성의 관심을 가지는 마음을 통제하지 않는다. 내 짝도 아닌데 나를 봐 주기 바라고 내 짝도 아닌 사람을 괜히 보고 싶은 마음이 드는 것은 아무 이성이나 상관없이 상대방의 마음을 뺏으려는 도둑의 본성을 그대로 키우고 있는 것이다. 내가 결혼해서 내 짝이 있는지 상대방이 결혼해서 그의 짝이 있는지 정확한 구분을 못하면 도둑의 마음은 자연스럽게 나온다.

    남의 것인지 내 것인지를 구분할 수 있는 능력을 어려서 깨우치거나 또 배우지도 못했다면 사람은 무엇을 볼 때마다 마음에 드는 것은 다 가지려 하는 것이 사람의 본능이라고 설명해야 할 것 같다. 어린 시기부터 남의 것이라도 가지고 싶은 마음을 소유욕으로 키워졌다면 그 사람의 마음 안에 남의 사랑인지 아닌지 관계없이 도둑의 심리가 작용할 수도 있다.

도둑의 근성이 사람에게 내재된 본성이라고 해도 그것과 사랑이 무슨 상관이 있느냐고 할지 모르겠다. 사람을 사랑할 때 이러한 본능은 사랑하는 것을 방해하기에 충분하기 때문이다. 도둑의 정의를 남의 소유를 내 것으로 하겠다는 것이라 하고 사랑의 정의는 내 것을 사랑하는 사람에게 내어주는 것이라고 하면 이 둘은 전혀 그 의미가 맞지 않지만 주고받는 것이 매우 잘 어우러지는 것처럼 보이기 때문에 대단한 사랑이라고 쉽게 속을 수도 있다.

모든 사람들이 사랑하는 것이 어렵다고 하고 또 사랑하다가 배신을 당했다는 말까지 하는 것은 사랑을 하기는 했는데 자신의 것을 모두 다 뺏기고 비참한 것만 돌려받는다는 말이기도 하다. 왜 사람들이 사랑을 받았으면 사랑을 주어야 하는데 사랑을 도둑처럼 떼어 먹고 엄하게 고통스러움을 주는 것일까? 내가 사랑할 수 있는 사람이 아닌 남의 사람의 사랑을 뺏는 도둑이라는 말을 듣는다면 그때의 기분은 매우 불쾌할 것이 분명하다. 그럼 왜 사람은 남의 사랑까지 도둑질을 하게 되는 것일까?

사람이 사랑을 못하는 이유

사람이 태어나서 처음으로 보이는 이 세상은 별천지로 보일 것 같다. 눈에 보이는 것들이 모두 노다지처럼 가지기만 하면 내 것이 될 수 있다는 착각을 할 수도 있을 것이다. 구석기 시대처럼 들에 나가 야생의 동물을 잡기만 하면 나와 식구들이 먹을 수 있는 나의 양식이 되고 또 과일나무의 과일도 내가 남보다 먼저 따먹으면 내 것이 되던 시절에는 무엇이나 먼저 가지면 임자였을 것이다. 아마도 이 야생 시대때부터 형성된 사람의 노다지 DNA가 수만 세대를 지나며 계속 유전자로 전해졌다면 지금 우리의 마음속에는 언제라도 '보이는 것마다 다 내 것이다.'는 그 노다지 근성이 있는게 아닐까 싶다.

'보이는 것마다 다 내 것이다.'는 아니고 '보이는 것마다 내 것 하고 싶다.'로 생각한다고 반박하는 사람도 있을 것 같다. 그러나 이러한 구분이 무용지물이 될 수도 있는 것은 사람은 갖고 싶다는 마음에서 끝나는 것이 아니라 그 마음대로 실행해 보고 싶은 마음이 또 생기게 되는 것을 막지 못하면 시간이 문제가 될 뿐 결국 같은 말이 될 것이다.

공짜인데 먼저 가지기만 하면 내 것이 될 수 있다면 사람들이 죽음이라도 무릅쓰고 내가 먼저 가지겠다고 할 것이다. 남이 가졌어도 원래 내가 먼저 가지려 했다면 내 것이었다는 터무니없는 생각이 남이 가진 것도 내 것처럼 뺏는 것을 당연하다고 생각하기도 한다. 전쟁이 생기는 것이나 사기를 친다는 것들도 다 이런 도둑 근성에서

사랑의 해법

비롯된 것이 아닐까 싶다.

　세상의 죄는 아마도 이 도둑의 근성에서 시작되고 점점 죄가 커지는 것 같다. 공동으로 먹기로 했다는 것은 정당하게 나누어 구분을 해서 내 것과 네 것으로 정하고 서로 뺏지 말라는 의도였을 것이다. 그래서 값을 치러야만 비로소 내 것이 될 수 있는 시대가 되었다. 돈은 정당한 값을 계산하기 위해 필요하지만 그렇지 못할 때는 상상으로라도 나의 것처럼 생각하려고 한다.

　예를 들어서 옆집을 보며 그 집을 사고 싶은 마음이 드는 것은 자유이지만 그 다음에 옆집과 내 집을 합쳐서 아파트를 지으면 돈을 얼마 벌 수 있다고 계산을 한다면 이때는 마음으로 도둑이 되는 것이다. 그 집의 소유가 내 것이 아닌데 그것을 마음으로 내 것처럼 상상하기 때문에 마음으로 도둑이 되는 것이다.

　여자나 남자가 서로 결혼할 때 먼저 가지는 사람이 나의 소유가 되는 것은 정당한 값을 치러야 한다는 것에 이런저런 시행착오를 했던 것 같다. 서부 활극에서 보면 총으로 먼저 쏴서 상대방을 죽이면 가지려던 여자를 내 것으로 차지하던 시절이 있었다.

　서로 자유연애로 사랑을 하면 결혼을 하는 요즘의 시대는 과연 내 것과 내 것이 아닌 것의 구분이 분명해졌다고 할 수 있을까? 자유롭게 자신의 짝을 찾던 습관으로 이웃의 관계나 사회 생활에서의 이성 사이의 교류를 너무 자유롭게 할 수도 있을 것 같다. 사람 사이의 구분은 친구의 아내이고 직장의 동료 또는 금전을 거래하는 사이일 수 있다. 더 나아가서는 종교 단체에서의 친목을 도모하는 이성일 수도 있다. 이때의 구분이란 친분을 나누는 이성의 관계가 아닌 것을 기억하는 것이 마음으로 도둑이 되지 않게 나의 짝과 다름을 구분할 수 있다.

수많은 이성의 사람들이 살고 있는 이 넓은 세상에서 사랑하며 살 수 있는 상대를 한 사람 찾아야 하는 것은 사람에게 보이지 않을 수도 있는 수많은 마음으로 짓는 죄를 발생시킨다. 이것은 인류의 시작부터 있었고 인류가 끝이 나는 때까지도 이어지는 일이 아닐까 생각한다.

결혼한 사람하고 평생을 살겠다는 약속인데 그 아름다운 제도가 하필 이 도둑의 근성으로 가려질 수 있다면 이 세상이 유혹의 바다와 같다고 말하기에 충분한 이유가 될 것 같다. 자신의 사랑하는 사람을 사랑할 수 없게 만들 수 있는 사랑을 막는 도둑의 근성이 자신도 모르는 사이에 남의 것을 내 것이라 마음을 갖고 있지는 않은지 다시금 생각해 봐야 할 것만 같다.

사랑의 해법

결혼의 조건

　　결혼을 어떤 마음으로 결정하는가에 따라 나올 수 있는 사랑은 천차만별로 달라질 수 있다. 사랑하는 사람들이 결혼을 하는 일은 세상에서 가장 아름답고 신성한 일이다. 사랑을 하는 것에 대한 책임의 문제로 사랑하니까 결혼을 하는 것도 중요한 일이지만 결혼하면 그때는 사랑을 어떻게 하겠다는 마음은 이보다 더 큰 명제이다.

　　결혼을 전제로 하지도 않고 사랑만 하는 사람은 그것이 아무리 사랑이라고 해도 장난에 지나지 않는 일시적인 것이다. 또 결혼을 전제로 만나고 사귀자는 마음이라도 그 안에 사랑이 없으면 그것은 스스로를 속이는 일이다. 그렇다고 이 사람은 어떨까 저 사람은 어떨까 상품을 고르듯이 결혼하는 사람의 조건만을 검토하는 것도 더욱 사랑이 아닌 것은 사람을 사랑하여도 그 사람의 단점 때문에 사랑을 더 하고 싶은 마음이 안 들 수도 있기 때문이다.

　　사랑을 전제로 결혼을 한다는 것은 거꾸로 결혼을 전제로 사랑을 한다는 말이 성립되어야 결혼과 사랑은 하나의 마음일 것 같다. 영혼이 하나 되는 것이 결혼이라면 결혼은 사랑하려는 의지가 있어야 가능한 일이다. 결혼이 사랑을 하나 되게 한다는 것이여야 영혼이 하나 되려는 의지가 될 수 있다.

　　사랑이라는 말과 결혼이라는 말이 다른 것을 깊게 생각하지 않는다면 사랑이 없는 결혼이나 결혼도 없는 사랑을 계속하겠다는 뜻일 수 있다. 사랑했는데 결혼은 못했다고 말하는 것이나 사랑하지도 않으면서 결혼을 했다는 말이나 모두 정상이 아니게 들리는 것은 이 말이 논리가 맞지 않기 때문이다.

　　사랑은 현재의 상태를 말한다. 사랑했다는 말은 지금은 사랑이 아니다라고 말하는 것이다. 그 이유는 사랑은 행동이 없으면 사랑이 아니기 때문이다. 말만 사랑한다고 하며 아무런 행동도 하지 않고 평생을 산다면 그것은 사랑이 아니다. 생각으로만 사랑한다고 행동없이 평생을 산다면 사랑이 어디에 남아있을까? 사랑이 행동으로 나오기 위해 말도 필요하고 그 말을 생각해보는 사고도 필요한 것이다.

사랑의 연속이 결혼인 것이다. 결혼을 전제로 사랑을 하려면 그 사랑은 장기간의 사랑이여야 하고 그 오랜 세월을 사랑하기 위해서 필요한 것은 사고를 할 수 있어야 한다. 사고는 자신의 이득과 손실을 생각해서 계산하는 꾀와는 다르다.

사랑을 어떻게 하겠다는 사고를 할 때 방해를 받는 것은 감정의 메모리들이 자신 안에 굳혀진 선입관이다. 좋고 나쁨이라는 감정의 메모리가 옳고 그름으로 검증되지 않은 상태에서 감정만으로 그 사람의 머릿속 기억에 자리잡고 인생 전체를 방해하다 못해 사랑도 막고 있는 것이다.

메모리가 메모리만으로 남아서 변하지 않는 선입관이 되면 그것이 제2의 내 자신으로 또 다른 틀이 형성되기 때문에 자신의 머리와 가슴속에 단순 메모리만 쌓아서 저장하려 한다. 그 때문에 그 메모리가 있는 한 다른 새로운 메모리는 들어가지 못한다. 이미 고정된 메모리가 변하지 않기 때문에 발 들일 틈새도 없는 창고처럼 어디에 무엇이 있는지 이것이 저것인지 이것인지 찾지도 못하며 전혀 구분을 할 수 없는 무용지물의 메모리만 가지고 있는 것이다.

만약 사랑하는 사람 사이에 이런 선입관으로 간직하는 메모리가 있다면 그 사람의 사랑은 어떻게 될까? 간직하고 있고 언제라도 변하지 않는 메모리 그 자체가 사랑이 아니다. 하지만 어제의 메모리가 오늘이 되고 또 내일이 되고 영원히 미래의 시간이 된다면 우리는 이 세상에 살아 있고 사랑할 이유가 없어질 것이다.

메모리는 사고를 만들 때 필요한 재료이다. (제니 리<현명한 엄마들의 선택, 호주 유아교육을 한국에서>) 그러나 그 메모리 그 자체만은 사고를 할 수 없게 만드는 독이 되는 것이 메모리의 양면성이다. 그렇다면 사랑은 사고에서 나오는지 아니면 메모리 그 자체인지에 대해 생각해 볼 필요가 있다.

결혼만 해서 산다면 필요 없이 아무것이라도 메모리만 가지고 결혼 생활을 이어갈 수도 있을 것이다. 그러나 결혼은 매우 바쁜 시간의 연속이라서 매시간 역동성을 요구한다. 아마도 그 이유는 어딘가에 머물지 말고 현재라는 시간을 사고로 정리해서 넘어가라는 의미가 아닐까 생각한다. 지금 내 옆에 있는 사람과의 좋은 메모리는 더 좋은 메모리를 만들기 위해 필요하다. 더 값진 메모리를 만들기 위한 재료로 쓸 수 있는 메모리만 선택한다면 오랜 세월을 사랑하며 영혼까지 하나 되는 결혼은 오늘이라는 현재를 살 수 있을 것이다.

사랑의 중독성

　　사랑에 도박처럼 반복하는 행동이 있다면 그 사랑은 중독성을 가진 것이다. 중독이 된다는 것은 과거의 기억이나 미래의 기대에 메여서 계속 이전의 것을 똑같이 반복하려는 것이다. 그 이유는 매우 희박한 것을 기대하며 모험을 거는 도박성에 근거하는 것이다. 즐거움을 멈추지 못하고 시간을 묶어 놓는 것과 사랑은 겉으로는 같아 보일 수도 있지만 이 둘은 다른 것이다.

　　연애의 감정만을 계속 즐기려 하는 사람이 있으면 그 사람은 사랑의 개념이 없는 사람이다. 사람을 처음 만날 때 갖는 연애의 감정만을 사랑하는 것이라고 느끼려는 것이기 때문이다. 일생을 모두 연애와 데이트를 즐기는 감정만을 위해 살 수는 없다. 이것은 몸속에 잠재해 있는 남녀 상열의 감각에서 오는 즐거움을 계속하려는 중독성인데 이를 계속하려고 하고 또 그것의 기회만을 찾기 때문에 이는 모든 동물이 가진 속성일 뿐이다. 사람만이 가지고 있는 이성으로 사랑하는 것과는 다른 것이다.

사랑하는 부부들에게 일상의 삶을 아무런 변화와 발전도 없이 똑같음을 계속 반복하는 것은 싫증이 나거나 의무감에 스트레스를 받는다고 하는 사람이 있을 수 있다. 똑같이 재연하기를 원해서 사랑을 똑같이 말하고 또 똑같이 행동하는 중독성을 사랑의 즐거움이라고 하지는 않을 것이기 때문이다.

중독은 그 자체가 악이다. 사랑의 감정도 중독이 되면 악으로 변한다. 그대로 있으려 하고 똑같이 계속하려고 하는 것은 게으름 때문이다. 사랑이 중독이 된다는 것은 결핍의 상태에서도 오고 또 더 만족을 찾는 풍족함에서도 올 수 있다. 사랑의 결핍 때문에 오는 중독은 멈추어서 더 이상 앞으로 가지 못하고 계속 똑같은 행동만 하려는 사랑의 장애 증상인 것처럼 보인다.

사랑이 결핍된다는 것은 중독이 될 수 있고 이 중독은 도박의 심리로 발전할 수 있다. 사랑을 스스로 창조하려는 노력을 하지 않고 공짜로 거저 얻을 수 있다고 생각하는 것이다. 하루아침에 성공

사랑의 해법

담에 오르거나 그래서 돈으로 겉치장을 하거나 얼굴이나 몸매를 가꾸면 멋진 사랑이 넝쿨째 굴러 올 수 있다고 그런 것에만 온 신경을 쓰면서 사랑의 기회가 오기만을 노리는 도박 심리가 생긴다.

도박으로 걸릴 확률이 매우 희박한 결과에 자신의 모든 인생을 건다는 것은 겉으로는 사랑에 목숨을 거는 것처럼 보이지만 사실은 숫자를 맞추는 것처럼 사랑에 도박을 하는 것이다. 거의 사랑일 확률이 없는 것에 막연하게 언젠가 이루어질 것 같은 기대로 한탕주의에 중독된 것이다.

사랑은 앞으로 가는 용기이다. 변화와 창조가 있는 것이 사랑이다. 사랑이 순수해야 한다는 것은 사랑에는 그 어느 것에도 중독과 같은 게으름이 끼어 있지 말아야 한다. 알코올 중독인 사람도, 마약 중독인 사람도, 일 중독인 사람도, 돈에 중독이 된 사람도 또 여자나 남자에 성적인 욕구로 중독이 된 사람도 그 누구와 사랑을 할 수 없는 조건들이 된다. 이유도 없이 사로잡히는 중독은 그만큼 정신력이 약해져서 생기는 것이다.

사랑을 지켜야 할 때에 중독성이 생기면 사랑보다 중독이 우위를 차지하게 된다. 무엇이 중요한 것인지를 인지하는 일은 자신 안에 있는 중독성을 안다면 사랑보다 더 빨리 쾌락의 감정을 선택하려는 감각을 통제할 수 있어야 하는 일이다.

사람이 사랑을 못하는 이유

어떤 종류의 중독이든 그런 중독성을 가진 사람들의 마음 기저에는 자신의 중독성과 사랑을 모두 다 가질 수 있고 그 중독성이 사랑에는 아무런 방해가 되지 않을 것이라고 생각한다. 마치 자신에게는 모든 것이 다 허용된 사람이라는 자만심이 있거나 다른 사람도 그렇게 살고 있는 것처럼 보이기 때문에 남을 따라 할 수 있다는 기준을 가지는 것이다.

사람의 말은 그 사람의 생각에서 나온다. 또 그 사람의 행동도 그 사람의 생각에서 나온다. 그래서 그 사람의 말과 행동을 자세히 살피면 그 사람의 생각을 알 수 있다. 사랑도 이와 같다. 사랑하는 마음이 사랑하는 생각으로 연결되면 매사가 다 사랑의 말이 나오고 또 사랑의 행동으로 이어질 것이다.

매우 작고 미묘하게 사랑에 사랑이 아닌 생각이 끼어들 수 있다. 사랑을 위해 무엇을 하겠다고 할 때는 그것이 사랑이 아닐 수도 있다는 사고를 한 번쯤 해 보면 좋을 것 같다. 돈을 많이 벌지 못하면 사랑하는 사람이 아니고 연애를 많이 하지 못했으면 사랑을 하지 못한다고 뒤집어 생각하면 사랑은 중독이 아니라 어딘가 묶여 있던 중독성을 푸는 것이 사랑이라는 것을 깨달을 수 있을 것이다. 사랑은 어려움을 극복하고 새롭게 변화하며 앞으로 향하는 삶이다.

결혼은 하늘 나라 가는 예행연습이다 _사랑의 해법

| 교회인가 | 2024년 10월 30일(천주교 대전교구) |
| 초판 1쇄 | 2024년 12월 10일 |

지 은 이	백복선
펴 낸 이	전갑수
펴 낸 곳	기쁜소식
등 록 일	1989년 12월 8일
등록번호	제1-983호

02880 서울 성북구 성북로5길 44(성북동1가)
Tel. 02·762·1194~5   Fax. 02·741·7673
E-mail. goodnews1989@hanmail.net

값 23,000원

ⓒ 백복선, 2024
ISBN 978-89-6661-326-7 03230

이 책은 저작권법에 의해 한국 내에서 독점적인 권리를 갖는
저작물이므로 무단전재와 무단복제를 금합니다.